W0057341

DAS
BACK
BUCH

DAS
BACK
BUCH

Die besten Rezepte
aus aller Welt

•

LOVE FOOD is an imprint of Parragon Books Ltd

Copyright © Parragon Books Ltd

LOVE FOOD and the accompanying heart device is a registered trade mark of Parragon Books Ltd in
Australia, the UK, USA, India and the EU.

Alle Rechte vorbehalten.
Die vollständige oder auszugsweise Speicherung, Vervielfältigung oder Übertragung dieses Werkes,
ob elektronisch, mechanisch, durch Fotokopie oder Aufzeichnung, ist ohne vorherige Genehmigung
des Rechteinhabers urheberrechtlich untersagt.

ISBN: 978-1-4723-1970-8

Printed in China

Konzept & Realisation: 99pages
Redaktion: Rainer Schillings & Helena Reich
Fotografie: Ansgar Pudenz
Fotostyling & Rezepte: Edward Gee
Gestaltung: Till Schaffarczyk
Reinzeichnung: Matthias Dörzbacher
Lektorat: Juliane Steinbrecher

Copyright © für die deutsche Ausgabe
Parragon Books Ltd
Chartist House
15–17 Trim Street
Bath, BA1 1HA, UK
www.parragon.com

Anmerkung für den Leser:

Ein Teelöffel entspricht 5 ml, ein Esslöffel 15 ml. Soweit nicht anders angegeben, wird Vollmilch verwendet. Die Angaben zu den Obstsorten, falls nicht anders angegeben, beziehen sich auf mittlere
Größen. Die Eier sind ebenfalls von mittlerer Größe und immer aus Freilandhaltung. Orangen und
Zitronen sind unbehandelt, da die Schale häufig zum Aromatisieren verwendet wird. Pfeffer ist
immer frisch gemahlen.

Kinder, ältere Menschen, Schwangere, Kranke oder in Rekonvaleszenz befindliche Personen sollten
auf Rezepte mit rohen oder leicht gegarten Eiern sowie Erdnüsse oder Erdussprodukte verzichten.

Allergiker bitten wir zu beachten, dass einige Fertigprodukte, die in den Rezepten verwendet werden, allergene Bestandteile enthalten können und daher immer sorgfältig die Inhaltsstoffe der Pro-
dukte überprüft werden müssen.

Bewahren Sie Lebensmittelreste immer im Kühlschrank auf und prüfen Sie sie vor ihrer Verwendung gewissenhaft auf ihre Verwertbarkeit. Verdorbene Lebensmittel dürfen auf keinen Fall verzehrt
werden.

Alle Rezepte in diesem Buch wurden mit größtmöglicher Sorgfalt und Liebe zubereitet, verkostet
und überprüft.

Inhalt

Inhalt

Backen

GESCHICHTE DER MENSCHHEIT

Brot, Kuchen und Kekse sind feste Bestandteile der Esskultur aller Kontinente. Ob in Amerika, Europa, Afrika, Australien oder Asien – Backwaren sind eine der wesentlichen Errungenschaften der Menschheit.

Tausende von Rezepten haben sich auf der ganzen Welt über die Jahrhunderte hinweg entwickelt. Auch wenn die Ursprünge des Backens eher rudimentär sind, gibt es kaum eine Zivilisation, in der nicht in irgendeiner Form Backwaren zu den Grundnahrungsmitteln zählen. Seit der Mensch sesshaft geworden ist, hat er Getreide angebaut. Die daraus gewonnenen Körner waren ein Nahrungsmittel, das zunächst roh und unzerkleinert gegessen wurde. Da die Körner allerdings nicht sehr bekömmlich waren, kam man irgendwann auf die Idee, sie zwischen zwei Steinen zu zermahlen und anschließend mit Wasser zu vermischen. Zwischen 6000 und 3000 v. Chr. breitete sich dieses „Urrezept" im gesamten Orient, in Ägypten, China und Indien aus. Mit Wasser, Milch und Fett rührte man daraus einen Getreidebrei, der bis heute für 60 Prozent der Weltbevölkerung Grundbestandteil der täglichen Kost ist. Brot und Kuchen im heutigen Sinne kannte man damals nicht. Der Brei wurde auf erhitzten Steinen zu kleinen rundlichen Fladen gebacken oder in heiße Asche geschoben. Durch Ausgrabungsfunde in Bulgarien weiß man, dass um 300 v. Chr. Backöfen bereits gut bekannt waren. Die hierbei verwendete Brandkeramik deutet auf einen Ursprung im vorderen Orient hin. Auch sogenannte Röhrenöfen benutzte man, die von innen beheizt wurden, um die Teigfladen außen aufzukleben und zu backen. In Indien arbeitet man zum Teil noch heute nach dem Prinzip, indem man die Fladen an die von der Sonne aufgeheizten Lehmhüttenwände klebt. Die Fladen mussten warm verzehrt werden, denn sie wurden nach dem Erkalten schnell steinhart – ideal als „Reiseproviant" für die bronzezeitlichen Jäger um 2000 v. Chr. Und später für die Wikinger, da das Brot durch den geringen Wassergehalt lange haltbar war.

Was die Zahnärzte der damaligen Zeit davon hielten, ist nicht überliefert! Durch Einweichen in Milch oder Wasser konnte das Bauernbrot allerdings wieder in Brei rückverwandelt werden. In Finnland und einigen Alpenländern findet man es heute noch: mit einem Loch in der Mitte des Brots zum Aufreihen auf Stangen, die unter der Zimmerdecke hängen, um das Brot vor den gefräßigen Mäusen zu schützen. Die Löcher in den berühmten Bagels sind letztlich ein Relikt dieser praktischen Alltagslösung. Funde aus verschiedenen Orten des östlichen Mittelmeerraums lassen darauf schließen, dass ungefähr um 1800 v. Chr. zum ersten Mal Getreidebrei zu Sauerteig vergoren wurde. Diese „Entdeckung" wird den Ägyptern zugeschrieben. Brei, der länger stehenblieb, wurde lockerer (durch Gärung). Also konnte man logischerweise aus derartigem Teig auch ein lockeres Gebäck statt harter Fladen herstellen – der Vorläufer des Brotes und des späteren Kuchens war erfunden!

Schon damals war der Backofen aus Lehm ein fester Bestandteil im Haushalt des Ägypters. Daneben kannte man aber auch tragbare Backöfen: drei Fuß hohe Töpfe aus Stein oder Metall (1000 v. Chr.). Nach dieser grundlegenden, grandiosen Entdeckung folgten Verbesserungen in der Vermahlungs- und Backtechnik Schlag auf Schlag. Erste drehbare Getreidemühlen, die teilweise als primitive Wassermühlen arbeiteten, werden um 300 v. Chr. durch Malsteine ersetzt. Die Griechen guckten den Ägyptern über die Schulter und übernahmen die Sauerteigherstellung durch direkte Mehlversäuerung. Auch die Germanen spitzten die Ohren und führten die Herstellung von gesäuertem Brot ein (800 v. Chr.). In Rom beginnt man um 50 n. Chr. mit dem Sieben der zerkleinerten Getreidekörner (Schrot). Um 400 n. Chr. gab es in Rom bereits mehr als 250 Bäckereien, zum Teil auch Großbetriebe, die bis zu 30 Tonnen Getreide täglich zermahlten und verarbeiteten.

Die Funktion natürlicher Hefe war – so die Meinung vieler Historiker – eine Zufallsentdeckung der alten Ägypter. Die in der Luft enthaltenen Hefen sorgten an warmen Tagen für eine Fermentierung des Mehls. Im Mittelalter war der Hefeeinsatz längst eine Selbstverständlichkeit und für die Entwicklung tausender Rezepte verantwortlich.

Zu einer der größten Lebensleistungen des deutschen Chemikers Justus Liebig (1803–1873) gehört die Erfindung des Backpulvers. Dieses konnte anstelle von Hefe verwendet werden, ohne den unerwünschten Hefegeschmack. Für das Backen am heimischen Ofen kam die Erfindung geradezu einer Revolution gleich.

Im 12. Jahrhundert begann in Nord- und Mitteleuropa die allmähliche Verdrängung von Brei und harten Fladen durch gelockertes Brot. Aber nur an den Königshöfen wurde feines Brot gegessen. So konnte man die soziale Schicht gleichsam am Brot ablesen: Je härter und gröber der Fladen, desto niedriger der Stand. Während die Adligen bei Hofe einen Müller bezahlten, der gutes weißes Mehl herzustellen verstand, empfahl man den Bauern auf dem Feld „Haferbrei als gesunde Morgenkost". Bereits um 1500 findet man in historischen Unterlagen zum Bierbrauen präzise Angaben über systematische Züchtung von Hefe. Die rasch ansteigenden Bevölkerungszahlen bewirkten den Übergang von der Hausbäckerei zur gewerblichen Bäckerei, um die Versorgung mit dem täglichen Brot sicherzustellen. Verbesserte Siebeinrichtungen, mechanisierte Walzenstühle zum Zerkleinern der Getreidekörner und sogenannte Putzmaschinen führten dazu, dass das Mehl immer feiner wurde.

Der Weg vom ersten Getreidebrei und Fladen bis zum heutigen Brot und den aufwendigen Kuchen war lang und steinig. Kein Wunder, dass Lebensmittel, deren Herstellung mit solchen Mühen verbunden war, stets heilig gehalten wurden. Viele Sitten und Gebräuche waren und sind damit verknüpft. Gebäck galt immer schon als Symbol der Götter, denn die Völker des Altertums glaubten, dass diese die Backkunst erfunden und sie anschließend dem Menschen gelehrt hätten. Die Griechen verehrten mit Demeter die Göttin des Getreides und der Fruchtbarkeit. Die römische Göttin des Getreideanbaus hieß Ceres. Von ihrem Namen leitet sich die Bezeichnung „Zerealien" für alle Getreideerzeugnisse ab. Die Bibel berichtet an vielen Stellen über die Getreide- und Brotnahrung, denn die Sorge des Menschen ums „tägliche Brot" beherrschte das Denken. Jede Missernte stellte die Existenz in Frage. So erklärt sich auch die Bitte im „Vaterunser": „… unser täglich Brot gib uns heute …". Brot war schlicht lebensnotwendig. Auch Ehen wurden im Zeichen des Brotes geschlossen: Wenn der Bräutigam der Braut vor dem Altar ein Brot reichte, so zeigte er damit seine Bereitschaft, die Familie künftig zu ernähren. Der Ährenstrauß statt Blumen für die Braut war Sinnbild des Wunsches nach enger Verbundenheit – ein ganzes Leben so nahe beieinander und vereint wie die Getreidekörner in der Ähre und später im Brot. Und auch heute noch lebt der schöne Brauch, Jungvermählten oder frischgebackenen Hausbesitzern Brot und Salz zu schenken. Auch Glücksbrote mit eingebackener Münze verschenkte man zur Kindstaufe oder beim Einzug in eine neue Wohnung. Hier und dort findet man auch heute noch Flechtgebäck als Schmuck für eine Hochzeitstafel oder aus Brotteig geflochtene Erntekronen zum Erntedankfest.

Anfang des 19. Jahrhunderts schließlich machte der deutsche Chemiker Justus Liebig eine bahnbrechende Entdeckung: Er fand heraus, dass Natron unter Beigabe von Kaliumsalz den Teig auflockerte – ganz ähnlich wie auch die Hefe. Aus dieser Entdeckung entstand das Backpulver, das noch heute eine unverzichtbare Zutat beim Backen ist. Es sorgt dafür, dass der Kuchenteig schön aufgeht und nach dem Backvorgang das Ergebnis luftig und locker ist. Ohne Backpulver würden wir uns an so manchem Kuchen die Zähne ausbeißen. Und ohne diese Erfindung – das steht fest – würde es bestimmt auch dieses Buch nicht geben.

AUF DIE
amerikanische
Art

Ein markantes Symbol für die amerikanische und kanadische Backkultur gibt es eigentlich nicht, was unter anderem daran liegt, dass viele Regionen den unterschiedlichen Einflüssen der Einwanderer als auch den geografisch-klimatischen Bedingungen in den verschiedenen Landesteilen unterlagen. Wenn man bedenkt, dass etwa 50 Millionen Amerikaner deutsche und weitere 30 Millionen englische oder irische Vorfahren haben, erklärt sich von selbst, dass die Backkultur überwiegend europäisch geprägt ist, wenn man von den südlichen Bundesstaaten absieht, die stark spanisch beeinflusst sind.

Die Amerikaner entwickelten einen eigenen
Backstil, der weit mehr zu bieten hat als
Fast Food. Bagels und Donuts zum Beispiel
haben es wegen ihres besonderen Geschmacks
zu weltweiter Berühmtheit gebracht.

1.

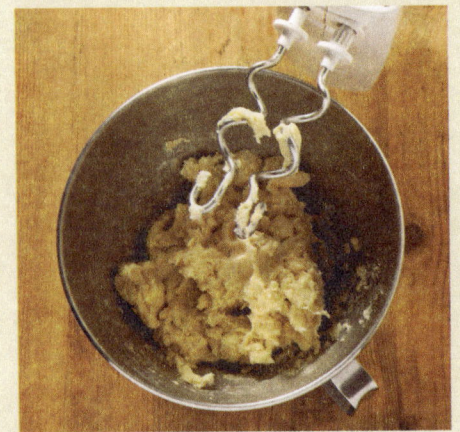

4.

4.

Pekannuss-Pie

MIT SCHOKOBODEN

FÜR 6–8 Personen

ZUBEREITUNGSZEIT: 40 Minuten,
plus 1 Stunde Ruhezeit

BACKZEIT: 30 Minuten

ZUTATEN

Teig

*300 g Mehl, plus etwas mehr
zum Bestäuben*

1 TL Salz

1 TL Zucker

*225 g kalte Butter, in Würfel geschnitten,
plus etwas mehr zum Einfetten*

6–8 EL kaltes Wasser, bei Bedarf mehr

Belag

90 g Schokoladentröpfchen

2 EL Kakaopulver

4 Eier

60 g brauner Feinstzucker

60 g Zucker

135 g Zuckerrübensirup

55 g Butter, zerlassen

150 g Pekannusshälften

Die Pekannuss ist wegen ihres dezenten, nussig-süßen Geschmacks beliebt und der europäischen Walnuss ähnlich. Sie wächst vor allem im Süden der USA und ist sogar der offizielle Staatsbaum von Texas. Die Nuss ist extrem nahrhaft, und mit ihrem Verzehr überstanden amerikanische Indianer auch kalte Winter. Hier werden Pekannuss und Schokolade zu einem leckeren süßen Pastete komponiert.

1. Für den Teig Mehl, Salz und Zucker in einer Schüssel verrühren. Die Butter zufügen und alles mit dem Handrührgerät zu einem groben Teig verkneten. Nach und nach das Wasser zufügen und einarbeiten, bis der Teig krümelig wird.

2. Den Teig auf eine leicht bemehlte Arbeitsfläche geben und erneut mit den Händen durchkneten, bis ein geschmeidiger Teig entsteht. Zu einer Kugel formen, mit etwas Mehl bestäuben, in Frischhaltefolie wickeln und mindestens 1 Stunde im Kühlschrank kalt stellen und ruhen lassen.

3. Den Backofen auf 180 °C vorheizen. Eine Tarteform mit herausnehmbarem Boden (22 cm Ø) einfetten. Den Teig aus dem Kühlschrank nehmen und auf Raumtemperatur erwärmen lassen. Auf einer leicht bemehlten Arbeitsfläche kreisrund in Größe der Form ausrollen und diese damit auskleiden.

4. Für den Belag Schokoladentröpfchen und Kakaopulver in einer hitzebeständigen Rührschüssel über einem Wasserbad unter ständigem Rühren auflösen. Die Creme auf dem Teigboden verteilen.

5. Eier und beide Zuckersorten in einer Schüssel mit dem Handrührgerät schaumig rühren. Zuckersirup und Butter zugeben und alles zu einer glatten Creme verrühren. Die Nüsse unterrühren und die Masse ebenfalls gleichmäßig in der Form verteilen.

6. Den Kuchen im Backofen 30 Minuten backen, bis der Belag fest ist. Aus dem Ofen nehmen, auf einem Kuchengitter abkühlen lassen und servieren.

KÄSEKUCHEN
New York

FÜR 10 Personen

ZUBEREITUNGSZEIT: 40 Minuten,
plus 2 Stunden Kühlzeit und
Ruhezeit über Nacht

BACKZEIT: 55 Minuten

ZUTATEN

*100 g Butter, plus etwas mehr
zum Einfetten*

*150 g Vollkornbutterkekse,
fein zerdrückt*

1 EL Zucker

900 g Frischkäse

250 g Feinstzucker

2 EL Mehl

5 Tropfen Vanillearoma

*fein abgeriebene Schale
von 1 Orange*

*fein abgeriebene Schale
von 1 Zitrone*

3 Eier

2 Eigelb

300 g Schlagsahne

Der typische New Yorker Käsekuchen ist reichhaltig und hat eine dichte und besonders cremige Konsistenz, denn es werden Sahne oder Sauerrahm statt Quark oder Frischkäse verwendet. Die Mutigen geben zudem eine kräftige Prise Salz in den Boden, damit die krümeligen Kekse mit der zarten cremigen Süße der Füllung harmonieren.

1. Den Backofen auf 180 °C vorheizen. Eine Springform (24 cm Ø) einfetten und mit Backpapier auslegen. Die Butter in einem kleinen Topf zerlassen. Den Topf vom Herd nehmen, Kekskrümel und Zucker unterrühren. Die Masse fest auf den Boden der Springform drücken. Im Ofen 10 Minuten backen, herausnehmen und in der Form abkühlen lassen.

2. Die Ofentemperatur auf 200 °C erhöhen. Den Frischkäse mit einem Handrührgerät cremig rühren, dabei nach und nach Feinstzucker und Mehl einstreuen. Die Masse glatt rühren. Auf höchster Stufe Vanillearoma, Orangen- und Zitronenschalen einarbeiten. Eier und Eigelb einzeln und zuletzt die Sahne unterrühren. Weiterrühren, bis die Creme luftig und locker ist.

3. Die Käsecreme in die Form auf den vorgebackenen Boden füllen und glatt streichen. Im Ofen 15 Minuten backen, dann die Temperatur auf 110 °C reduzieren und weitere 30 Minuten backen. Den Ofen ausschalten und den Kuchen darin 2 Stunden abkühlen lassen. Vor dem Servieren über Nacht im Kühlschrank ruhen lassen.

1.

1.

3.

2.

2.

4.

Schokoladencreme Cupcakes

ERGIBT 14 Stück

ZUBEREITUNGSZEIT: 25 Minuten, plus 15–20 Minuten Kühlzeit

BACKZEIT: 15–20 Minuten

Auf den ersten Blick sehen die erstmals offiziell 1928 erwähnten Cupcakes den Muffins ähnlich. Der weichere Teig und die intensivere Süße macht aus ihnen ein ganz anderes Erlebnis. Es ist eine kleine Torte, die mit einer Cremehaube bedeckt wird – in diesem Fall mit einer Schokoladen-Buttercreme. Die Folge: Geschmack und Kalorien sind kaum noch zu steigern.

1. Den Backofen auf 180 °C vorheizen. Zwei Muffinformen mit 14 Papierbackförmchen auslegen.

2. Mehl, Backpulver und Kakao in eine große Schüssel sieben. Butter, Zucker und Eier zufügen und alles zu einem glatten Teig rühren. Die Schokolade unterziehen.

3. Den Teig in die vorbereiteten Förmchen füllen und im Ofen 15–20 Minuten backen, bis die Cupcakes gut aufgegangen sind. Aus den Formen heben und auf einem Kuchengitter vollständig erkalten lassen.

4. Für die Creme die Schokolade in eine hitzebeständige Schüssel -geben. Die Sahne in einem Topf kurz aufkochen, über die Schokolade gießen und rühren, bis die Schokolade geschmolzen ist. Unter gelegentlichem Rühren 20 Minuten abkühlen lassen, bis die Masse andickt. Butter und Puderzucker in einer Schüssel cremig rühren. Die Schokoladenmasse unterrühren, dann 15–20 Minuten kalt stellen.

5. Die Schokoladencreme in einen Spritzbeutel mit großer Sterntülle füllen und in Rosetten auf die Cupcakes spritzen. Nach Belieben mit Schokoladendekor und Zuckerperlen dekorieren.

ZUTATEN

Teig
115 g Mehl
1 TL Backpulver
1½ EL Kakaopulver
120 g weiche Butter oder Margarine
120 g Feinstzucker
2 Eier (Größe L), verquirlt
50 g Zartbitterschokolade, geschmolzen

Schokoladencreme
150 g Zartbitterschokolade, fein gehackt
200 g Schlagsahne
140 g weiche Butter
280 g Puderzucker, gesiebt
Schokoladendekor und goldene Zuckerperlen, zum Dekorieren (nach Belieben)

Apfel-Pie

FÜR 6 Personen

ZUBEREITUNGSZEIT: 40 Minuten,
plus 30 Minuten Ruhezeit

BACKZEIT: 50 Minuten

ZUTATEN

Teig

*350 g Mehl, plus etwas
mehr zum Bestäuben*

1 Prise Salz

80 g Butter oder Margarine, gewürfelt

80 g Schmalz oder Pflanzenfett, gewürfelt

6 EL kaltes Wasser

*verquirltes Ei oder Milch,
zum Bestreichen*

Füllung

*750 g–1 kg Kochäpfel, geschält,
entkernt, in Scheiben geschnitten*

*125 g Feinstzucker, plus etwas
mehr zum Bestreuen*

*½ –1 TL Zimt, Apfelstrudelgewürz
oder gemahlener Ingwer*

Dieser gedeckte Apfelkuchen gilt als besonders amerikanisch. Seit dem 19. Jahrhundert ist er ein Symbol für Wohlstand und Nationalstolz der US-Amerikaner. Bereits in der Vergangenheit wurde er regelmäßig im Herbst gebacken, wenn die Frucht im Überfluss reif war. Der schmackhafte Nachtisch sorgte dann dafür, dass rasch viele aus Europa importierte Apfelsorten angepflanzt wurden.

1. Für den Teig Mehl und Salz in eine Schüssel sieben. Butter und Schmalz zugeben und verkneten, bis eine feinkrümelige Masse entstanden ist. Das Wasser zufügen und alles zügig zu einem glatten Teig verkneten. In Frischhaltefolie einschlagen und 30 Minuten im Kühlschrank ruhen lassen.

2. Den Backofen auf 220 °C vorheizen. Knapp zwei Drittel des Teiges auf einer leicht bemehlten Arbeitsfläche zu einem 30 cm großen Kreis ausrollen und eine tiefe Tarteform (24 cm Ø) damit auslegen.

3. Für die Füllung Apfelscheiben, Zucker und Gewürz in einer Schüssel vermengen. Die Äpfel auf dem Teigboden verteilen. Wenn die Äpfel nicht sehr saftig sind, die Füllung mit 1–2 Esslöffeln Wasser beträufeln.

4. Den restlichen Teig auf einer leicht bemehlten Arbeitsfläche zu einem passenden kreisrunden Deckel ausrollen. Den Rand des Teigbodens mit Wasser befeuchten, den Teigdeckel darauflegen und gut andrücken. Aus den Teigresten Blätter oder andere dekorative Formen ausschneiden, mit Wasser befeuchten und auf dem Teigdeckel anbringen. Den Teigdeckel mit Ei bestreichen und 1–2 Schlitze hineinstechen. Die Form auf ein Backblech setzen.

5. Den Pie im Ofen 20 Minuten backen. Dann die Temperatur auf 180 °C reduzieren und weitere 30 Minuten backen, bis der Pie goldbraun ist. Mit etwas Zucker bestreuen und warm oder kalt servieren.

1.

3.

4.

Schokoladen-

COOKIES

Diese als „Chocolate Chip Cookies" in Amerika bekannten Kekse sind eine relativ junge Kreation: 1930 stellte Ruth Graves Wakefield sie in ihrem Toll House Inn in der Kleinstadt Witman (Massachusetts) erstmals her. Angeblich fielen Schokoladenstückchen aus Versehen in den fertigen Teig und wurden, da man den Teig nicht wegwerfen wollte, mitgebacken. Seit 1997 ist das Gebäck offizieller Cookie des Staates Massachusetts.

1. Den Backofen auf 190 °C vorheizen. Zwei Backbleche leicht mit zerlassener Butter einfetten.

2. Alle Zutaten in eine große Rührschüssel geben und zu einem glatten Teig verarbeiten.

3. Mit einem Esslöffel acht gleich große Teigportionen vom Teig abstechen und mit ausreichend Abstand auf die vorbereiteten Backbleche setzen.

4. Im vorgeheizten Ofen 10–12 Minuten backen, bis die Cookies goldbraun sind. Auf einem Kuchengitter erkalten lassen.

ERGIBT 8 Stück

ZUBEREITUNGSZEIT: 10 Minuten

BACKZEIT: 10–12 Minuten

ZUTATEN

zerlassene Butter, zum Einfetten
175 g Mehl, gesiebt
1 TL Backpulver
125 g Margarine, zerlassen
80 g Muskovado-Zucker
50 g Feinstzucker
einige Tropfen Vanillearoma
1 Ei, verquirlt
125 g Zartbitter-Schokoladentröpfchen

1.

3.

Donuts

MIT ZIMTZUCKER

Donuts (auch Doughnuts genannt) sind in den Vereinigten Staaten allgegenwärtig. Eine schmackhafte, schlichte Variante der frittierten Krapfen mit dem charakteristischen Loch in der Mitte ist die mit Zucker und Zimt. Möglicherweise gehen die amerikanischen Donuts auf die polnischen Pączki zurück, die in Osteuropa schon seit dem Mittelalter bekannt sind.

1. Mehl, Zucker, Salz und Hefe in einer Schüssel vermischen. Milch, Butter, Eier und Zitronenschale unterrühren, bis die Zutaten gebunden sind.

2. Auf einer leicht bemehlten Arbeitsfläche kneten, bis ein glatter Teig entstanden ist. Wieder in die Schüssel geben und abgedeckt an einem warmen Ort etwa 1 Stunde gehen lassen, bis sich das Teigvolumen verdoppelt hat.

3. Den Teig nochmals auf einer leicht bemehlten Arbeitsfläche 5 Minuten weich und elastisch kneten. Dann 1 cm dick ausrollen und 7,5 cm große Kreise ausstechen. Mit einer kleineren Ausstechform 2,5 cm große Kreise aus der Mitte ausstechen.

4. Die Ringe auf ein mit Backpapier ausgelegtes Backblech setzen und abgedeckt an einem warmen Ort erneut 1 Stunde gehen lassen, bis ihr Volumen sich verdoppelt hat.

5. Reichlich Öl zum Ausbacken in einem hohen Topf oder einer Fritteuse auf 180–190 °C erhitzen. Die richtige Temperatur ist erreicht, wenn sich an einem ins Öl gehaltenen Holzspieß Blasen bilden. Die Donuts darin portionsweise 1½ –2 Minuten von jeder Seite goldbraun ausbacken.

6. Die Donuts mit einem Schaumlöffel herausnehmen und auf Küchenpapier abtropfen lassen. Im Zimtzucker wenden und warm servieren.

ERGIBT 12–14 Stück

ZUBEREITUNGSZEIT: 25 Minuten, plus 2 Stunden Ruhezeit

BACKZEIT: 15–20 Minuten

ZUTATEN

500 g Mehl, plus etwas mehr zum Bestäuben

80 g Feinstzucker

½ TL Salz

1 Tütchen Trockenbackhefe

175 ml lauwarme Milch

70 g Butter, zerlassen

2 Eier, verquirlt

fein abgeriebene Schale von 1 Zitrone

Sonnenblumenöl, zum Ausbacken

50 g Feinstzucker, gemischt mit 1 TL Zimt, zum Bestreuen

BLAUBEER-CRANBERRY-
Schnitten

ERGIBT 12 Stück

ZUBEREITUNGSZEIT: 20 Minuten

BACKZEIT: 25–30 Minuten

ZUTATEN

Teig
*175 g weiche Butter, plus etwas
mehr zum Einfetten*
175 g Feinstzucker
5 Tropfen Vanillearoma
3 Eier, verquirlt
175 g Mehl
1 ¾ TL Backpulver
50 g getrocknete Cranberrys
175 g Blaubeeren

Creme
*200 g Mascarpone oder
Doppelrahmfrischkäse*
100 g Puderzucker

Blaubeeren sind vor allem in der nordamerikanischen Osthälfte zu Hause. Sie wurden einst aus dem natürlichen Unterwuchs der Küstenwälder kultiviert. Die kleinen Beeren sind sehr nährstoffreich und ergeben ein kräftig-individuelles Aroma für viele Backwaren.

1. Den Backofen auf 180 °C vorheizen. Eine Backform (18 cm × 28 cm) einfetten und mit Backpapier auslegen.

2. Butter, Zucker und Vanillearoma in einer Schüssel mit einem Handrührgerät cremig verrühren. Die Eier nach und nach sorgfältig einarbeiten.

3. Mehl und Backpulver mischen und mit einem Teigschaber unter die Buttermasse ziehen. Die Cranberrys untermischen, dann 100 g Blaubeeren vorsichtig unterheben.

4. Den Teig in die vorbereitete Form füllen und glatt streichen. Im vorgeheizten Ofen 25–30 Minuten backen, bis der Kuchen gut aufgegangen, fest und goldbraun ist. Etwa 15 Minuten in der Form abkühlen lassen, dann auf ein Kuchengitter heben und vollständig erkalten lassen.

5. Für die Creme Mascarpone und Puderzucker glatt rühren und mit einem Palettenmesser auf dem Kuchen verstreichen.

6. Den Kuchen mit den restlichen Blaubeeren bestreuen und in zwölf Quadrate schneiden.

Toffee-Blondies

4.

ERGIBT 9 Stück

ZUBEREITUNGSZEIT: 30 Minuten

BACKZEIT: 40–45 Minuten

ZUTATEN

125 g weiche Butter,
plus etwas mehr zum Einfetten

200 g brauner Zucker

2 Eier (Größe L), leicht verquirlt

5 Tropfen Vanillearoma

250 g Mehl

2 TL Backpulver

125 g weiche Butter-Toffees,
klein gewürfelt

75 g Macadamianüsse, grob gehackt

Puderzucker, zum Bestäuben

Blondies haben fast die gleiche Textur und Form wie Brownies – statt Schokolade werden aber Toffees (Karamellbonbons) und Macadamianüsse in den Teig eingearbeitet.

1. Den Backofen auf 180 °C vorheizen. Eine quadratische Backform (20 cm × 20 cm) einfetten und mit Backpapier auslegen.

2. Butter und Zucker in einer großen Schüssel cremig rühren. Nach und nach Eier und Vanillearoma unterrühren. Mehl und Backpulver darübersieben und alles zu einem glatten Teig rühren.

3. Toffees und Macadamianüsse unterheben. Den Teig in die vorbereitete Form füllen und glatt streichen.

4. Im Ofen 40–45 Minuten backen, bis der Teig gut aufgegangen und gold-braun ist. Vollständig in der Form erkalten lassen, dann mit Puderzucker bestäuben und in Stücke schneiden.

Kürbis-Pie

MIT BESCHWIPSTER SAHNE

FÜR 8 Personen

ZUBEREITUNGSZEIT: 25 Minuten

BACKZEIT: 50–60 Minuten

ZUTATEN

Mehl, zum Bestäuben
Butter, zum Einfetten
350 g Mürbeteig (Fertigprodukt)
400 g Kürbisfleisch, gekocht und püriert
2 Eier, leicht verquirlt
150 g Zucker
1 TL Zimt
½ TL gemahlener Ingwer
¼ TL gemahlene Gewürznelke
½ TL Salz
350 g Kondensmilch

Beschwipste Sahne
350 g Schlagsahne
70 g Puderzucker
1 EL Weinbrand (oder nach Belieben)
1 EL Rum (oder nach Belieben)
frisch geriebene Muskatnuss,
zum Dekorieren

Dieser Kürbiskuchen wird besonders gern zu Halloween, Erntedank und Weihnachten als Nachtisch präsentiert. Denn dann sind die seit mehr als 1000 Jahren in Nordamerika heimischen Kürbisse reif. Das Rezept dafür haben die Amerikaner aber wohl erst um 1800 aus England übernommen, wo der Kuchen schon seit dem 16. Jahrhundert gebacken wird.

1. Den Backofen auf 200 °C vorheizen. Eine geriffelte Tarte- oder Auflaufform (24 cm Ø) einfetten.

2. Eine Teigrolle leicht mit Mehl bestäuben und den Mürbeteig auf einer leicht bemehlten Arbeitsfläche zu einem 30 cm großen Kreis dünn ausrollen. Die Form damit auslegen und überstehenden Teig abschneiden. Den Teigboden mit Backpapier belegen und mit Hülsenfrüchten beschweren.

3. Den Boden im Ofen 10 Minuten blindbacken. Die Form aus dem Ofen nehmen, Hülsenfrüchte und Backpapier entfernen und die Ofentemperatur auf 180 °C reduzieren.

4. Inzwischen Kürbispüree, Eier, Zucker, Zimt, Ingwer, Nelke und Salz in einer Schüssel glatt rühren. Dann die Kondensmilch einarbeiten. Die Masse auf den Teigboden gießen und den Pie weitere 40–50 Minuten im Ofen backen, bis die Füllung fest ist und ein in die Mitte gestochenes Messer sauber herauskommt. Auf ein Kuchengitter heben und vollständig erkalten lassen.

5. Während der Pie im Ofen gebacken wird, die Schlagsahne in einer Schüssel halb steif schlagen. Den Puderzucker darübersieben und weiterrühren, bis die Sahne steif ist. Weinbrand und Rum kurz einarbeiten. Nicht zu lange rühren, sonst gerinnt die Sahne. Abgedeckt bis zum Gebrauch kalt stellen. Die Sahne vor dem Servieren mit Muskatnuss dekorativ bestäuben.

Devil's Food Cake
SCHOKOLADENTORTE

FÜR 10 Personen

ZUBEREITUNGSZEIT: 40 Minuten,
plus 10 Minuten Kühlzeit

BACKZEIT: 35–40 Minuten

ZUTATEN

140 g weiche Butter,
plus etwas mehr zum Einfetten
140 g Zartbitterschokolade,
in Stücken
100 ml Milch
2 EL Kakaopulver
140 g Muskovado-Zucker
3 Eier, getrennt
4 EL saure Sahne oder
Crème fraîche
200 g Mehl
1 TL Backnatron

Schokoladencreme
140 g Zartbitterschokolade
40 g Kakaopulver
4 EL saure Sahne oder
Crème fraîche
1 EL heller Zuckerrübensirup
40 g Butter
4 EL Wasser
200 g Puderzucker

Diese klassische amerikanische Schokoladentorte besteht aus einem saftigen dunklen Schokoladenteig, der mit einer üppigen Schokoladencreme gefüllt und überzogen wird. Eine ideale Geburtstagstorte, denn sie lässt sich appetitlich anrichten und dekorieren.

1. Den Backofen auf 160 °C vorheizen. Zwei Springformen (20 cm Ø) einfetten und mit Backpapier auslegen.

2. Die Schokolade mit Milch und Kakao in einer Schüssel über einem Wasserbad unter gelegentlichem Rühren schmelzen. Vom Wasserbad nehmen.

3. Butter und Zucker in einer großen Schüssel cremig rühren. Nach und nach Eigelb, dann saure Sahne und Schokoladenmischung einarbeiten. Mehl und Backnatron darübersieben und sorgfältig unterziehen. In einer fettfreien Schüssel das Eiweiß steif schlagen und unter den Teig heben.

4. Den Teig zu gleichen Teilen in die vorbereiteten Formen füllen und im Ofen 35–40 Minuten backen, bis die Tortenböden gut aufgegangen sind und auf Fingerdruck elastisch nachgeben. Die Tortenböden 10 Minuten in der Form abkühlen lassen, dann auf ein Kuchengitter heben und vollständig erkalten lassen.

5. Für die Creme die Schokolade mit Kakao, saurer Sahne, Sirup, Butter und Wasser in einem Topf bei geringer Hitze unter Rühren schmelzen. Vom Herd nehmen, den Puderzucker über die Schokoladenmischung sieben und einrühren, bis die Masse glatt ist. Unter gelegentlichem Rühren abkühlen lassen, bis die Creme streichfähig ist.

6. Beide Tortenböden mit einem scharfen Messer durchschneiden. Die vier Böden mit etwa einem Drittel der Creme zusammensetzen. Mit der restlichen Creme die Torte rundum bestreichen. Dabei mit dem Palettenmesser dekorative Vertiefungen einziehen

2.

3.

5.

Snickerdoodles
ZIMT-NUSS-PLÄTZCHEN

ERGIBT 40 Stück

ZUBEREITUNGSZEIT: 15 Minuten, plus 30–60 Minuten Kühlzeit

BACKZEIT: 12 Minuten

ZUTATEN

225 g weiche Butter
150 g Feinstzucker
2 Eier (Größe L), leicht verquirlt
5 Tropfen Vanillearoma
400 g Mehl
1 TL Backnatron
½ TL frisch geriebene Muskatnuss
1 Prise Salz
50 g Pekannüsse, fein gehackt

Zimtzucker

1 EL Feinstzucker
2 EL Zimt

Snickerdoodles sind von Zimt geprägte Nussplätzchen mit rissiger Oberfläche. Das Rezept stammt vermutlich von europäischen Einwanderern in Neuengland, in deren Küche es eine Vorliebe für wunderliche Namen gab. Passen könnte eine Verballhornung der deutschen Schneckennudeln: ein größeres Gebäckstück mit Zimt, das allerdings mit Hefeteig gemacht wird.

1. Butter und Zucker in einer Schüssel glatt rühren. Eier und Vanillearoma einarbeiten. Mehl, Natron, Muskatnuss und Salz darübersieben. Die Pekannüsse zugeben und alles zu einem glatten Teig verarbeiten. Den Teig zu einer Kugel formen, in Frischhaltefolie einschlagen und 30–60 Minuten im Kühlschrank ruhen lassen.

2. Den Backofen auf 190 °C vorheizen. Zwei oder drei Backbleche mit Backpapier auslegen.

3. Für den Zimtzucker Zucker und Zimt in einer Schale mischen. Mit einem Esslöffel 40 gleich große Portionen vom Teig abstechen, zu Kugeln formen und im Zimtzucker wenden. Mit ausreichend Abstand auf die Bleche setzen.

4. Die Plätzchen im Ofen 10–12 Minuten backen, bis sie goldbraun sind. Dann 5–10 Minuten auf den Blechen abkühlen lassen, mit einem Palettenmesser auf ein Kuchengitter heben und vollständig erkalten lassen.

1.

3.

Kürbis-Whoopie-*Pies*

2.

3.

Die in Neuengland oder in Pennsylvania entstandenen Whoopie Pies haben eine süße cremige Füllung zwischen den Hälften. Die Bauern bekamen sie einst von ihren Frauen als Bestandteil des Proviants mit – und sollen beim Auspacken vor Freude „Whoopie" gerufen haben.

1. Den Backofen auf 180 °C vorheizen. Zwei oder drei Backbleche mit Backpapier belegen. Mehl, Backpulver, Backnatron, Zimt und Salz in eine Schüssel sieben und vermischen.

2. Zucker und Öl in einer großen Schüssel mit einem Handrührgerät 1 Minute verrühren. Ei und Vanillearoma unterrühren, dann das Kürbispüree einarbeiten. Die Mehlmischung sorgfältig unterziehen.

3. Mit einem Spritzbeutel mit kleiner Lochtülle oder einem Teelöffel 24 kleine Teigportionen mit ausreichend Abstand auf die Backbleche spritzen bzw. setzen. Im Ofen 8–10 Minuten backen, bis die Plätzchen gut aufgegangen sind. Die Plätzchen 5 Minuten auf den Blechen abkühlen lassen, dann mit einem Palettenmesser auf ein Kuchengitter heben und vollständig erkalten lassen.

4. Für die Zimt-Ahorn-Füllung Frischkäse und Butter in einer Schüssel cremig rühren. Ahornsirup, Zimt und Puderzucker unterrühren, bis eine glatte Creme entstanden ist.

5. Die Plätzchen mit der Creme zusammensetzen.

ERGIBT 12 Stück

ZUBEREITUNGSZEIT: 30 Minuten

BACKZEIT: 10 Minuten

ZUTATEN

275 g Mehl
½ TL Backpulver
½ TL Backnatron
1½ TL Zimt
¼ TL Salz
200 g brauner Zucker
125 ml Sonnenblumenöl
1 Ei (Größe L), verquirlt
5 Tropfen Vanillearoma
120 g Kürbispüree aus der Dose

Zimt-Ahorn-Füllung
200 g Doppelrahmfrischkäse
80 g weiche Butter
2 EL Ahornsirup
1 TL Zimt
80 g Puderzucker, gesiebt

1.

2.

3.

Limetten-*Pie*

Dieser als Key Lime Pie in den USA beliebte Limettenkuchen wurde vor gut 100 Jahren kreiert und ist nach der Echten Limette benannt, die auf den Florida Keys wächst. Die Pflanze ist dorniger und die Frucht weniger lange haltbar als die der gewöhnlichen Limette, doch wird sie gern wegen ihres herberen Geschmacks verwendet. Seit 2006 ist der Key Lime Pie offizieller Kuchen des Staates Florida.

1. Den Backofen auf 160 °C vorheizen. Eine Tarteform mit herausnehmbarem Boden (24 cm Ø) einfetten. Für den Krümelboden die Kekse mit Zucker und Zimt in einer Küchenmaschine feinkrümelig, aber nicht zu Pulver mahlen. Die Butter einarbeiten, bis die Krümel gebunden sind.

2. Die Krümelmasse in die vorbereitete Form drücken und einen Rand formen. Auf einem Backblech im vorgeheizten Ofen 5 Minuten backen. Inzwischen Kondensmilch, Limettensaft und -schale sowie Eigelb in einer Schüssel glatt rühren.

3. Den Krümelboden aus dem Ofen nehmen, die Limettenmasse darauf verteilen und weitere 15 Minuten backen, bis die Füllung an den Rändern gestockt, in der Mitte aber noch etwas weich ist.

4. Den Pie vollständig in der Form erkalten lassen, dann abgedeckt mindestens 2 Stunden im Kühlschrank fest werden lassen. Vor dem Servieren aus der Form lösen und mit Schlagsahne bestreichen.

FÜR 8 Personen

ZUBEREITUNGSZEIT: 30 Minuten, plus 2 Stunden Kühlzeit

BACKZEIT: 20 Minuten

ZUTATEN

Krümelboden
70 g Butter, zerlassen, plus etwas mehr zum Einfetten
175 g Vollkorn- oder Ingwerkekse
2 EL Feinstzucker
½ TL Zimt

Füllung
400 g Kondensmilch
125 ml Limettensaft
fein abgeriebene Schale von 3 Limetten
4 Eigelb
geschlagene Sahne, zum Servieren

Red Velvet Cake

ROTE SAMTTORTE

FÜR 12 Personen

ZUBEREITUNGSZEIT: 20 Minuten,
plus Abkühlzeit

BACKZEIT: 25–30 Minuten

ZUTATEN

Teig

225 g Butter, plus etwas
mehr zum Einfetten
4 EL Wasser
50 g Kakaopulver
3 Eier, verquirlt
250 ml Buttermilch
2 Tropfen Vanillearoma
2 EL rote Lebensmittelfarbe
280 g Mehl
50 g Speisestärke
1½ TL Backpulver
280 g Feinstzucker

Füllung

250 g Frischkäse
40 g Butter
3 EL Feinstzucker

Die klassische rotbraune Farbe dieses Samtkuchens beruht auf einer chemischen Reaktion der im Kakao enthaltenen Anthozyanen und der Säure der Buttermilch. Um den Effekt zu verstärken, wird in Nordamerika oft noch rote Lebensmittelfarbe hinzugefügt.

1. Den Backofen auf 190 °C vorheizen. Zwei Springformen (24 cm Ø) mit Butter einfetten und mit Backpapier auslegen.

2. Die Butter mit Wasser und Kakao in einem Topf unter Rühren auf geringer Stufe erhitzen, bis die Masse glatt ist. Vom Herd nehmen und leicht abkühlen lassen.

3. Eier, Buttermilch und Vanillearoma in einer Schüssel schaumig rühren und mit der Lebensmittelfarbe rot einfärben. Die Buttermischung unterrühren. Mehl, Speisestärke und Backpulver darübersieben, den Zucker zufügen und alles rasch zu einem glatten Teig verarbeiten.

4. Den Teig zu gleichen Teilen in die vorbereiteten Formen füllen, glatt streichen und 25–30 Minuten im Ofen backen, bis er aufgegangen ist und auf Fingerdruck elastisch nachgibt. Die Böden 3–4 Minuten in der Form abkühlen lassen, dann auf ein Kuchengitter stürzen und vollständig erkalten lassen.

5. Für die Creme alle Zutaten in einer großen Schüssel glatt rühren. Einen Teigboden mit der Hälfte der Creme bestreichen, den anderen Teigboden daraufsetzen und die restliche Creme mit dem Palettenmesser darauf verteilen.

2.

3.

4.

Bananen-
BROT

FÜR 6 Personen

ZUBEREITUNGSZEIT: 20 Minuten

BACKZEIT: 45 Minuten

ZUTATEN

Butter, zum Einfetten
175 g Pflanzenfett
90 g Zucker
150 ml Buttermilch
2 Eier
150 g Mehl
3 TL Backpulver
1 TL Backnatron
1 TL Salz
3 vollreife Bananen
Öl, zum Einfetten

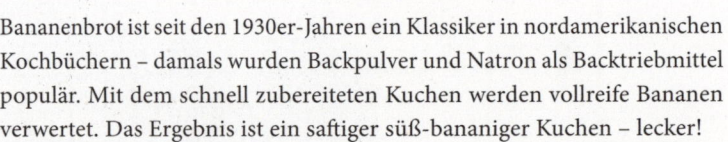

Bananenbrot ist seit den 1930er-Jahren ein Klassiker in nordamerikanischen Kochbüchern – damals wurden Backpulver und Natron als Backtriebmittel populär. Mit dem schnell zubereiteten Kuchen werden vollreife Bananen verwertet. Das Ergebnis ist ein saftiger süß-bananiger Kuchen – lecker!

1. Den Backofen auf 160 °C vorheizen. Eine Kastenform (20 cm Länge) einfetten. Pflanzenfett und Zucker in einer großen Schüssel verrühren. Buttermilch und Eier zufügen und schaumig schlagen. Mehl, Backpulver, Natron und Salz zugeben und alles zu einem gebundenen Teig verrühren.

2. Die Bananen mit einer Gabel zerdrücken, in den Teig geben und alles gut vermischen. Den Teig in die Form füllen. Mit einem eingeölten Spatel den Brotlaib in der Mitte einschneiden.

3. Das Brot im Backofen 45 Minuten backen, bis es goldbraun ist und ein in den Teig gestochenes Holzstäbchen sauber herauskommt. Aus dem Ofen nehmen und in der Form 10 Minuten abkühlen lassen. Dann vorsichtig auf ein Kuchengitter legen und vollständig auskühlen lassen. In Scheiben schneiden und servieren.

1.

2.

2.

Cup

DER KLEINEN UND GROSSEN

Hoffnung

Cupcakes gehören zu den traditionellen amerikanischen Backwaren, die sich zu einem weltweiten Phänomen entwickelt haben. Cupcakes-Cafés, Cupcake-Partys – Cupcakes sind einfach überall, auch wenn ihre eigentliche Heimat die USA sind.

Cupcakes regieren die Welt. Zu ihrer großen Popularität trug die Fernsehserie „Sex and the City" bei, nach deren Ausstrahlung Cupcakes in aller Munde waren.

Was ist typisch für persönliches Glück? Fest steht, dass man es weder besitzen, noch festhalten kann. Man kann es suchen, für einen Moment genießen, um es dann wieder zu verlieren. Die allseits bekannte These, Schokolade beinhalte Glücksstoffe, muss demnach als Alibi immer wieder herhalten. Ähnlich dürfte es sich wohl auch mit den in den letzten Jahren wieder sehr in Mode gekommenen Cupcakes verhalten. Ein kleines zuckersüßes Häppchen für geplante Glückseruptionen. Sie sind bunt, sie sind schön, sie haben süße Verzierungen und eine fast unwiderstehliche kleine Cremehaube. Doch anders, als man denken würde, sind sie keine Erfindung aus jüngerer Zeit. Bereits im amerikanischen Kochbuch „Receipts" von Eliza Leslie aus dem Jahr 1828 wurden sie offiziell erstmals erwähnt. Wenn auch mit einer sehr puritanischen Formulierung: „Der Cupcake wird – wie der Name schon sagt – in einer tassenförmigen Backform hergestellt." Beließe man es dabei, wäre die Ähnlichkeit zum Muffin freilich allzu groß. Denn schon im Geschmack unterscheiden sie sich erstens durch den weicheren Teig und zweitens durch die gleichermaßen opulente wie süße Cremehaube aus Butter, die mit Obst, Zuckerperlen oder -blüten dekoriert wird. In England genossen die Cupcakes zunächst unter dem Begriff „fairy cake" große Beliebtheit. Doch mit der Cupcake-Euphorie, die mit dem beginnenden Jahrhundert aus den USA nach Europa schwappte, wurde der Begriff auch in den anderen europäischen Ländern immer geläufiger.

Nicht unbeteiligt daran ist mit Sicherheit die Begeisterung für die Fernsehserie „Sex and the City", deren erste Staffeln erstmals im Jahr 1997 in den USA, England und Australien gesendet wurden. Die Singlefrauen Carrie & Co. trafen sich in der Serie regelmäßig in der sogenannten „Magnolia Bakery", die sich auf Cupcakes spezialisiert hatte. Spätestens danach waren Cupcakes weltweit in aller Munde, weil sie – wie ein modisches Accessoire – ein Stück täglichen Luxus symbolisierten. Und das Schönste: Jeder kann sich diesen Luxus leisten, weil man sich damit belohnt, ohne ein schlechtes Gewissen zu haben. Mit anderen Worten: Das persönliche Glück – es wird für jeden greif- und vor allem essbar. „Cupcakes are making the world happier."

Schoko-Erdnuss

HAPPEN

ERGIBT 4 Stück

ZUBEREITUNGSZEIT: 5 Minuten

BACKZEIT: 1 Minute

ZUTATEN

8 eckige Vollkorn- oder Butterkekse
120 g feine Erdnussbutter
80 g Zartbitterschokolade,
in Stücke gebrochen

Die populäre amerikanische Erdnussbutter, ein Brotaufstrich, ist auch Bestandteil vieler Backwaren. 1884 meldete der Kanadier Marcellus G. Edson darauf ein Patent an. Meistens wird das Rezept für die Erdnusscreme jedoch dem Cornflakes-Erfinder John Harvey Kellogg (1895) zugeschrieben.

1. Den Backofengrill anheizen. Die Kekse auf einer Seite mit der Erdnussbutter bestreichen. Die Schokostücke auf die Hälfte der bestrichenen Kekse setzen. Die restlichen Kekse mit der Erdnusscremeseite nach unten daraufsetzen.

2. Die Happen auf den Backrost legen und in den Ofen auf die obere Schiene stellen. Etwa 1 Minute erhitzen, bis die Füllung zu schmelzen beginnt. Mit einer Küchenzange auf Teller setzen und sofort servieren.

Klassische

VANILLE-CUPCAKES

Diese Cupcakes waren einst ein „Muss" für amerikanische Kinderpartys. Vanille ist die klassische Geschmacksrichtung für die kleinen Torten, die lockerer und süßer sind als die ähnlich aussehenden Muffins und stets mit Glasur gekrönt werden. Benannt wurden die Cupcakes nach den Tassen, in denen sie einst gebacken wurden – weil es die heute üblichen Muffinformen noch nicht gab.

1. Den Backofen auf 180 °C vorheizen. Eine 12er-Muffinform mit Papierbackförmchen auslegen.

2. Butter und Zucker in einer Schüssel cremig rühren. Nach und nach die Eier einarbeiten. Das Vanillearoma unterrühren. Mehl und Backpulver darübersieben und sorgfältig untermischen.

3. Den Teig in die vorbereiteten Förmchen füllen und im vorgeheizten Ofen 15–20 Minuten backen, bis die Cupcakes gut aufgegangen sind. Aus der Form lösen und auf einem Kuchengitter erkalten lassen.

4. Für die Creme die weiche Butter in einer Schüssel mit einem Handrührgerät 2–3 Minuten hell und cremig rühren. Sahne und Vanillearoma zugeben. Nach und nach den Puderzucker einarbeiten und weiterrühren, bis die Creme leicht und luftig ist.

5. Die Buttercreme mit einem Palettenmesser auf den Cupcakes verstreichen und mit Liebesperlen bestreuen.

ERGIBT 12 Stück

ZUBEREITUNGSZEIT: 25 Minuten

BACKZEIT: 15–20 Minuten

ZUTATEN

Teig
175 g weiche Butter
175 g Feinstzucker
3 Eier (Größe L), verquirlt
5 Tropfen Vanillearoma
175 g Mehl
1½ TL Backpulver
kleine Liebesperlen, zum Dekorieren

Buttercreme
150 g weiche Butter
3 EL Sahne oder Milch
5 Tropfen Vanillearoma
300 g Puderzucker, gesiebt

2.

5.

3.

4.

5.

Boston Cream Pie

GEFÜLLTE BISKUITTORTE

FÜR 10 Personen

ZUBEREITUNGSZEIT: 40 Minuten,
plus Abkühlzeit

BACKZEIT: 20–25 Minuten

ZUTATEN

*40 g Butter, zerlassen
und abgekühlt, plus etwas
mehr zum Einfetten
4 Eier (Größe L), verquirlt
120 g Feinstzucker
120 g Mehl*

Konditorcreme
*2 Eier
50 g Feinstzucker
5 Tropfen Vanillearoma
2 EL Mehl
2 EL Speisestärke
300 ml Milch
150 g Schlagsahne, halb steif geschlagen*

Glasur
*120 g Zartbitterschokolade, gerieben
1 EL heller Zuckerrübensirup
25 g Butter
150 g Schlagsahne*

Diese Biskuittorte mit Schokoladenglasur ist seit 1996 offizielles Gebäck des US-Staates Massachusetts. Erfunden haben soll sie der französische Küchenchef des 1856 eröffneten Parker House Hotels in Boston. Er ersetzte den damals zwischen den Kuchenlagen üblichen Pudding durch eine leichtere Füllung aus Vanillecreme – und toppte das Ganze mit sattem Schokoladenüberzug.

1. Den Backofen auf 180 °C vorheizen. Zwei Springformen (20 cm Ø) einfetten und mit Backpapier auslegen.

2. Eier und Zucker in einer hitzebeständigen Schüssel über einem Wasserbad mit einem Handrührgerät rühren, bis die Masse dickschaumig ist.

3. Das Mehl darübersieben und vorsichtig unterziehen. Die Butter in einem dünnen Strahl zugießen und kurz unterziehen. Den Teig zu gleichen Teilen in die vorbereiteten Formen füllen und im Ofen 20–25 Minuten backen, bis er goldgelb ist und auf Fingerdruck elastisch nachgibt. Die Tortenböden 5 Minuten in der Form abkühlen lassen, dann auf ein Kuchengitter heben und vollständig erkalten lassen.

4. Für die Konditorcreme Eier, Zucker und Vanillearoma aufschlagen. Mehl und Speisestärke mit 4 Esslöffeln Milch anrühren und unter Rühren in die Eiermischung gießen. Die restliche Milch bis knapp unter den Siedepunkt erhitzen und unter ständigem Rühren in die Eiermischung gießen. Die Masse in einen Topf umfüllen und bei geringer Hitze unter ständigem Rühren eindicken. Die Creme in eine Schüssel füllen, mit angefeuchtetem Backpapier bedecken und erkalten lassen. Dann die Sahne unterheben.

5. Für die Glasur Schokolade, Sirup und Butter in eine hitzebeständige Schüssel geben. Die Sahne bis knapp unter den Siedepunkt erhitzen. Über die Schokolade gießen und 1 Minute stehen lassen, dann glatt rühren.

6. Die Tortenböden mit der Konditorcreme zusammensetzen. Die Glasur auf der Tortenoberfläche verstreichen und fest werden lassen.

Beeren-Muffins

ERGIBT 12 Stück

ZUBEREITUNGSZEIT: 20 Minuten

BACKZEIT: 20–25 Minuten

ZUTATEN

225 g Mehl
2 TL Backpulver
50 g gemahlene Mandeln
125 g Feinstzucker,
plus etwas mehr zum Bestreuen
150 g Butter, zerlassen
100 ml Milch
2 Eier
250 g gemischte Beeren (Himbeeren,
Brombeeren, Heidelbeeren)

Der amerikanische Muffin ist eng mit der Einführung des Backpulvers verbunden. Dieses moderne Triebmittel hatte der in Harvard lehrende Eben Norton Horsford, einer der Väter der modernen Ernährungswissenschaft, seit 1856 entwickelt. Mit Beerenobst im Rührteig steht dieser Muffin für ein Stück frisch-warmen Sommers.

1. Den Backofen auf 190 °C vorheizen. Eine 12er-Muffinform mit Papierbackförmchen auslegen.

2. Mehl und Backpulver in eine große Schüssel sieben. Mandeln und Zucker untermischen und eine Vertiefung in die Mitte drücken.

3. Butter, Milch und Eier in einem Rührbecher verquirlen. Die Eiermilch in die Vertiefung der trockenen Zutaten gießen und alles zu einem groben Teig verarbeiten (nicht zu lange rühren!). Die Beeren vorsichtig unterheben.

4. Den Teig in die vorbereiteten Förmchen füllen und im Ofen 20–25 Minuten backen, bis die Muffins gut aufgegangen und goldbraun sind. Mit Zucker bestreuen und 5 Minuten in der Form abkühlen lassen, dann herausheben und auf einem Kuchengitter vollständig erkalten lassen.

2.

3.

4.

Black & White

KEKSE

ERGIBT 20 Stück

ZUBEREITUNGSZEIT: 20 Minuten

BACKZEIT: 15 Minuten

ZUTATEN

Teig

125 g weiche Butter, plus etwas mehr zum Einfetten

5 Tropfen Vanillearoma (oder ausgeschabtes Mark von 1 Vanillestange)

175 g Feinstzucker

2 Eier, verquirlt

300 g Mehl

½ TL Backpulver

200 ml Milch

Glasur

225 g Puderzucker

125 g Sahne

1 Tropfen Vanillearoma

75 g Zartbitterschokolade, in kleine Stücke gebrochen

Die vermutlich aus dem Großraum New York stammenden Kekse werden auch als Halbmonde bezeichnet. Es gibt sie in verschiedenen Geschmacksvarianten, wichtig ist vor allem das Schwarz-Weiß der Glasur. Bleibt nur die Frage: An welcher Seite beißen Sie zuerst ab? Oder beide gleichzeitig?

1. Den Backofen auf 190 °C vorheizen und drei Backbleche einfetten. Butter, Vanillearoma und Zucker in einer großen Schüssel mit einem Handrührgerät schaumig rühren. Nach und nach die Eier zugeben und einrühren.

2. Mehl und Backpulver unter die cremige Mischung heben. Dann die Milch einrühren und alles vermengen, bis ein zähflüssiger Teig entsteht. Mit einem Esslöffel Portionen vom Teig abstechen und in einigem Abstand voneinander auf die Backbleche geben. Die Kekse im Ofen etwa 15 Minuten backen, bis sie leicht goldbraun sind. Herausnehmen und auf einem Kuchengitter auskühlen lassen.

3. Für die Glasur Puderzucker, Hälfte der Sahne und Vanillearoma in einer Schüssel halb steif schlagen. Mit einem Palettenmesser jeden Keks zur Hälfte mit der hellen Glasur bestreichen. Dann die Schokolade in einer Schüssel über einem Wasserbad schmelzen. Vom Herd nehmen und die restliche Sahne unterrühren. Die Schokoladenglasur auf der unbestrichenen Hälfte der Kekse verstreichen.

1.

2.

3.

MISSISSIPPI-
Schoko-Pie

Das Hobbyköchen im US-Staat Mississippi zugeschriebene Rezept für diesen Kuchen ist noch jung: In den 1970er-Jahren wurde es erstmals veröffentlicht. Es besteht aus einfachen und meistens bereits vorhandenen Zutaten, für den Boden kann man auch Kekskrümel verwenden. Und statt mit Sahne lässt sich der saftige Schokoladenkuchen auch gut mit Vanilleeis verspeisen.

1. Den Backofen auf 200 °C vorheizen. Für den Teig Mehl und Kakao in eine Schüssel sieben und den Zucker untermischen. Die Butter mit den Händen hineinkneten, bis eine feinkrümelige Masse entstanden ist. So viel Wasser einarbeiten, dass ein gebundener Teig entsteht.

2. Den Teig auf einer leicht bemehlten Arbeitsfläche zu einem Kreis ausrollen und eine Tarteform mit herausnehmbarem Boden (20 cm Ø) damit auslegen. Den Teigboden mehrmals mit einer Gabel einstechen, mit Backpapier belegen und mit Hülsenfrüchten beschweren. Den Boden im Ofen 10 Minuten blindbacken. Die Form aus dem Ofen nehmen und Backpapier und Hülsenfrüchte entfernen. Die Ofentemperatur auf 180 °C reduzieren.

3. Für die Füllung Schokolade und Butter in einem Topf bei geringer Hitze unter Rühren schmelzen. Zucker und Eier in einer Schüssel glatt rühren. Schokoladenmischung, Sahne und Vanillearoma einarbeiten.

4. Die Schokoladenmasse auf den Teigboden gießen. Im Ofen 20–25 Minuten backen, bis die Füllung fest ist. Herausnehmen und auf einem Kuchengitter erkalten lassen.

5. Für den Belag die Sahne steif schlagen und auf der Tarte verstreichen. Die Schokolade in einer hitzebeständigen Schüssel über einem Wasserbad schmelzen. Die geschmolzene Schokolade in einen Spritzbeutel mit kleiner Tülle füllen und dekorativ auf die Sahne spritzen. Gekühlt servieren.

FÜR 6–8 Personen

ZUBEREITUNGSZEIT: 30 Minuten

BACKZEIT: 30–35 Minuten

ZUTATEN

Teig
175 g Mehl,
plus etwas mehr zum Bestäuben
25 g Kakaopulver
40 g Muskovado-Zucker
80 g Butter
2–3 EL kaltes Wasser

Füllung
80 g Zartbitterschokolade
80 g Butter
80 g Muskovado-Zucker
2 Eier, verquirlt
100 g Sahne
5 Tropfen Vanillearoma

Belag
250 g Sahne
80 g Zartbitterschokolade

Schokoladen
MUFFINS

ERGIBT 12 Stück

ZUBEREITUNGSZEIT: 20 Minuten

BACKZEIT: 20–25 Minuten

ZUTATEN

300 g Mehl
2 ½ TL Backpulver
80 g kalte Butter, gewürfelt
80 g Feinstzucker
150 g Vollmilchschokolade, gehackt
2 Eier (Größe L), verquirlt
200 ml Buttermilch
5 Tropfen Vanillearoma

Für amerikanische Muffins typisch ist nicht nur die Form, sondern auch der Teig, denn es ist kein Rührteig. Bei der „Muffin-Methode" werden die festen und die flüssigen Zutaten zunächst getrennt vermischt und erst anschließend nur kurz miteinander verrührt, denn bei längerem Mischen würde zu viel Kleber entstehen und der Teig nicht so locker werden – mit Schokoladenstücken ein Klassiker.

1. Den Backofen auf 200 °C vorheizen. Eine 12er-Muffinform mit Papierbackförmchen auslegen.

2. Mehl und Backpulver in eine große Schüssel sieben. Die Butter zufügen und mit den Fingern mit dem Mehl verkneten, bis eine feinkrümeliger Masse entsteht. Zucker und Schokostückchen untermischen. Eine Vertiefung in die Mitte drücken.

3. Eier, Buttermilch und Vanillearoma in einer Schüssel verquirlen und in die Vertiefung gießen. Alles zu einem groben Teig verarbeiten (nicht zu lange rühren!).

4. Den Teig in die vorbereiteten Förmchen füllen und im Ofen 20–25 Minuten backen, bis die Muffins gut aufgegangen und goldbraun sind. Die Muffins 5 Minuten in der Form abkühlen lassen, dann herausheben und auf einem Kuchengitter vollständig erkalten lassen.

5. Tipp: Für selbst hergestellte Backförmchen können Sie aus Backpapier 13 cm große Quadrate ausschneiden, in die Form drücken und die Falten glatt streichen.

2.

2.

4.

2.

3.

3.

Nusskranz
MIT AHORNSIRUP

FÜR 10 Personen

ZUBEREITUNGSZEIT: 30 Minuten, plus Abkühlzeit

BACKZEIT: 45–50 Minuten

Die geriffelte Gugelhupfform mit dem Loch in der Mitte wurde in den 1950er-Jahren in Nordamerika populär, nachdem der Kochgerätehersteller Dalquist sie als Teil seines Firmenlogos verwendete. Unter anderem mit Ahornsirup und Pekannuss bekommt die Form bei diesem Rezept eine typisch amerikanische Füllung. Und selbstverständlich gehört Zuckerguss obendrauf.

1. Den Backofen auf 160 °C vorheizen. Eine Gugelhupfform (2 l Inhalt) einfetten und leicht mit Mehl ausstäuben.

2. Butter und Zucker in einer Schüssel cremig rühren. Nach und nach die Eier einarbeiten. Nüsse, Ahornsirup und saure Sahne unterrühren. Mehl und Backpulver darübersieben und sorgfältig unterziehen.

3. Den Teig in die vorbereitete Form füllen und im Ofen 45–50 Minuten backen, bis er goldbraun ist und ein in die Mitte gestochenes Holzstäbchen sauber wieder herauskommt. Den Kuchen 10 Minuten in der Form abkühlen lassen, dann auf ein Kuchengitter stürzen und vollständig erkalten lassen.

4. Für die Glasur Puderzucker und Ahornsirup mit so viel Wasser verrühren, dass eine dickflüssige Masse entsteht. Die Glasur über den Kuchen gießen und an den Seiten hinablaufen lassen. Mit gehackten Nüssen dekorieren und fest werden lassen.

ZUTATEN

200 g weiche Butter, plus etwas mehr zum Einfetten

225 g Mehl, plus etwas mehr zum Bestäuben

200 g brauner Zucker

3 Eier (Größe L), verquirlt

50 g Pekannüsse, fein gehackt, plus etwas mehr zum Dekorieren

4 EL Ahornsirup

150 g saure Sahne

2 ¼ TL Backpulver

Glasur

80 g Puderzucker, gesiebt

1 EL Ahornsirup

1–2 EL lauwarmes Wasser

SCHOKO-KIRSCH

Brownies

ERGIBT 12 Stück

ZUBEREITUNGSZEIT: 30 Minuten, plus Abkühlzeit

BACKZEIT: 45–50 Minuten

ZUTATEN

175 g Butter,
plus etwas mehr zum Einfetten

175 g Zartbitterschokolade,
in Stücke gebrochen

225 g Feinstzucker

3 Eier (Größe L), verquirlt

5 Tropfen Vanillearoma

125 g Mehl

1 TL Backpulver

175 g frische Kirschen, entsteint

80 g weiße Schokolade, grob gehackt

Dieser Kuchen ist reichhaltig und süß, in der Mitte feucht und kompakt. Denn er enthält mehr Schokolade als Mehl. Die Kirschen sorgen für eine süße Frische, die das typische Brownie-Erlebnis noch verstärkt.

1. Den Backofen auf 180 °C vorheizen. Eine rechteckige Backform (24 cm × 20 cm) einfetten und mit Backpapier auslegen.

2. Zartbitterschokolade und Butter in einer großen, hitzebeständigen Schüssel über einem Wasserbad unter Rühren schmelzen, dann 5 Minuten abkühlen lassen.

3. Zucker, Eier und Vanillearoma in die Schokoladenmasse rühren. Mehl und Backpulver darübersieben und unterziehen. Den Teig in die vorbereitete Form füllen. Kirschen und weiße Schokoladenstücke darauf verteilen.

4. Die Brownies im Ofen 30 Minuten backen. Dann locker mit Alufolie bedecken und weitere 15–20 Minuten backen. In der Form erkalten lassen, dann in Stücke schneiden.

2.

3.

3.

Kanadische
BUTTER-TARTELETTEN

ERGIBT 16 Stück

ZUBEREITUNGSZEIT: 30 Minuten,
plus 30 Minuten Ruhezeit

BACKZEIT: 15 Minuten

ZUTATEN

Teig
*300 g Mehl,
plus etwas mehr zum Bestäuben*
1 TL Salz
225 g Pflanzenfett
3 EL kaltes Wasser
1 Ei
Butter, zum Einfetten

Füllung
1 Ei
100 g feiner brauner Zucker
120 g Zuckerrübensirup
1 EL Butter
*5 Tropfen Vanillearoma (oder
ausgeschabtes Mark von 1 Vanillestange)*
125 g Sultaninen

Diese Küchlein zählen zu den wenigen Rezepten mit eindeutig kanadischer Herkunft und sind ein Stolz der frühen Küche des nordamerikanischen Landes. In der vorliegenden Version ist das Innere reichhaltig mit Sirup, braunem Zucker und Sultaninen gefüllt.

1. Für den Teig Mehl und Salz in eine große Schüssel sieben. Das Pflanzenfett zugeben und alles mit den Händen zu einem Streuselteig verarbeiten. In einer zweiten Schüssel Wasser und Ei verquirlen, zur Teigmasse geben und alles zu einem glatten Teig verarbeiten. Den Teig in Frischhaltefolie einschlagen und 30 Minuten im Kühlschrank ruhen lassen.

2. Den Backofen auf 200 °C vorheizen. 16 Tartelettförmchen (7,5 cm Ø) einfetten. Den Teig auf eine leicht bemehlte Arbeitsfläche ausrollen und mit einer runden Ausstechform (7,5 cm Ø) 16 Plätzchen ausstechen. Eventuelle Teigreste erneut ausrollen und ausstechen. Die runden Teigstücke in die Förmchen drücken.

3. Für die Füllung Ei, Zucker, Zuckersirup, Butter, Vanillearoma und Sultaninen in einen Topf geben und bei mittlerer Hitze unter ständigem Rühren erhitzen, bis die Butter zerlassen ist. Die Füllung in die Formen geben und diese fast bis zum Rand füllen. Im Backofen 15 Minuten leicht goldbraun backen. Aus dem Ofen nehmen und warm oder kalt servieren.

2.

2.

3.

2.

4.

5.

Kirsch KÜCHLEIN

ERGIBT 24 Stück

ZUBEREITUNGSZEIT: 25 Minuten

BACKZEIT: 15 Minuten

ZUTATEN

Butter, zum Einfetten
350 g Kirschen, entsteint
2 TL Speisestärke
2 EL Kirschkonfitüre
abgeriebene Schale von 2 Limetten
450 g Mürbeteig (Fertigprodukt)
Mehl, zum Bestäuben
1 Eigelb, verquirlt mit 1 EL Wasser,
zum Glasieren
Feinstzucker, zum Bestreuen

Zum Servieren
250 g Schlagsahne
abgeriebene Schale von 2 Limetten
2 EL Puderzucker

Die alljährliche Kirschernte fällt mit dem Kanada-Tag (1. Juli) und dem amerikanischen Unabhängigkeitstag (4. Juli) zusammen. Damit bieten die hochsommerlichen Feiertage eine hervorragende Grundlage für diese herrlich fruchtigen – gern mit Vanilleeis oder Sahne ergänzten – Leckerbissen. Dank der Tiefkühltechnik können die Kuchenstücke mit den dunklen Kirschen inzwischen auch ganzjährig genossen werden.

1. Den Backofen auf 180 °C vorheizen. Zwei 12er-Muffinformen leicht einfetten.

2. Die Kirschen grob hacken. In eine Schüssel geben und mit Speisestärke, Konfitüre und Limettenschale vermengen.

3. Die Hälfte des Teiges auf einer leicht bemehlten Arbeitsfläche dünn ausrollen. Mit einer Ausstechform mit gewelltem Rand (6 cm Ø) 24 Kreise ausstechen (Teigreste bei Bedarf zusammenkneten und erneut ausrollen). Die Teigkreise in die Vertiefungen der Muffinformen drücken.

4. Die Teigränder mit etwas Eigelb bestreichen. Die Kirschmischung einfüllen.

5. Den restlichen Teig auf einer leicht mit Mehl bestäubten Arbeitsfläche dünn ausrollen. Mit einer Ausstechform mit gewelltem Rand (5 cm Ø) 24 Kreise ausstechen (Teigreste bei Bedarf zusammenkneten und erneut ausrollen). Als Teigdeckel auf die Küchlein legen und an den Rändern andrücken. Mit etwas Eigelbmasse bestreichen. Mit Mini-Ausstechformen Herzchen und Blumen aus den Teigresten ausstechen und die Teigdeckel damit verzieren. Mit der restlichen Eigelbmasse bestreichen und mit Zucker bestreuen.

6. Im Ofen 15 Minuten goldbraun backen. Die Küchlein 10 Minuten in der Form abkühlen lassen. Dann mit einem Messer vorsichtig herauslösen und auf ein Kuchengitter setzen. Die Sahne halb steif schlagen, dann die Hälfte der Limettenschale und Puderzucker unterrühren. Mit der restlichen Limettenschale bestreuen und zu den Kirschküchlein servieren.

AUF
Bagel
UND Brechen

Ein Bagel ist nur dann ein guter Bagel, wenn das Nichts in der Mitte die richtige Größe hat: Es ist kreisrund, gut fünf Zentimeter tief und im Durchmesser etwa 2 Finger dick.

Die Zutaten? Denkbar simpel: Mehl, Salz, Wasser, Hefe und Malz. Fertig. Das Ganze wird zunächst gekocht und dann gebacken, sodass am Ende ein goldfarbener Ring herauskommt, der ziemlich genau 125 Gramm wiegt. Nicht mehr, aber auch nicht viel weniger. Und wenn man hineinbeißt, dann muss ein leicht knackendes Geräusch zu hören sein. Wenn es nicht so ist, dann ist der Bagel auch kein guter Bagel.

Wie immer bei legendären Rezepten ranken sich auch um die Entstehung des Bagels die seltsamsten Geschichten. Wissenschaftler und Forscher bemühen sich seit Jahren darum, die Herkunft möglichst genau zu rekonstruieren. Die in New Haven beheimatete Yale University ging gar so weit, dass sie eine polnische Autorin namens Maria Balinska bei ihren Recherchen unterstützte. Herausgekommen ist dabei sogar ein ganzes Buch, das die „überraschende Geschichte eines einfachen Brotes" erzählt. Natürlich kommen darin die jüdischen Bäcker zur Sprache, die den Bagel aus Anlass jenes Sieges erfunden haben wollen, der die Invasion der Türken in Wien verhinderte. Ob es sich wirklich so zugetragen hat, gehört zweifelsfrei in die Abteilung der Legenden und Anekdoten. Unstrittig ist allerdings die jüdische Vorgeschichte des Bagels. Sprachforscher sind schließlich davon überzeugt, dass der Begriff vom Jiddischen Wort „beigen" stammt und übersetzt nichts anderes heißt als biegen. Einer anderen Legende zufolge soll die polnische Bäckerfamilie Beigel das Gebäck aus rein praktischen Gründen erfunden haben. Demnach waren viele Juden oft unterwegs. Nach ihren religiösen Gesetzen mussten sie sich vor dem Genuss von Brot die Hände waschen. Durch das Kochen des Teigs vor dem Backen galt der Bagel aber nicht mehr als Brot, sondern als Teigware, die ohne vorheriges Händewaschen auch unterwegs gegessen werden durfte, wo es oft kein sauberes Wasser gab.

Erstmals offiziell erwähnt wurde der zu einem Ring gebogene Teig im Jahr 1610 in einem Schriftsatz der jüdischen Gemeinde von Krakau, der für die Feierlichkeiten zur Beschneidung eines Jungen genau vorschrieb, was es zu essen geben durfte und was nicht.

Mit der Auswandererwelle von Europa in die USA zog der Bagel nicht nur in die neue Welt mit um, sondern machte erst richtig Karriere. In Manhattans Lower East Side bestimmte Anfang 1900 eine Großbäckerei mit 300 Angestellten wie eine Bäckerinnung darüber, aus welchen Zutaten ein Bagel hergestellt werden durfte und wie er zu schmecken hatte. Wie einflussreich die im Local 338 ansässigen Bagel-Bäcker waren, lässt sich auch daran ermessen, dass um 1920 sämtliche Bäckereien in New York und Umgebung sich akribisch an die Vorgaben für die Herstellung der „Original New York Bagels" hielten. Die Innung gibt es zwar seit der Erfindung von Bagel-Backmaschinen in den 1950er-Jahren nicht mehr, aber wie ein echter Bagel zu sein hat, blieb und bleibt ein ungeschriebenes Gesetz. Es sind die New Yorker selbst, die bei ihrem täglichen Verzehr peinlich darauf achten, dass sich an der guten Tradition nichts ändert. Als einmal aus Produktionsgründen der Versuch unternommen wurde, auf das typische Loch im Gebäck zu verzichten, ging ein Aufschrei durch die Presse. Solche Missgeburten seien keine echten Bagels und eines New Yorkers nicht würdig. In der Tat blieb die Verbreitung des Bagels lange auf New York mit seiner starken jüdischen Gemeinde beschränkt. Erst mit dem Aufkommen von Fast-Food-Ketten begann der belegte Bagel sich über das ganze Land zu verbreiten. Mit dem konkurrierenden Donut hat der Bagel allerdings nichts zu tun. Er sieht zwar genauso aus, besteht aber aus einem anderen Teig und wird in Fett ausgebacken.

Dass der Bagel seine traditionellen Wurzeln eigentlich in Europa hat, daran erinnert nur noch wenig. Lediglich in Österreich wird ein mit Nüssen gefülltes Hörnchen immer noch als „Beugel" bezeichnet. In Ungarn landen die an Weihnachten gebackenen Mohnstollen als „Beigli" in den Regalen der Supermärkte. Und auch in einem alten jüdischen Sprichwort ist dem Bagel ein humorvolles Denkmal gesetzt, dort heißt es: „Wenn man den Beigl aufgegessen hat, bleibt in der Tasche das Loch."

Die Geschichte des Bagels wartet mit überraschenden Aussagen auf. Manche davon sind frei erfunden, viele – vor allem die jüdische Herkunft – sind historisch belegt.

Sauerteigbrot

ERGIBT 2 Laibe

ZUBEREITUNGSZEIT: 30 Minuten,
plus 2 ½ Sunden Ansetz- und
4–5 Tage Ruhezeit

BACKZEIT: 30 Minuten

ZUTATEN

Vorteig
80 g Weizenvollkornmehl
80 g Mehl (Type 550)
50 g Feinstzucker
250 ml Milch

Hauptteig
450 g Weizenvollkornmehl
4 TL Salz
350 ml lauwarmes Wasser
2 EL dunkler Zuckerrübensirup
1 EL Pflanzenöl,
plus etwas mehr zum Einfetten
Mehl, zum Bestäuben

Die Ägypter haben das Sauerteigbrot wohl schon von vor mehr als 3000 Jahren gebacken. Es war aber auch im 19. Jahrhundert das wichtigste Brot der Goldsucher in Kalifornien und Kanada. Denn der langsam mit natürlich vorkommenden Bakterien aufgehende Sauerteig ließ sich auch gut in der Wildnis herstellen. Im Vergleich zu Hefebroten hat es einen typischen, leicht säuerlichen Geschmack.

1. Für den Vorteig beide Mehlsorten, Zucker und Milch in eine nicht metallene Schüssel geben und mit einer Gabel sorgfältig verrühren. Mit einem feuchten Tuch bedecken und bei Zimmertemperatur 4–5 Tage stehen lassen, bis die Mischung schäumt und säuerlich riecht.

2. Für den Hauptteig Mehl und die Hälfte des Salzes in eine große Schüssel sieben. Wasser, Sirup, Öl und Vorteig zugeben und mit einem Holzlöffel verrühren, bis die Zutaten gebunden sind. Den Teig auf einer leicht bemehlten Arbeitsfläche etwa 10 Minuten kräftig durchkneten, bis er glatt und geschmeidig ist.

3. Eine Schüssel mit Öl ausstreichen. Den Teig zu einer Kugel formen und in die Schüssel geben. Die Schüssel in eine Plastiktüte geben oder mit einem feuchten Tuch abdecken und an einem warmen Ort 2 Stunden gehen lassen, bis sich das Teigvolumen verdoppelt hat.

4. Zwei Backbleche mit Mehl bestäuben. Das restliche Salz mit 4 Esslöffeln Wasser in einer Schale verrühren. Den Teig auf einer leicht bemehlten Arbeitsfläche nochmals 10 Minuten durchkneten. Den Teig halbieren, zu ovalen Laiben formen und auf die vorbereiteten Backbleche geben. Mit etwas Salzwasser bestreichen und an einem warmen Ort weitere 30 Minuten gehen lassen. Dabei regelmäßig mit Salzwasser bestreichen.

5. Inzwischen den Backofen auf 220 °C vorheizen. Die Brote mit dem restlichen Salzwasser bestreichen und im Ofen 30 Minuten backen, bis sie goldbraun sind. Die Brote sind durchgebacken, wenn sie sich beim Klopfen gegen die Unterseite hohl anhören. Gegebenenfalls die Ofentemperatur auf 190 °C reduzieren und etwas länger backen. Auf einem Kuchengitter erkalten lassen.

1.

3.

4.

1.

2.

4.

5.

7.

Stromboli-Brot

ERGIBT 1 Laib

ZUBEREITUNGSZEIT: 20–25 Minuten, plus 1 Stunde, 20 Minuten Ruhezeit

BACKZEIT: 30–35 Minuten

Das wohl nach dem sizilianischen Vulkan benannte Stromboli-Brot ist einer gerollten Pizza sehr ähnlich. Der Teig und die Zutaten sind typisch italienischer Herkunft. In die USA eingewanderte Italiener sollen das Brot in den 1950er-Jahren erfunden haben.

ZUTATEN

Teig

500 g Mehl, gesiebt, plus etwas mehr zum Bestäuben
2¼ TL Trockenbackhefe
2 TL Meersalz
3 EL Olivenöl, plus etwas mehr zum Bestreichen
350 ml lauwarmes Wasser

Füllung

85 g Salami, in kleine Stücke geschnitten
175 g Mozzarella, klein gewürfelt
25 g frisches Basilikum
2 rote Paprika, in Streifen geschnitten
Pfeffer

1. Mehl, Hefe und 1½ Teelöffel Salz in einer Schüssel verrühren. Öl und Wasser zugeben und alles verrühren, bis ein geschmeidiger Teig entsteht.

2. Den Teig auf einer bemehlten Arbeitsfläche 10 Minuten durchkneten. Danach mit einem Küchentuch abgedeckt 1 Stunde an einem warmen Ort gehen lassen, bis der Teig sein Volumen verdoppelt hat.

3. Den Teig erneut 2–3 Minuten kneten, wieder abdecken und weitere 10 Minuten gehen lassen.

4. Den Teig zu einem 38 cm × 25 cm großen Rechteck etwa 1 cm dick ausrollen.

5. Den Backofen auf 200 °C vorheizen. Die Salami gleichmäßig auf dem Teig verteilen und Mozzarella, Basilikum und Paprika darüberstreuen. Nach Bedarf mit Pfeffer würzen.

6. Ein Backblech einfetten. Die belegte Teigplatte zu einer festen Rolle aufrollen und die Enden einschlagen. Die Teigrolle mit der Nahtstelle nach unten auf das vorbereitete Backblech legen, abdecken und erneut 10 Minuten ruhen lassen.

7. Die Teigrolle mehrmals mit einem Holzspieß einstechen, mit etwas Öl bestreichen und mit dem restlichen Salz bestreuen. Das Brot im Ofen 30–35 Minuten backen, bis es fest und goldbraun ist. Auf einem Kuchengitter etwas abkühlen lassen und in dicke Scheiben geschnitten noch lauwarm servieren.

2.

3.

4.

5.

5.

Bagels

Bagels sind wohl das einzige Gebäck auf der Welt, bei dem während der Herstellung sowohl Wasser als auch Ofenhitze zum Einsatz kommen, da sie zunächst gekocht und erst danach gebacken werden. Nach einer der verschiedenen Geschichtsversionen sollen sie während der türkischen Besetzung von Wien im Jahr 1683 erfunden worden sein. Ein jüdischer Bäcker wollte dem Feldherren eine besondere Ehre zuteil werden lassen und entwarf das Gebäck, das eine offensichtliche Ähnlichkeit mit einem Steigbügel hatte, wohl wissend, dass dieser ein echter Pferdenarr war.

1. Mehl, Salz, Zucker und Hefe in eine große Schüssel geben. Mit den Händen gut vermischen und in die Mitte eine Vertiefung drücken.

2. Wasser, 2 Teelöffel Malzextrakt, Ei und Butter in eine Schüssel geben und alle Zutaten gut miteinander verrühren. Die Mischung in die Vertiefung gießen und mit den Händen oder dem Knethaken des Handrührgeräts auf niedriger Stufe vermischen. Der Teig sollte weich und noch klebrig sein. Wenn er zu trocken ist, ein wenig Wasser hinzufügen. Wenn er zu feucht ist, ein wenig mehr Mehl einarbeiten. Die Schüssel mit einem feuchten Küchentuch abdecken und den Teig etwa 10 Minuten ruhen und aufgehen lassen.

3. Den Teig auf einer leicht bemehlten Arbeitsfläche 10 Minuten kneten, bis er sehr glatt ist. Zurück in die Schüssel geben und bei Raumtemperatur weitere 1–2 Stunden ruhen lassen, bis er das doppelte Volumen erreicht hat. Den Teig in 12 Stücke teilen und jedes Stück zu einer Kugel formen. Mit einem Küchentuch abdecken und erneut 10 Minuten ruhen lassen.

4. Ein Backblech mit Backpapier ausgelegen, die Kugeln darauflegen und leicht flach drücken. Dann mit dem bemehlten Finger ein Loch durch jede Kugel stechen. Den Bagel am Finger sanft drehen, bis das Loch einen Durchmesser von 2,5 cm hat.

5. Den Backofen auf 200 °C vorheizen. In einem großen Topf reichlich Wasser aufkochen und das restliche Malzextrakt einrühren. Die Bagels vorsichtig in das kochende Wasser legen und 30 Sekunden von jeder Seite garen. Mit einem Schaumlöffel aus dem Wasser heben, kurz abtropfen lassen und auf das Blech legen. Leicht mit Eiweiß bestreichen, die Körner darüberstreuen und im Ofen 20–25 Minuten goldbraun backen. Aus dem Ofen nehmen und auf einem Kuchengitter abkühlen lassen. Mit Butter und Konfitüre servieren.

ERGIBT 12 Stück

ZUBEREITUNGSZEIT: 60 Minuten, plus 2 Stunden, 20 Minuten Ruhezeit

BACKZEIT: 20–25 Minuten

ZUTATEN

525 g Mehl, plus etwas mehr bei Bedarf und zum Bestäuben

1½ TL Salz

3 EL Zucker

10 g Trockenbackhefe

230 ml lauwarmes Wasser, plus etwas mehr, falls erforderlich

3 EL Malzextrakt

1 Ei, verquirlt

2 EL zerlassene Butter

1 Eiweiß, verquirlt

Mohn-, Sesamsaat- und Sonnenblumenkerne, zum Bestreuen

Butter und Kirschkonfitüre, zum Servieren

Zucchinibrot

FÜR 6 Personen

ZUBEREITUNGSZEIT: 20 Minuten

BACKZEIT: 40–50 Minuten

ZUTATEN

*6 EL Öl, plus etwas mehr
zum Einfetten*

240 g Mehl

135 g Puderzucker

1¼ TL Backnatron

1 TL Salz

½ TL Zimt

1 Ei

*1 Tropfen Vanillearoma (oder
ausgeschabtes Mark von 1 Vanillestange)*

½ TL frisch geriebene Muskatnuss

125 ml Buttermilch

145 g Zucchini

45 g fein gehackte Walnüsse

Dieses Brot ist eigentlich ein Kuchen: Wie Karotten lassen sich auch Zucchini zu einem nicht allzu süßen Backwerk verarbeiten, vor allem wenn das Gemüse im Sommer in großer Zahl reif ist. Das Brot ist superweich und vor allem sehr saftig – es lässt sich außerdem gut einfrieren.

1. Den Backofen auf 160 °C vorheizen. Eine Kastenform (23 cm Länge) einfetten. Mehl, Zucker, Backnatron, Salz und Zimt in eine große Schüssel sieben. Ei, Öl und Vanillearoma in einer zweiten großen Schüssel verquirlen. Mehlmischung, Muskatnuss und Buttermilch zugeben und alles gut verkneten.

2. Die Zucchini mit einer Reibe fein reiben und mit den Walnüssen in den Teig geben und untermischen.

3. Den Teig in die Form füllen und im Ofen 40–50 Minuten backen, bis das Brot gleichmäßig gebräunt ist und ein in die Mitte gestochenes Holzstäbchen sauber wieder herauskommt.

4. Das fertige Brot 20 Minuten in der Form abkühlen lassen, dann auf ein Kuchengitter stürzen und vollständig auskühlen lassen.

1.

2.

3.

1.

2.

4.

5.

5.

MAISBROT MIT
Frühlingszwiebeln & Parmesan

Dieses Maisbrot geht auf ein Rezept der nordamerikanischen Indianer zurück und ist in den ländlichen USA, vor allem im Süden, ein traditionelles Grundnahrungsmittel, denn Mais ist preiswerter als Weizen. Einst in der Pfanne auf offenem Feuer gebraten, wird das Brot heute auf einem Blech im Ofen gebacken. Mit Frühlingszwiebeln und Parmesan im Teig ist es eine herzhafte Beilage zu anderen Speisen.

1. Den Backofen auf 190 °C vorheizen und eine quadratische Backform (24 cm × 24 cm) einfetten.

2. Beide Mehlsorten, Backpulver, Selleriesalz und Pfeffer in eine große Schüssel sieben und 40 g Parmesan untermischen.

3. Eier, Milch und Butter in einer kleinen Schüssel verrühren.

4. Die Eimasse zur Mehlmischung gießen und alles zu einem glatten Teig verrühren.

5. Die Frühlingszwiebeln untermischen, dann den Teig in die vorbereitete Form füllen und die Oberfläche glatt streichen.

6. Mit dem restlichen Parmesan bestreuen. Im Ofen 30–35 Minuten goldbraun backen.

7. Das Brot in 16 Quadrate schneiden und am besten warm servieren.

ERGIBT 16 Stück

ZUBEREITUNGSZEIT: 15 Minuten

BACKZEIT: 30–35 Minuten

ZUTATEN

Öl, zum Einfetten
140 g feines Maismehl oder Maisgrieß
140 g Mehl (Type 405)
4 TL Backpulver
2 TL Selleriesalz
frisch gemahlener schwarzer Pfeffer
50 g Parmesan, frisch gerieben
2 Eier, verquirlt
400 ml Milch
50 g Butter, zerlassen
1 Bund Frühlingszwiebeln, gehackt

Der Geschmack Latein-amerikas

Ob Machu Picchu oder der Karneval von Rio – die Bandbreite der Sehenswürdigkeiten Südamerikas ist so vielfältig wie seine Esskultur. Die kulinarische Auswahl reicht von den Teigtaschen Burritos über argentinische Steaks und Bohnen bis hin zu süßen Keksen und fruchtigen Torten. In der Herstellung der Backwaren erkennt man häufig den Einfluss europäischer Kolonialherrscher, doch das heutige Gebäck ist geprägt durch die Essgewohnheiten der Ureinwohner und durch eine große Auswahl exotischer Zutaten. Mais gehört zu den Grundnahrungsmitteln der Mittel- und Südamerikaner und findet in Form von Maismehl oder Maisgrieß häufig Verwendung bei Gebäck und Kuchen. So findet man in Kolumbien schon beim Frühstück die traditionell auf Stein gebackenen Arepas, und nachmittags zum Kaffee isst man den klassischen Sandkuchen Mantecada. Eine Spezialität ist der Brotaufstrich Dulce de Leche, dem schon in der Ayurvedalehre heilende Wirkung zugesprochen wurde. Dulce de Leche wird durch stundenlanges Kochen von Milch, Zucker und Vanille hergestellt und als Teil vieler süßer Speisen verwendet. Die traditionellen Kekse Alfajores werden genauso wie die vielen Schichten der Torta de Hojas mit der Milchkonfitüre bestrichen.

*Bunte und lebensfrohe Farben: Die Back-
kultur Lateinamerikas ist sehr stark durch
die koloniale Vorgeschichte geprägt. Dennoch haben sich in den unterschiedlichen
Regionen in den letzten Jahrzehnten eigene
Backtraditionen entwickelt.*

Tres Leches

MILCHKUCHEN

ERGIBT 12 Stück

ZUBEREITUNGSZEIT: 30 Minuten,
plus 30 Minuten Ruhezeit

BACKZEIT: 30 Minuten

ZUTATEN

Butter, zum Einfetten
4 Eier
170 g Zucker
125 g Mehl
1 TL Backpulver
¼ TL Salz
5 EL Milch
5 Tropfen Vanillearoma (oder ausgeschabtes Mark von 1 Vanillestange)
2 Eiweiß
350 g Kondensmilch
350 ml gezuckerte Kondensmilch
60 g Sahne
gehackte Belegkirschen, zum Dekorieren

Belag
600 g Schlagsahne
3 EL Zucker

Dieser Kuchen ist in allen Ländern Lateinamerikas in unterschiedlichen Varianten weit verbreitet. Der spanische Name bezieht sich auf die drei Milchsorten, mit denen der typisch saftige Teig getränkt wird. Die Zubereitung stammt wohl ursprünglich aus Europa, wo zum Beispiel Tiramisu auf die ähnliche Weise hergestellt wird.

1. Den Backofen auf 180 °C vorheizen. Eine Springform (24 cm Ø) einfetten. Eier und Zucker in einer großen Schüssel schaumig verrühren. Nach und nach Mehl, Backpulver und Salz zufügen und mit einem Holzlöffel gut vermischen. Dann Milch und Vanillearoma einrühren. Das Eiweiß mit einem Handrührgerät steif schlagen und unter die Masse heben.

2. Den Teig in die vorbereitete Form füllen und die Oberfläche glatt streichen. Den Boden 30 Minuten im Ofen backen, herausnehmen, mehrfach mit einer Gabel einstechen und abkühlen lassen.

3. Inzwischen beide Sorten Kondensmilch und Sahne in einer Schüssel verrühren.

4. Die Mischung nach und nach über den abgekühlten Boden gießen, bis die Milchmischung vollständig aufgesogen ist. Den Kuchen 30 Minuten ruhen und durchziehen lassen.

5. Inzwischen für den Belag Sahne und Zucker mit einem Handrührgerät steif schlagen. Kurz vor dem Servieren die Sahne auf dem Kuchen verteilen, glatt streichen und den Kuchen in 5 cm × 5 cm große Würfel schneiden. Nach Belieben mit gehackten Belegkirschen dekorieren und servieren.

1.

2.

4.

1.

3.

7.

Oaxaca
KOKOSNUSS-FLAN

Dieses Dessert aus dem mexikanischen Bundesstaat Oaxaca ist eine Art Flan. Doch die Eiermasse in diesem Rezept im Ofen gebacken. Anschließend wird der Flan aus der Form gestürzt, und das flüssige Karamell umfließt ihn appetitlich.

FÜR 6–8 Personen

ZUBEREITUNGSZEIT: 30 Minuten, plus 8 Stunden Kühlzeit

BACKZEIT: 35 Minuten

1. Den Backofen auf 160 °C vorheizen. Eine quadratische Auflaufform (20 cm × 20 cm) in den Ofen stellen. Zucker und Wasser in einen Stieltopf geben und bei mittlerer Hitze unter Rühren erwärmen, bis der Zucker karamellisiert.

2. Die heiße Form aus dem Ofen nehmen (den Backofen nicht ausschalten) und so viel heißen Karamell hineingießen und die Auflaufform schwenken, dass der Karamell Boden und Ränder der Form vollständig überzieht. Den verbleibenden Karamell beiseitestellen. Alle unbedeckt gebliebenen Stellen in der Innenseite der Form müssen eingefettet werden, wenn die Auflaufform abgekühlt ist.

3. Die Ofentemperatur auf 180 °C erhöhen. Eier und Eigelb in einer großen Schüssel verquirlen, dann Rum, Vanillearoma und Piment zufügen und einrühren.

4. Sahne, Milch und Kokosmilch in einem kleinen Topf bei mittlerer Hitze unter ständigem Rühren aufkochen. Die Milch-Sahne-Mischung nach und nach in die Eimischung gießen und einrühren.

5. Den restlichen Karamell und danach die Flanmasse in die Form füllen. Dann die Form in einen tiefen Bräter stellen, diesen bis zur Hälfte der Auflaufformhöhe mit kochendem Wasser füllen und in den Ofen stellen.

6. Den Flan 35 Minuten backen, bis ein in die Mitte gestochenes Holzstäbchen sauber wieder herauskommt. Aus dem Ofen nehmen und in der Auflaufform abkühlen lassen. Dann etwa 8 Stunden im Kühlschrank fest werden lassen.

7. Kurz vor dem Servieren den Flan auf einen Teller stürzen. Der flüssige Karamell bedeckt dann die Creme. Vor dem Servieren mit Kokosraspeln bestreuen und nach Belieben mit einer Physalis dekorieren.

ZUTATEN

70 g Zucker
70 ml Wasser
Butter, zum Einfetten (nach Bedarf)
6 Eier
3 Eigelb
70 ml dunkler Rum
5 Tropfen Vanillearoma
½ TL gemahlener Piment
350 g Schlagsahne
350 ml Milch
350 ml Kokosmilch
150 g geröstete Kokosraspeln, zum Bestreuen
1 Physalis zum Dekorieren (nach Belieben)

Mexikanische
HOCHZEITSKEKSE

Die sehr zarten, in unterschiedlichen Formen gebackenen Kekse gehören zur mexikanischen Hochzeitstradition. Zu diesem besonderen Anlass werden sie aus guter Butter, feinstem Zucker und erlesenen Nüssen hergestellt. Charakteristisch für die Kekse aus Mexiko sind die Pekannüsse. Mit Walnüssen gebacken werden sie zu russischem Teegebäck, mit Mandeln und Vanille sind es die deutschen Vanillekipferl.

ERGIBT 30 Stück

ZUBEREITUNGSZEIT: 20 Minuten

BACKZEIT: 20 Minuten

1. Den Backofen auf 150° C vorheizen. Zwei Backbleche mit Backpapier auslegen. Die Pekannüsse in einer trockenen Pfanne bei mittlerer Hitze rösten, gelegentlich durch Rühren wenden, bis sie goldbraun geröstet sind. Aufpassen, dass sie nicht verbrennen. Abkühlen lassen, mit 2 Teelöffeln Puderzucker in eine Küchenmaschine geben und fein zermahlen.

2. Butter, restlichen Puderzucker und Vanillearoma in eine große Schüssel geben und mit einem Handrührgerät cremig rühren. Mehl und Nüsse zugeben und untermischen.

3. Mit bemehlten Händen 30 Portionen vom Teig abnehmen, dann zu Halbmonden formen und auf die vorbereiteten Bleche legen. Die Kekse im Ofen etwa 20 Minuten backen, bis sie leicht gebräunt sind. Etwas abkühlen lassen, dann in Puderzucker wälzen. Vor dem Servieren noch einmal mit Puderzucker bestreuen.

ZUTATEN

115 g Pekannüsse

50 g Puderzucker, plus etwas mehr zum Überziehen und zum Bestäuben

225 g weiche Butter

1 Trop Vanillearoma (oder ausgeschabtes Mark von 1 Vanillestange)

250 g Mehl, plus etwas mehr zum Formen

3.

Torta de Hojas

SCHICHTKUCHEN

4.

FÜR 4 Personen

ZUBEREITUNGSZEIT: 35–45 Minuten

BACKZEIT: 1 Stunde, 40 Minuten

ZUTATEN

700 g gezuckerte Kondensmilch, in Dosen
500 g Mehl
2 TL Backpulver
200 g weiche Butter
3 Eigelb
250 ml Milch
50 ml Weinbrand
50 ml Wasser
100 g grob gehackte Walnüsse

Dieser „Tausend-Blätter-Kuchen" ist ein beliebtes Dessert in Chile. Es ist ein echtes Werk der Liebe, weil jede Schicht separat gebacken und der Kuchen anschließend zusammengefügt werden muss. Am besten den Kuchen einen Tag vor dem Verzehr zubereiten: Dann ist er gut durchgezogen und lässt sich besser schneiden.

1. Die ungeöffneten Kondensmilchdosen in einem mit Wasser gefüllten Topf 3 Stunden köcheln, dabei das verdunstete Wasser immer wieder auffüllen. Dann die Dosen 10–15 Minuten abkühlen lassen und öffnen.

2. Den Backofen auf 180 ° C vorheizen. Mehrere Backbleche mit Backpapier auslegen. Mehl und Backpulver mischen und beiseitestellen. Die Butter in einer großen Schüssel cremig rühren, dann unter ständigem Rühren nach und nach das Eigelb zufügen. Mehlmischung und Milch zugeben und einrühren, bis ein fester Teig entsteht.

3. Den Teig in 10 Stücke teilen und jedes Stück zu einer Kugel formen. Jede Kugel zu einem Kreis von 23 cm Durchmesser flach drücken. Die Fladen auf die Backbleche legen und mehrmals mit einer Gabel einstechen. Im Ofen 5 Minuten backen, dann umdrehen und weitere 5 Minuten goldbraun backen. Eventuell muss dies in mehreren Partien erfolgen. Aus dem Ofen nehmen und auf einem Kuchengitter abkühlen lassen.

4. In einer kleinen Schüssel Weinbrand und Wasser vermischen. Einen Fladen auf einen Servierteller legen, mit 1 Teelöffel Weinbrandmischung besprenkeln, mit 1 ½ Teelöffeln Kondensmilch bestreichen und mit 1 Teelöffel Nüssen bestreuen. Diesen Vorgang wiederholen, bis alle Fladen aufgeschichtet sind.

SÜSSE KARAMELL
Pasteles

4.

ERGIBT 14 Stück

ZUBEREITUNGSZEIT: 25 Minuten, plus 30 Minuten Ruhezeit

BACKZEIT: 15 Minuten

ZUTATEN

385 g Mehl, plus etwas mehr zum Bestäuben

40 g Puderzucker

1 TL Backpulver

¼ TL Salz

225 g gekühlte Butter, gewürfelt, plus etwas mehr zum Einfetten

6–7 EL Eiswasser

425 g weiche Karamellbonbons

2 EL Milch

35 g Kokosraspel

1 Ei, verquirlt

Karamell kommt aus dem Spanischen und bedeutet „gebrannter Zucker". Der dafür trocken erhitzte Zucker bleibt süß, hat aber zusätzlich das typische Röstaroma. In Argentinien werden die Teigtaschen „Pasteles" vor allem mit weichen Karamellbonbons gefüllt – eine Leckerei, die die Mühe lohnt!

1. Mehl, Puderzucker, Backpulver und Salz in einer Rührschüssel vermischen. Die Butter hinzufügen und mit den Händen in die Mehlmischung reiben, bis ein Streuselteig entsteht. Nach und nach das Eiswasser zufügen und einarbeiten, bis ein gebundener Teig entsteht. Den Teig in Frischhaltefolie einschlagen und 30 Minuten im Kühlschrank ruhen lassen.

2. Karamellbonbons und Milch in einer Schüssel über einem Wasserbad unter ständigem Rühren erhitzen, bis der Karamell vollständig aufgelöst ist. Vom Herd nehmen, die Kokosraspel untermischen und abkühlen lassen.

3. Den Backofen auf 200 °C vorheizen. Ein Backblech mit Backpapier auslegen. Den Teig auf einer leicht bemehlten Arbeitsfläche ausrollen und mit einer runden Ausstechform (7,5 cm Ø) 14 runde Teigstücke ausstechen. Die Teigreste, falls notwendig, erneut ausrollen und ausstechen.

4. Auf jedes runde Teigstück je 1 Teelöffel der Karamellmischung geben und dann zusammenklappen. Die Ränder mit einer Gabel zusammendrücken. Die Teigtaschen auf das vorbereitete Blech legen und mit etwas Ei bestreichen. Im Ofen etwa 15 Minuten backen, bis die Pasteles goldbraun sind. Aus dem Ofen nehmen und auf einem Kuchengitter abkühlen lassen.

Guave-Riegel

Der Guaven-Baum war früher nur in Südamerika heimisch, wird nun aber auch in anderen tropischen Regionen angepflanzt. Seine Früchte sind weich, saftig und ein wenig körnig. Sie schmecken süßsauer-aromatisch und erinnern ein wenig an Birnen oder Erdbeeren. Da sie nur wenige Tage gelagert werden können, werden sie vor allem zu Konfitüre, Desserts oder Saft verarbeitet – der die Grundlage für dieses Gebäck ist.

1. Zur Herstellung der Guaven-Paste, Guavensaft und Kristallzucker in einen Topf geben und aufkochen. Den Gelierzucker zufügen und rühren, bis alles gebunden ist. Dann in eine flache Form gießen und kalt und fest werden lassen.

2. Den Backofen auf 200 °C vorheizen. Ein Backblech (20 cm × 30 cm) einfetten.

3. Mehl, Zucker, Backnatron, Salz und Haferflocken in einer Schüssel vermischen. Die Butter zufügen und alles mit den Händen zu einem Streuselteig verarbeiten. Den Honig zugeben und untermischen. Die Hälfte des Streuselteigs auf dem Backblech verteilen und festdrücken.

4. Die Guaven-Paste in dünne Streifen schneiden und auf den Teigboden legen. Nun die restlichen Streusel darüber verteilen und mit der Rückseite einer Gabel leicht andrücken. Im Ofen etwa 30 Minuten backen, bis das Gebäck goldbraun ist. Aus dem Ofen nehmen und in der Form abkühlen lassen. In Streifen von etwa der Größe eines Müsliriegels schneiden und servieren. Die Riegel bleiben in einem luftdichten Behälter bis zu 1 Woche frisch.

ERGIBT 8–10 Stück

ZUBEREITUNGSZEIT: 30 Minuten, plus Kühlzeit

BACKZEIT: 30 Minuten

ZUTATEN

Teig
250 g Mehl
350 g brauner Zucker
½ TL Backnatron
¼ TL Salz
150 g Haferflocken
225 g Butter, plus etwas mehr zum Einfetten
150 g flüssiger Honig

Guaven-Paste
300 ml Guavensaft
70 g Kristallzucker
50 g Gelierzucker
oder alternativ
425 g gebrauchsfertige Guaven-Paste, in Scheiben geschnitten

1.

Mexikanische
SOPAPILLAS

FÜR 4 Personen

ZUBEREITUNGSZEIT: 20 Minuten,
plus 2 Stunden, 20 Minuten Ruhezeit

BACKZEIT: 3–5 Minuten

ZUTATEN

2 TL Trockenbackhefe
3 EL lauwarmes Wasser
150 ml Milch
6 EL Zucker, plus etwas mehr
zum Bestreuen
1 TL Salz
2 EL Butter
1 Ei, verquirlt
500 g Mehl
Pflanzenöl, zum Frittieren

Der Name für dieses Gebäck stammt wohl vom spanischen „sopaipa" – der Bezeichnung für süßen, frittierten Teig. Im Gegensatz zu südamerikanischen Sopapillas, die eine Art von Tortilla sind, bläht sich die mexikanische Variante dank des besonderen Teigs auf wie ein Donut. Sie werden auch in herzhaften Varianten hergestellt und sind ein wichtiger, wohl vor 200 Jahren entwickelter Bestandteil der regionalen Küche.

1. Hefe und Wasser in einer großen Schüssel verrühren, bis die aufgelöst ist,. Dann an einen warmen Ort stellen. Milch, Zucker und Salz in einem Topf bei mittlerer Hitze aufkochen, dann die Butter zufügen und einrühren. Vom Herd nehmen und leicht abkühlen lassen. In die Hefemischung einrühren, das Ei zufügen und nach und nach das Mehl einrühren, bis ein gebundener Teig entsteht. Die Schüssel mit einem feuchten Küchentuch abdecken und den Teig etwa 1–2 Stunden gehen lassen, bis sich das Volumen verdoppelt hat.

2. Den Teig auf einer leicht bemehlten Arbeitsfläche ausrollen, wieder zusammenfalten und durchkneten. Danach erneut etwa 20 Minuten gehen lassen. Den Teig 1 cm dünn ausrollen und mit einem Pizzaschneider oder Teigrädchen in 20 je 5 mm breite Streifen schneiden.

3. Ausreichend Öl zum Frittieren in einem großen Topf oder in der Fritteuse auf 180–190 °C erhitzen. Die richtige Temperatur ist erreicht, wenn sich an einem ins Öl gehaltenen Holzspieß Blasen bilden. Die Teigstreifen in das Öl geben und portionsweise 3–5 Minuten frittieren, bis sie hellbraun sind, dabei mehrmals wenden.

4. Mit einem Schaumlöffel aus dem Öl nehmen und auf Küchenpapier abtropfen lassen. Mit Zucker bestreuen und sofort servieren

1.

2.

3.

Happy Hour
AUF DEM FRIEDHOF

Jedes Jahr in der Nacht zum 1. November müssen die Toten in Mexiko im wahrsten Wortsinne eine Ruhe von der ewigen Ruhe einlegen. Nichts hält sie in den Gräbern und Grüften, denn nach altem Glauben kehren sie zum Ende der Erntezeit aus dem Jenseits zur Erde zurück und feiern zusammen mit den Lebenden ein fröhliches Fest.

Am „Dia de los Muertos", der übrigens auch von den Hispanics in Chicago, Los Angeles und New York am gleichen Tag wie Halloween ausgiebig gefeiert wird, werden die Friedhöfe für eine besondere Dinner-Party für die Toten eigenwillig dekoriert.

Bei lauter Musik, ausgelassenen Tänzen und gutem Essen haben die Toten was zu lachen, und die Lebenden gedenken der Dahingegangnen. Deren Seelen sind schließlich lang ersehnte Gäste, die mit skurrilen Todessymbolen willkommen geheißen werden. Bunt angemalte Skelette, leuchtende Knochen aus Plastik und Schädel aus Zucker und Schokolade, die auf der Stirn den Namen des Verstorbenen tragen, lassen am Datum keinen Zweifel: Es ist der „Dia de los Muertos", zugleich einer der wichtigsten Feiertage und eines der fröhlichsten Volksfeste zu Ehren der Toten. Alle Straßen sind mit gelben und orangefarbenen Blumen geschmückt, denn sie sind der Empfangsteppich, und der soll den Verstorbenen den Weg vom Friedhof zum Haus weisen. Sicher ist sicher, denn bei der langen Abwesenheit kann man schon mal was vergessen. Die leuchtenden orangen Cempasuchil, auch „Blumen der Toten" genannt, sollen angeblich selbst von den schlechter sehenden Toten erkannt werden können. Der „Dia de los Muertos" ist beileibe keine Trauerveranstaltung. Schon nach altmexikanischem Glauben kamen die Toten aus dem Jenseits, was aber den spanischen Missionaren eher gotteslästerlich vorkam. Sie versuchten allerdings vergeblich, das Fest abzuschaffen, und mussten irgendwann resigniert hinnehmen, dass der christliche Glaube sich mit dem Glauben der Azteken vermischte.

Backhistorisch gesehen ist Pan de Muerto nichts anderes als ein Brot aus lockerem Teig, das in seiner Konsistenz kaum anders ist als eine Brioche aus Frankreich. Allerdings wurde die Herstellung des Brotes vermutlich von den Empanadas abgeleitet, die als gefüllte Teigtaschen in ganz Südamerika populär sind. Bei der Herstellung wird auf die Kunstfertigkeit der Hausfrau sehr geachtet. Je komplizierter der Teig geflochten ist, desto mehr Hochachtung genießt der zu verehrende Mensch aus dem Jenseits. In Mexiko treibt der Kult um Pan de Muerto längst wahre Blüten. In Kochwettbewerben und Fernsehshows wetteifern Profis und Amateure um den Titel als bester Pan-de-Muerto-Bäcker. Auf derartigen Broten werden die Skelette möglichst detailgetreu dargestellt. Auch vor kräftigem Einsatz von rotem Zuckerguss schreckt man nicht zurück. Längst hat sich der Kuchen vom ursprünglichen religiösen Hintergrund gelöst. So bringt man Freunden bei einem Besuch einen kunstvoll mit Knochen und Gebeinen dekorierten Pan de Muerto mit, selbst dann, wenn gar kein Totenfest gefeiert wird.

Nachdem in der Nacht zum 2. November die Seelen im Wohnhaus empfangen werden, findet anschließend der Abschied von den Toten auf den Friedhöfen statt. Dort wird unter anderem das Pan de Muerto gegessen. Und natürlich wird viel getrunken, musiziert und getanzt. Pünktlich um Mitternacht kehren die Verstorbenen wieder ins Jenseits zurück. Das Fest, das von den Hispanics übrigens auch ausgelassen in Chicago, Los Angeles und New York am gleichen Tag wie Halloween gefeiert wird, ist zu Ende. Endlich Ruhe, bis zum nächsten Jahr!

CHILENISCHE
Ananastorte

FÜR 8–10 Personen

ZUBEREITUNGSZEIT: 50 Minuten,
plus 30 Minuten Kühlzeit

BACKZEIT: 30 Minuten

ZUTATEN

6 Eier
240 g Feinstzucker
150 g Mehl, gesiebt
80 g Speisestärke
2 TL Backpulver
Butter, zum Einfetten
250 g Schlagsahne
100 g Puderzucker
150 g Ananas in Stücken
aus der Dose
3 EL Ananassaft
Kokosraspel, zum Dekorieren

Ananas ist eine weltweit beliebte Frucht, die schon im 16. Jahrhundert in den meisten tropischen Gebieten angebaut wurde. Doch sie stammt ursprünglich aus Lateinamerika, wo die Indianer sie schon kultivierten, bevor Christoph Kolumbus sie nach Europa brachte. Die Ananas war 1493 auf Guadeloupe ein Willkommensgeschenk der Indianer an ihn. Ihr pikanter Geschmack gibt dem für den Norden von Chile typischen Sahnekuchen den entscheidenden Kick.

1. 3 Eier und Zucker in einer großen Schüssel etwa 30 Minuten schaumig rühren, sodass der Kuchen später leicht und luftig wird. Mehl, Speisestärke und Backpulver in einer Schüssel vermischen und dann in die Eimischung einrühren. Die restlichen Eier trennen, das Eiweiß steif schlagen und unter den Teig heben. Dann das Eigelb unter ständigem Rühren nach und nach zugeben.

2. Den Backofen auf 160 °C vorheizen und eine Springform (24 cm Ø) einfetten. Den Teig in die Form füllen und im Ofen etwa 30 Minuten backen. Herausnehmen und auf einem Kuchengitter vollständig auskühlen lassen. Den ausgekühlten Kuchen horizontal in der Mitte durchschneiden.

3. Die Sahne steif schlagen, vorsichtig mit dem Puderzucker vermischen und bis zur weiteren Verwendung in den Kühlschrank stellen.

4. Die Ananasstücke in ein Sieb geben und abtropfen lassen; dabei den Saft auffangen und beiseitestellen.

5. Eine Kuchenhälfte auf einen Teller setzen, mit einer dicken Schicht Schlagsahne bestreichen und zwei Drittel der Ananasstücke darauf verteilen. Eine weitere dünnere Schicht Sahne darüberstreichen.

6. Die zweite Kuchenhälfte mit dem Ananassaft beträufeln und auf die Sahneschicht setzen. Mit der restlichen Schlagsahne bestreichen und mit den restlichen Ananasstücken und den Kokosraspeln dekorieren. Anschließend 30 Minuten in den Kühlschrank stellen und kühl servieren.

1.

2.

5.

2.

4.

4.

Pan de Muerto

HEFEBROT

Pan de Muerto ist das „Brot der Toten": Es wird in Mexiko zum Ende der Erntezeit im Vorfeld der „Tage der Toten" gebacken. Sie finden als großes Volksfest jedes Jahr am 1. und 2. November statt. Das süße, weiche Brot wird oft mit Teigstücken dekoriert, die wie Knochen aussehen und den Verlust durch den Tod symbolisieren.

1. Hefe und Wasser in einer große Schüssel verrühren, bis die Hefe aufgelöst ist, dann etwa 5 Minuten ruhen lassen. In der Zwischenzeit die Milch in einen Topf bei mittlerer Hitze aufkochen, vom Herd nehmen und Butter, 50 g Zucker und Salz einrühren, bis alle Zutaten aufgelöst sind. Die Hefemischung zugeben und untermischen.

2. 1 Ei und Mehl zufügen und alles kneten, bis ein glatter Teig entsteht. Den Teig in eine saubere Schüssel geben, mit einem Küchentuch abdecken und an einem warmen Ort 2 Stunden gehen lassen.

3. Den Teig auf einer leicht bemehlten Arbeitsfläche in 4 Stücke teilen. 1 Stück beiseitestellen. Die restlichen Stücke mit den Händen zu 3 gleich langen Strängen formen.

4. Ein Backblech mit Backpapier auslegen. Die drei Teigstränge zu einem Zopf flechten und die Enden so zusammenführen, dass sich ein runder Laib ergibt. Das restliche Teigstück zu 2 Knochen und einem Schädel formen. Diese auf den Laib legen und leicht andrücken. Das Brot auf das Backblech legen und erneut 30 Minuten gehen lassen.

5. Den Backofen auf 180° C vorheizen. Anis, Zimt und restlichen Zucker in einer kleinen Schüssel verrühren. Das restliche Ei verquirlen und das Pan de Muerto damit einstreichen (den Schädel und die Knochen auslassen) und dann mit der Anismischung bestreuen.

6. Im vorgeheizten Ofen auf unterster Schiene 25–30 Minuten goldbraun backen. Wenn das Brot zu schnell bräunt, mit Backpapier abdecken. Aus dem Ofen nehmen und auf einem Kuchengitter abkühlen lassen.

FÜR 8 Personen

ZUBEREITUNGSZEIT: 30 Minuten, plus 2½ Stunden Ruhezeit

BACKZEIT: 25–30 Minuten

ZUTATEN

3 TL Trockenbackhefe
4 EL lauwarmes Wasser
4 EL Milch
60 g Butter, gewürfelt
60 g Zucker
½ TL Salz
2 Eier
425 g Mehl, plus etwas mehr zum Bestäuben
½ TL gemahlener Anis
¼ TL Zimt
2 TL Zucker

Brigadeiros

SCHOKOLADENKONFEKT

ERGIBT 25 Stück

ZUBEREITUNGSZEIT: 35 Minuten,
plus 4 Stunden Kühlzeit

BACKZEIT: 15 Minuten

ZUTATEN

400 g gezuckerte Kondensmilch

*30 g Butter, plus etwas
mehr zum Einfetten*

2 EL Schlagsahne

2 TL Zuckerrohrsirup

2 TL Kakaopulver

85 g Zartbitter-Schokoladentröpfchen

200 g Schokoladenstreusel

Während des Zweiten Weltkriegs waren importierte Waren knapp in Brasilien. Das Land besann sich auf die eigenen Stärken, unter anderem als bedeutender Produzent von Kakao. Gleichzeitig brachte der Schweizer Hersteller Nestlé dort seine Kondensmilch auf den Markt. Aus der Kombination entstanden diese brasilianischen Schokoladentrüffel, benannt nach dem „Brigadier" Eduardo Gomes, ein damals im Land populärer Militär und Politiker.

1. Die Kondensmilch in einen kleinen Topf gießen und bei geringer Hitze erwärmen, aber nicht kochen. Butter, Sahne und Sirup unter ständigem Rühren zufügen.

2. Weiterrühren, bis die Creme kleine Blasen bildet, dann Kakaopulver und Schokoladentröpfchen einrühren. Weitere 10 Minuten köcheln, bis die Masse andickt, dann vom Herd nehmen.

3. Die Mischung in eine Schüssel geben und auf Raumtemperatur abkühlen lassen.

4. Die Schokoladenstreusel in eine flache Schüssel geben und die Hände leicht einfetten. Die abgekühlte Mischung zu einem langen Strang formen, diesen in 25 etwa 2,5 cm lange Stücke schneiden und dies zu Kugeln formen. Die Kugeln in den Schokostreuseln wälzen, bis sie vollständig damit überzogen sind. Die Brigadeiros dann in einzelne Papierbackförmchen legen und im Kühlschrank mindestens 4 Stunden kalt stellen.

1.

2.

4.

Garibaldi

KEKSE

ERGIBT 24–30 Stück

ZUBEREITUNGSZEIT: 15 Minuten

BACKZEIT: 15 Minuten

ZUTATEN

*140 g Mehl, plus etwas
mehr zum Bestäuben*
*100 g Puderzucker, plus etwas
mehr zum Bestäuben*
1 TL fein abgeriebene Limettenschale
115 g weiche Butter
1 Prise Salz

Garibaldis sind ein populäres Gebäck in England, benannt nach dem gleich-namigen italienischen Revolutionär. 1861 brachte die Londoner Keksfabrik Peek, Frean & Co. sie erstmals auf den Markt. In Südamerika lässt man die Korinthen oder das Beerenobst weg und würzt sie stattdessen mit feiner Limettenschale und Puderzucker.

1. Den Backofen auf 180 °C vorheizen. Ein Backblech mit Backpapier auslegen. Mehl, Zucker und Limettenschale in einer Schüssel vermischen. Butter und Salz zufügen und alles zu einem glatten Teig verarbeiten.

2. Den Teig auf einer bemehlten Arbeitsfläche zu einer Rolle formen und diese in 3 Stränge teilen. Die Stränge in 2 cm große Stücke schneiden, dann zu kleinen Kugeln formen und auf das vorbereitete Backblech legen. Etwas flach drücken und mit den Fingern leicht so zusammendrücken, dass sie ihre charakteristische Form erhalten. Im Ofen etwa 15 Minuten goldbraun backen.

3. Aus dem Ofen nehmen, mit Puderzucker bestreuen und servieren.

1.

1.

2.

1.

2.

Mantecada

FÜR 6–8 Personen

ZUBEREITUNGSZEIT: 15 Minuten

BACKZEIT: 30–40 Minuten

Der gehaltvolle Rührteig des in Kolumbien und Venezuela beliebten Kuchens besteht vor allem aus Butter, Zucker und Eiern – und relativ wenig Mehl. Vorbild ist eine Art Muffin aus Spanien. Rum und Orangenschale gehören unbedingt dazu. Er wird oft mit einer Kugel Eis, Sahne oder frischen Früchten serviert.

ZUTATEN

*450 g Butter, plus etwas
mehr zum Einfetten*

450 g Zucker

10 Eier

400 g feiner Maisgrieß

100 g Mehl

3 TL Backpulver

2 TL Rum

fein abgeriebene Schale von 1 Orange

1. Den Backofen auf 180 °C vorheizen. Eine Ringform einfetten. Butter und Zucker in einer Schüssel mit einem Handrührgerät schaumig rühren. Nach und nach unter ständigem Rühren die Eier zufügen, dann Maisgrieß, Mehl und Backpulver unterheben. Weiterrühren, bis ein glatter Teig entsteht. Zum Schluss Rum und Orangenschale zufügen und alles erneut durchrühren.

2. Den Teig in die vorbereitete Form geben und den Kuchen im Ofen auf mittlerer Schiene 30–40 Minuten backen.

3. Den Kuchen aus dem Ofen nehmen und vorsichtig aus der Form auf eine Platte stürzen. Heiß oder bei Raumtemperatur servieren.

Amaranth
Alegrias KEKSE

ERGIBT 10–15 Stück

ZUBEREITUNGSZEIT: 15 Minuten

KOCHZEIT: 15 Minuten

ZUTATEN

450 ml Wasser

870 g Rohrzucker oder weicher, dunkelbrauner Zucker

2 EL flüssiger Honig

Saft von 2 Zitronen

115 g gerösteter Amaranth (erhältlich in Drogerien)

85 g Rosinen

55 g ungeröstete Erdnüsse

Lange Zeit galt Amaranth als heilig: Inkas und Azteken glaubten in der Pflanze die Quelle großer Kraft gefunden zu haben. Tatsächlich ist die Körnerfrucht nährstoffreicher als alle europäischen Getreidesorten. Genutzt werden meistens die an einem Meter langen Blütenständen wachsenden Samenkörner, so auch bei dem Gebäck Alegrias – das „Freude" bedeutet.

1. Das Wasser in einem Topf aufkochen. Rohrzucker, Honig und Zitronensaft einrühren und bei geringer Hitze köcheln, bis ein dicker Sirup entsteht.

2. Vom Herd nehmen, den Amaranth in den Sirup geben und vermischen. Etwas abkühlen lassen, anschließend die Masse in 10–15 kleine Förmchen drücken oder zu Pyramiden formen. Mit Rosinen und Erdnüssen belegen und vollständig abkühlen und fest werden lassen.

Polvorones

KEKSE

2.

Hinter den Polvorones steckt das spanische Wort für Staub: Die dichten, brüchigen Kekse werden in verschiedenen Varianten in Lateinamerika und Spanien gegessen und sind vor allem in der Weihnachtszeit beliebt. Dazu passt auch der Zimt-Vanille-Geschmack.

1. Den Backofen auf 190 °C vorheizen. Ein Backblech mit Backpapier auslegen. Butter, Zucker und Puderzucker in einer großen Schüssel mit einem Handrührgerät schaumig rühren. Nach und nach die Eier unter ständigem Rühren zufügen und dann das Vanillearoma einrühren. Mehl, Backpulver und Salz zufügen und alles zu einem glatten Teig verarbeiten.

2. Den Teig auf eine leicht bemehlte Arbeitsfläche geben und 5 mm dick ausrollen. Mit einer geriffelten Ausstechform 20–25 Polvorones ausstechen, gegebenenfalls die Teigreste erneut ausrollen und ausstechen. Auf das vorbereitete Backblech legen und im Ofen 8–10 Minuten goldbraun backen.

3. Die Polvorones aus dem Ofen nehmen und die Zimt-Zucker-Mischung darüberstreuen, solange sie noch heiß sind. Auf ein Kuchengitter legen und abkühlen lassen. Die Polvorones sind im luftdichten Behälter bis zu 1 Woche haltbar.

ERGIBT 20–25 Stück

ZUBEREITUNGSZEIT: 15 Minuten

BACKZEIT: 8–10 Minuten

ZUTATEN

225 g Butter

225 g Zucker

40 g Puderzucker

2 Eier

5 Tropfen Vanillearoma (oder ausgeschabtes Mark von 1 Vanillestange)

550 g Mehl, gesiebt, plus etwas mehr zum Bestäuben

1 TL Backpulver

½ TL Salz

100 g Zucker gemischt mit 1 TL Zimt

KARAMELLKEKSE
Alfajores

ERGIBT 24 Stück

ZUBEREITUNGSZEIT: 20 Minuten,
plus 30 Minuten Ruhezeit

BACKZEIT: 15 Minuten

ZUTATEN

*280 g Mehl, plus etwas
mehr zum Bestäuben*

*40 g Puderzucker, gesiebt, plus
etwas mehr zum Bestäuben*

½ TL Salz

*250 g weiche Butter,
in Stücke geschnitten*

175 g Karamellsauce

¼ TL Zimt

¼ TL gemahlene Gewürznelke

¼ TL frisch geriebene Muskatnuss

Alfajores bestehen aus zwei (oder sogar drei!) Schichten feinstem Mürbeteig mit einer Füllung dazwischen. Das süße Gebäck hat seinen Ursprung in Arabien, verbreitete sich dann aber über Spanien schon um 1870 in Südamerika. Es ist heute vor allem in Argentinien beliebt. Das vorliegende Rezept mit Milchkaramellcreme und Puderzucker ist nur eine der vielen möglichen Varianten.

1. Den Backofen auf 180 °C vorheizen. Ein Backblech mit Backpapier auslegen. Mehl, Puderzucker, Salz und Butter in der Küchenmaschine zu einem glatten Teig verkneten. In Frischhaltefolie einschlagen und 30 Minuten kalt stellen und ruhen lassen.

2. Den Teig auf einer leicht bemehlten Arbeitsfläche 5 mm dick ausrollen. Mit einer Ausstechform (5 cm Ø) 24 runde Kekse ausstechen und auf das Blech legen. Die Teigreste erneut ausrollen und weitere Kekse ausstechen. Jeweils 3 kleine Löcher in die Hälfte der Kekse stechen. Dann die Alfajores im Ofen 15 Minuten goldbraun backen.

3. In der Zwischenzeit Karamellsauce, Zimt, Gewürznelke und Muskatnuss verrühren.

4. Die Kekse aus dem Ofen nehmen. Jeweils 1 Teelöffel der Karamellmischung auf die Kekse geben und die gelochten Kekse darüberlegen. Mit Puderzucker bestäuben und servieren.

4.

Kokosmakronen

Für Kokosmakronen gibt es weltweit eine unübersehbare Vielfalt von Rezepten. Im Kern aber vermittelt das süße Schaumgebäck mit den Palmenfrüchten immer einen Kick aus den Tropen. Außen knusprig und innen leicht klebrig sind diese Makronen unwiderstehlich – hier in der lateinamerikanischen Variante.

1. Den Backofen auf 180 °C vorheizen. Ein Backblech mit Backpapier auslegen.

2. Alle Zutaten bis auf das Eiweiß in einer großen Schüssel zu einem geschmeidigen Teig verarbeiten. Den Teig in 24 gleich große Stücke teilen, diese zu Kugeln formen und auf das Backblech legen. Das Eiweiß halb steif schlagen und die Makronen damit bestreichen.

3. Die Kokosmakronen im Ofen 15 Minuten leicht goldbraun backen. Herausnehmen und auf einem Kuchengitter abkühlen lassen.

ERGIBT 24 Stück

ZUBEREITUNGSZEIT: 10 Minuten

BACKZEIT: 15 Minuten

ZUTATEN

200 g Kokosraspel
60 g Mehl
4 Eigelb
2 EL Kokosnussmilch
225 g feiner brauner Zucker
5 Tropfen Vanillearoma (oder ausgeschabtes Mark von 1 Vanillestange)
1 Eiweiß
Belegkirschen zum Dekorieren

1.

2.

3.

MEXIKANISCHER
Maiskuchen

FÜR 8 Personen

ZUBEREITUNGSZEIT: 15 Minuten

BACKZEIT: 40 Minuten

ZUTATEN

60 g Butter, plus etwas mehr zum Einfetten
2 EL Pflanzenfett
50 g Maisgrieß
5 EL kaltes Wasser, bei Bedarf etwas mehr
280 g frische Zuckermais-Körner
3 EL Schlagsahne
3 EL Maismehl
50 g Zucker
¼ TL Backpulver
½ TL Salz

Mais wird seit vielen tausend Jahren in Mexiko kultiviert, die dahintersteckende Arbeit gilt als eine der herausragenden Leistungen Menschen der Frühzeit. In Lateinamerika (und in Afrika) ist Mais nach wie vor das wichtigste Grundnahrungsmittel. Selbstverständlich wird daraus das ganze Jahr über auch ein leckerer Kuchen gebacken: Der frische, saftige Mais sorgt für die reizvolle grobe Struktur.

1. Den Backofen auf 180 °C vorheizen. Eine Kastenform (35 cm Länge) einfetten. Butter und Pflanzenfett in einer Schüssel schaumig rühren. Den Maisgrieß unterheben. Nach und nach das Wasser unter Rühren zugeben, bis ein fester, aber geschmeidiger Teig entsteht. Den Zuckermais zufügen und untermischen.

2. Sahne, Maismehl, Zucker, Backpulver und Salz in einer großen Schüssel mischen. Den Maisgrießteig zufügen und alles gut vermengen.

3. Die Mischung in die vorbereitete Kastenform füllen, glatt streichen und den Kuchen im Ofen 40 Minuten backen. Wenn der Kuchen zu schnell braun wird, mit Alufolie abdecken. Aus dem Ofen nehmen, in der Form 1–2 Minuten abkühlen lassen, dann erst aus der Form stürzen und auf einem Kuchengitter vollständig abkühlen lassen. In Scheiben oder Quadrate geschnitten servieren.

1.

2.

3.

Arepas
FLADEN

ERGIBT 16 Stück

ZUBEREITUNGSZEIT: 20 Minuten,
plus 30 Minuten Ruhezeit

BACKZEIT: 15–20 Minuten

Die runden Maisfladen werden hauptsächlich in Kolumbien und Venezuela traditionell zu fast allen Mahlzeiten gegessen. In den Anden werden eher große und flache Arepas gebacken, während an der Küste dicke und kleine frittiert werden. Sie werden immer frisch zubereitet und warm serviert. Es gibt manchmal einen Belag dazwischen. Die dickeren werden auch aufgeschnitten und mit Fleisch, Fisch, Käse und Gemüse gefüllt.

1. Mehl und Salz in einer großen Schüssel verrühren und das heiße Wasser darübergießen. Die Butter zufügen und alles verrühren, bis ein fester Teig entsteht. Den Teig in Frischhaltefolie einschlagen und 30 Minuten im Kühlschrank ruhen lassen.

2. Den Teig in 16 gleich große Stücke teilen und jedes Stück zu einem etwa 1,5 cm dicken Fladen formen (10 cm Ø). Auf ein Stück Backpapier geben und mit Frischhaltefolie abdecken.

3. Etwas Öl in einer Pfanne erhitzen, die Arepas darin nach und nach bei mittlerer Hitze von beiden Seiten goldbraun braten. Wenn die Arepas zu schnell bräunen, die Hitze reduzieren. Die Arepas sind gar, wenn sie außen knusprig, in der Mitte jedoch noch weich sind.

4. Direkt aus der Pfanne mit Salat, Käse und Schinken servieren.

ZUTATEN

280 g Arepa-Maismehl
oder Maisgrieß
1 TL Salz
700 ml heißes Wasser
2 EL zerlassene Butter
Pflanzenöl, zum Braten

Zum Servieren
Blattsalat
geriebener mittelalter Gouda
in Scheiben geschnittener
gekochter Schinken

Pikantes Jalapeños

MAISBROT

FÜR 6 Personen

ZUBEREITUNGSZEIT: 20 Minuten

BACKZEIT: 30 Minuten

ZUTATEN

1 EL Pflanzenöl

4 frische Jalapeños, halbiert,
entkernt und fein gehackt

1 fein gehackte Frühlingszwiebel

1 TL fein gehackte frische Petersilie

100 g weiche Butter, plus
etwas mehr zum Einfetten

275 g Maisgrieß

185 g Mehl

2 TL Zucker

1 TL Backpulver

1 TL Salz

3 Eier

250 ml Buttermilch

450 g Sahne

Jalapeños sind kleine, scharfe und nach der mexikanischen Stadt Xalapa (früher Jalapa) benannte Paprikafrüchte. Diese Art Chili wird noch heute vor allem in der Region sowie im benachbarten Texas angebaut und sorgt für das entscheidende Aroma in diesem herzhaft-saftigen Maiskuchen.

1. Das Öl in einer Pfanne erhitzen und Jalapeños, Frühlingszwiebel und Petersilie darin glasig andünsten. Den Backofen auf 190 °C vorheizen. Ein tiefes Backblech (20 cm × 30 cm) einfetten und im Ofen anwärmen.

2. Maisgrieß, Mehl, Zucker, Backpulver und Salz in einer großen Schüssel vermengen. Eier, Buttermilch, Sahne, gedünstet Jalapeños-Mischung und Butter einer anderen Schüssel verrühren. Dann in die Maisgrießmischung geben und gut einrühren.

3. Den Teig gleichmäßig auf das vorbereitete Blech verteilen und das Brot im Ofen 30 Minuten backen, bis es goldgelb ist und ein in den Teig gestochenes Holzstäbchen sauber herauskommt. Aus dem Ofen nehmen und 5 Minuten in der Form abkühlen lassen. Dann aus der Form heben, in kleine Quadrate schneiden und servieren.

1.

2.

3.

3.

Diesseits *von* AFRIKA

Afrika gilt als die „Wiege der Menschheit". Weniger geläufig dürfte die Tatsache sein, dass auf dem schwarzen Kontinent die Brotbackkultur ihren Ursprung hat. Schon vor 5000 Jahren erkannten die Ägypter die Wirkungsweise von Hefepilzen und stellten die ersten gesäuerten Brote her. Tatsächlich standen etwa 30 verschiedene Brotsorten auf ihrem Speiseplan. Da verwundert es kaum, dass die Ägypter von den Römern als „Brotesser" belächelt wurden. Aber auch in anderen Gebieten Afrikas experimentierten die Völker schon früh mit Getreide. Die Beduinen zum Beispiel erfanden einen Erdofen, in dem Teig mithilfe des heißen Saharasands und erhitzten Kohlen zu Brot ausgebacken werden konnte. Für ihre Brote verwenden die Afrikaner hauptsächlich die Getreide Maniok, Hirse und Mais.

Wer wissen will, wie die vor 5000 Jahren
von den alten Ägyptern erfundenen Öfen
funktionierten, muss die Lebensweise
afrikanischer Stämme studieren. Wie
damals backen sie heute noch in Erdvertie-
fungen, die von der Sonne erhitzt werden.

AFRIKANISCHE
Ingwerkekse

ERGIBT 25 Stück

ZUBEREITUNGSZEIT: 10 Minuten

BACKZEIT: 15–20 Minuten

ZUTATEN

265 g Mehl, plus etwas mehr zum Bestäuben

120 g weiche Butter, plus etwas mehr zum Einfetten

85 g Zucker

3 TL gemahlener Ingwer

½ TL Cayennepfeffer

125 ml Wasser

Die Europäer schätzten den aus Südasien stammenden Ingwer ursprünglich nur wegen seiner positiven Auswirkungen auf die menschliche Gesundheit. Doch bereits im Mittelalter setzten sie ihn auch als Gewürz ein und brachten später entsprechende Rezepte in die afrikanischen Kolonien. Dort sind die schmackhaften Gewürzkekse noch heute beliebt.

1. Den Backofen auf 180 °C vorheizen. Ein Backblech mit Backpapier auslegen und dieses mit Butter einfetten. Mehl, Zucker, Ingwer und Pfeffer in eine Schüssel sieben und vermengen.

2. Die Butter zugeben und einarbeiten, bis ein Streuselteig entsteht. Nach und nach das Wasser zufügen und alles zu einem festen Teig vermischen.

3. Den Teig auf einer bemehlten Arbeitsfläche etwa 1 cm dick ausrollen. Mit einem runder Ausstechform (5 cm Ø) 25 Kekse ausstechen und diese auf das vorbereitete Backblech geben. Die Ingwerkekse im Ofen 15–20 Minuten goldbraun backen, herausnehmen und auf einem Kuchengitter vollständig abkühlen lassen. Die Kekse können in einem luftdichten Behälter bis zu 1 Woche aufbewahrt werden.

2.

3.

2.

3.

3.

3.

SÜDAFRIKANISCHE

Milch-
Törtchen

ERGIBT 12 Stück

**ZUBEREITUNGSZEIT: 45 Minuten,
plus 1 Stunde Ruhezeit**

BACKZEIT: 35 Minuten

ZUTATEN

Teig

*225 g Butter, plus etwas
mehr zum Einfetten*

*300 g Mehl, plus etwas
mehr zum Bestäuben*

55 g Zucker

2 Eigelb

2 EL Schlagsahne

Füllung

40 g Butter, zerlassen

225 g Zucker

3 Eigelb

140 g Mehl

1 TL Backpulver

¼ TL Salz

*5 Tropfen Vanillearoma (oder
ausgeschabtes Mark von 1 Vanillestange)*

1 l Milch

3 Eiweiß

1 EL Zimtzucker

*6 halbierte frische Erdbeeren
und Puderzucker, zum Dekorieren*

Im Gegensatz zum traditionellen englischen Puddingtörtchen hat das als „Milch-Tarte" (Melktert) bekannte Gebäck einen höheren Anteil an Milch und Ei. Die Folgen sind eine leichtere Konsistenz und ein stärkerer Milchgeschmack. In Südafrika gehören die Törtchen zu den populärsten Gebäckstücken.

1. Den Backofen auf 180 °C vorheizen. 12 Backförmchen (5 cm Ø) einfetten und mit Mehl bestäuben. Für den Teig Butter und Zucker in einer Schüssel cremig rühren. Das Eigelb zufügen und weiterrühren, bis ein ehomogene Masse entsteht. Die Sahne unterrühren und das Mehl mit einem Teigschaber sorgfältig unterheben. Den Teig 1 Stunde im Kühlschrank ruhen lassen.

2. Den Teig auf einer bemehlten Arbeitsfläche ausrollen, mit einer runden Ausstechform (10 cm Ø) 12 Teigkreise ausstechen und die vorbereiteten Förmchen damit auskleiden. Die Teigböden mehrmals mit einer Gabel einstechen, mit Backpapier belegen und mit Hülsenfrüchten beschweren. Die Tarteletten im Ofen 10 Minuten blindbacken. Aus dem Ofen nehmen, Backpapier und Hülsenfrüchte entfernen und die Ofentemperatur auf 190 °C erhöhen.

3. Für die Füllung Butter und Zucker in einer großen Schüssel schaumig rühren. Nach und nach das Eigelb zufügen und einrühren. Mehl, Backpulver und Salz darübersieben und weiterrühren, bis eine glatte Creme entsteht. Vanillearoma und Milch zufügen und einrühren. Das Eiweiß in einer anderen Schüssel steif schlagen und unter die Creme heben. In die Förmchen füllen und mit dem Zimtzucker bestreuen.

4. Die Törtchen 25 Minuten im Ofen backen, dann herausnehmen und abkühlen lassen. Jedes Törtchen mit einer halbierten Erdbeere dekorieren und mit Puderzucker bestreut servieren.

Marokkanisches
LANDBROT

1.

1.

ERGIBT 3 Laibe

ZUBEREITUNGSZEIT: 25 Minuten,
plus 1 Stunde Ruhezeit

BACKZEIT: 30 Minuten

ZUTATEN

1 TL Trockenbackhefe
500 ml lauwarmes Wasser
2 TL Salz
850 g Mehl, plus etwas
mehr zum Bestäuben
1 EL Olivenöl

Viele Marokkaner backen ihr Brot unverändert selbst. In ländlichen Gebieten nutzen Familien dafür kleine kuppelförmige Holzbacköfen und geben ihren Broten mit verschiedenen Zutaten ihren eigenen Charakter. Diese rustikalen Brote sind eine gute Ergänzung zu Schmorgerichten oder auch zu Salat. Ihr Teig wird bewusst nicht geknetet, damit die charakteristische grobe Struktur entsteht.

1. Hefe und Wasser in einer großen Schüssel verrühren, bis die Hefe aufgelöst ist. Das Salz zufügen und das Mehl nach und nach einrühren. Den Teig auf eine leicht bemehlte Arbeitsfläche geben und mit den Händen walken, bis er zu einem Ball geformt werden kann. Dann zu einer 25 cm langen Rolle formen, diese in drei gleich lange Stücke teilen und jedes zu einem runden Brotlaib (10 cm Ø) formen.

2. Ein Backblech mit Backpapier auslegen und dieses leicht mit Mehl bestäuben. Die Brotlaibe auf das Blech legen, mit einem Küchentuch abdecken und an einem warmen Ort mindestens 1 Stunde ruhen und gehen lassen, bis sich ihr Volumen verdoppelt hat. Den Backofen auf 180 °C vorheizen.

3. Die Brotlaibe mit dem Öl bestreichen und im Backofen auf der unteren Schiene 30 Minuten backen. Aus dem Ofen nehmen und auf einem Kuchengitter abkühlen lassen.

Die Heimat

des Five o' Clock Tea

Gebäck hat für die Briten eine ähnliche Bedeutung wie Baguette für die Franzosen. Beim Five o' Clock Tea spielen Kuchen und Kleingebäck eine Hauptrolle. Selbstverständlich darf bei einem derart wichtigen Tagespunkt auch die Optik nicht zu kurz kommen. Ob Hausfrauen sich in aufwendigen Fondantverzierungen versuchen oder auch saisonale Spezialitäten herstellen, die Briten lieben aufwendiges Gebäck. Daneben gibt es aber auch einfache Kuchen und herzhafte Frühstücksbackwaren, wie Scones, Crumpets und English Muffins. Diese und ähnliche Leckereien kann man zu Dutzenden in liebevoll dekorierten Bäckereien finden, die es an fast jeder Ecke in Großbritannien gibt. Doch am liebsten backen die Briten selbst und bestücken ihre Teatime mit hausgemachten Plätzchen und Kuchen – so wie schon ihre Mütter und Großmütter.

Queen Elizabeth II. ist bekannt dafür, dass sie für Garten-Teepartys ein besonderes Faible hat, sei es im Buckingham-Palast oder in ihrem zweiten Zuhause im Holyrood House in Edinburgh.

DORSET
Apfelkuchen

FÜR 12 Personen

ZUBEREITUNGSZEIT: 25–30 Minuten

BACKZEIT: 40 Minuten

ZUTATEN

125 g kalte Butter, gewürfelt, plus etwas mehr zum Einfetten

250 g Äpfel

230 g Mehl

1 TL Backpulver

125 g Feinstzucker, plus etwas mehr zum Bestreuen

fein abgeriebene Schale von 1 Zitrone

2 Eier, verquirlt

Schlagsahne, zum Servieren, (nach Belieben)

Den ursprünglich aus der Türkei stammenden Apfel brachten die Römer nach Mitteleuropa. Dutzende von Züchtungen setzten sich durch. Im milden, leicht feuchten und doch sonnig-warmen Süden von England gedeihen die Apfelbäume besonders gut. Für die ländlichen Gegenden der Grafschaften Dorset und Kent mit ihren sanft geschwungenen Hügeln, den üppigen Wiesen und den alten Obstgärten ist der Apfelkuchen ein kulinarischer Klassiker.

1. Den Backofen auf 190 °C vorheizen. Eine Springform (20 cm Ø) einfetten. Die Äpfel schälen, vierteln und entkernen. Die Viertel eines Apfels in dünne Spalten schneiden, die anderen Viertel in kleine Würfel schneiden.

2. Mehl und Backpulver in eine große Schüssel sieben. Die Butter zufügen und mit den Händen einarbeiten, bis ein Streuselteig entsteht.

3. Zucker, Apfelwürfel, Zitronenschale und Eier zur Mehl-Butter-Mischung geben und alles zu einem festen Teig verkneten. Die vorbereitete Form mit dem Teig auslegen und den Boden mehrmals mit einer Gabel einstechen. Die Apfelspalten fächerförmig auf dem Teigboden anordnen.

4. Den Kuchen im Ofen 40 Minuten backen. Aus dem Ofen nehmen und 1–2 Minuten in der Form abkühlen lassen. Den Rand der Springform lösen, den Kuchen auf ein Kuchengitter heben und vollständig auskühlen lassen. Mit etwas Zucker bestreuen und nach Belieben mit Schlagsahne servieren.

1.

3.

3.

1.

2.

3.

Sahne-Erdbeer-
Käsekuchen

FÜR 12 Personen

ZUBEREITUNGSZEIT: 45 Minuten,
plus Kühlzeit

BACKZEIT: 1 Stunde

Auf den Britischen Inseln wird der Käsekuchen gern mit einem Boden aus zerstoßenen Keksen und einem Früchtebelag zubereitet. Dadurch bekommt die etwas schwere Käsefüllung in Konsistenz und Geschmack ein Gegengewicht – und ist dabei nicht nur farbenfroh, sondern lässt dem Betrachter einfach das Wasser im Mund zusammenlaufen.

ZUTATEN

100 g Butter, plus etwas mehr zum Einfetten

250 g englische Digestive-Kekse

300 g Frischkäse

250 g Mascarpone

250 g Schlagsahne

200 g Zucker

5 Tropfen Vanillearoma (oder ausgeschabtes Mark von 1 Vanillestange)

4 Eier

2 Eigelb

750 g frische Erdbeeren, in Scheiben geschnitten

1. Den Backofen auf 180 °C vorheizen. Eine Springform (26 cm Ø) einfetten und in den Kühlschrank stellen. Die Kekse in einer Küchenmaschine zu feinen Krümeln zerkleinern. Die Butter untermischen und die Mischung auf den Boden der Springform verteilen und festdrücken. Den Boden im Ofen auf mittlerer Schiene 10 Minuten backen. Aus dem Ofen nehmen und abkühlen lassen. Den Ofen nicht ausschalten.

2. In der Zwischenzeit Frischkäse und Mascarpone in einer großen Schüssel mit einem Handrührgerät cremig verrühren. Sahne, Zucker und Vanillearoma in einer zweiten Schüssel mit dem Schneebesen schaumig rühren und in die Frischkäsemischung gießen. Nach und nach Eier und Eigelb einrühren und weiterrühren, bis eine gebundene Creme entsteht.

3. Die Creme auf dem vorgebackenen Boden verteilen und den Kuchen 50 Minuten im Ofen backen. Aus dem Ofen nehmen und abkühlen lassen.

4. Die Erdbeerscheiben fächerförmig auf dem abgekühlten Käsekuchen anordnen und den Kuchen bis zum Servieren in den Kühlschrank stellen.

Sally Lunn Bun
Hefebrötchen

FÜR 6 Personen

ZUBEREITUNGSZEIT: 35 Minuten,
plus 2 Stunden Ruhezeit

BACKZEIT: 15–20 Minuten

ZUTATEN

170 g Butter, plus etwas
mehr zum Einfetten

4 Eier

230 ml Milch

40 g frische Hefe

500 g Mehl, plus etwas
mehr zum Bestäuben

45 g Feinstzucker

2 TL Salz

1 Eigelb, verquirlt, zum Bestreichen

Die aus Frankreich geflüchtete Hugenottin Sally Lunn soll das Rezept für die großen, runden und sehr weichen Buns (Brötchen) um 1680 in die englische Stadt Bath gebracht haben. Das Weizengebäck wird seitdem eng mit dem Badeort im Westen des Landes in Verbindung gebracht. Mit Ei und Butter ist der Hefeteig für ein Brötchen ungewöhnlich reichhaltig.

1. Die Butter in einem kleinen Topf zerlassen. Die Eier in einer großen Schüssel verquirlen, dann nach und nach die Butter unter ständigem Rühren zufügen.

2. Die Milch in einem kleinen Topf erwärmen, von der Kochstelle nehmen und die Hefe hineinbröckeln. Mehl, Zucker und Salz in eine große Rührschüssel sieben, dann Ei- und Butter-Mischung zufügen und alles mit einem Handrührgerät auf niedrigster Stufe oder mit einem Schneebesen verrühren. Die Hefemischung zugeben und alles zu einem glatten Teig verarbeiten.

3. Den Teig in eine Schüssel geben, diese mit Frischhaltefolie abdecken und an einem warmen Ort etwa 90 Minuten ruhen und gehen lassen, bis sich das Teigvolumen verdoppelt hat.

4. Eine Springform (20 cm Ø) einfetten und mit Mehl bestäuben. Den Teig auf einer bemehlten Arbeitsfläche 1–2 Minuten durchkneten und dann in die vorbereitete Form legen. Mit einem feuchten Küchentuch abdecken und erneut etwa 30 Minuten gehen lassen. Den Backofen auf 190 °C vorheizen.

5. Das Hefeteig mit dem Eigelb bestreichen und im Ofen etwa 15–20 Minuten backen, bis die Oberfläche leicht gebräunt ist.

1.

2.

3.

Teatime

DIE SÜSSE VERFÜHRUNG AM NACHMITTAG

Einer gewissen Anna Maria Russell, Herzogin von Bedford, hat die Backwelt einiges zu verdanken. Scones mit „clotted cream" zum Beispiel oder kleine Törtchen, die so süß und bunt sind, dass einem das Wasser im Mund zusammenläuft.

Schicke kleine Törtchen, die in filigraner Handarbeit mit individuellen Glasuren und sogar Geschenkbändern dekoriert werden, machen aus einem „Afternoon Tea" in jedem Fall ein besonderes Erlebnis.

Weil eben jener blaublütigen Dame die Zeit zwischen Lunch und Dinner zu lang war, erfand sie Mitte des 19. Jahrhunderts die Teatime als Verkürzung des allzu nahrungsfreien Nachmittags. Offiziell – so die Chronisten – soll es ihr nur darum gegangen sein, ein kleines Tässchen Tee zu genießen. Tatsächlich aber benötigte die naschsüchtige Herzogin lediglich einen Grund, den knurrenden Magen zu besänftigen. Teatime ist auf jeden Fall Great Britain und eine unbedingte Frage des Genusses. Dabei hat sich der legendäre „High Tea" zu einer Art Zwischenmahlzeit am späten Nachmittag über fast 150 Jahre lang behauptet, war aber in den letzten 20 Jahren etwas aus der Mode gekommen. Nur in traditionellen Hotels und Kaufhäusern zelebriert man diesen Anachronismus noch, der so britisch ist wie die Kronjuwelen der Queen. Allerdings sollte man nicht allzu überrascht sein, wenn der ahnungslose Gast statt des erwarteten Kuchens zum Tee auch herzhafte Snacks gereicht bekommt. Außer Tee gehören klassische englische Sandwiches (mit Frischkäse, Eiern, Gurken oder Lachs), in zierliche Dreiecke zerlegt, und allerlei süßes Teegebäck wie Scones, Biskuits und Shortbread (schottisches Buttergebäck) dazu. Sehr herzhafte und gehaltvolle Pies (Pasteten), Aufschnitt, Salate, pikante und süße Backwaren, ja sogar Fischgerichte werden zum High Tea kredenzt. Hat man den ersten Hunger gestillt, folgen zum Höhepunkt helle Scones mit „clotted cream" und Marmelade sowie Kekse und Kuchen.

Ob die Herzogin tatsächlich als rechtmäßige Urheberin dieser Sitte gelten darf, ist historisch zumindest fragwürdig. Tatsächlich soll schon König Charles II. mit seiner Gattin Catherine von Braganza im Jahr 1662 die Teezeremonie hoffähig gemacht haben. Tee war als neuartiges Getränk aus China gerade in aller Munde – und als Häppchen dazu reichte man auch damals schon feine Kekse. Aber die Nachmittagsmahlzeit war keineswegs ein Privileg der besseren Gesellschaft, sondern hatte auch ganz praktische Auswirkungen auf das tägliche Leben der Bevölkerung. Da in der Zeit der industriellen Revolution die Menschen schon sehr früh am Morgen ihrer harten Arbeit nachgehen mussten, war eine Mahlzeit unmittelbar nach ihrer Rückkehr in ihr Zuhause unverzichtbar. Der Begriff „Afternoon Tea" bezeichnete dabei nichts anderes als ein zeitlich erheblich verzögertes Mittagessen, bei dem ein heißes Getränk und ein deftiges Brot eingenommen wurden. Aus „Afternoon Tea" entwickelte sich fast von selbst der sogenannte „High Tea", der erstmals 1825 erwähnt wurde.

Der Sitte, nachmittags einen Tee einzunehmen, verdankt die weltweite Gastronomie übrigens auch die Erfindung des Trinkgelds. Weil die Herrschaften beim Einnehmen des Tees auf einen schnellen Service angewiesen waren, um diesen nicht kalt trinken zu müssen, gab es auf jedem Tisch eine Dose, in die der Gast im Beisein des Kellners einen „freiwilligen" Obolus entrichtete „to insure promptness". Mit anderen Worten: um Schnelligkeit zu gewährleisten. Umgangssprachlich wurde daraus der „Tip", das Trinkgeld.

1.

2.

4.

4.

7.

8.

Zitronen-Baiser-Pie

Der entscheidende Bestandteil dieser Zitronen-Baiser-Torte ist „Lemon Curd": Die intensiv aromatische Zitronencreme mit Butter, Eigelb und Zucker sowie Saft und Schale der Zitrone ist unter anderem als Brotaufstrich ein klassischer Teil der englischen Küche. Wichtig für die Konsistenz der Baiserhaube ist, dass nur die Spitzen hart und gebräunt werden und die darunter liegende Baisermasse noch ihre cremige Konsistenz behält.

1. Für den Teig das Mehl in eine Schüssel sieben. Die Butter zufügen und beides mit den Händen zu einem krümeligen Teig verarbeiten.

2. Die restlichen Teigzutaten zufügen und vermischen. Die Teigmasse auf eine leicht bemehlte Arbeitsfläche geben und kurz verkneten. In Frischhaltefolie einschlagen und 30 Minuten im Kühlschrank ruhen lassen.

3. Den Backofen auf 180 °C vorheizen und eine Tarteform mit herausnehmbarem Boden (20 cm Ø) einfetten. Den Teig 5 mm dick ausrollen und die vorbereitete Form damit auslegen.

4. Den Teigboden mehrmals mit einer Gabel einstechen, mit Backpapier belegen und Hülsenfrüchten beschweren und im Ofen 15 Minuten blindbacken.

5. Die Form aus dem Ofen nehmen und Backpapier samt Hülsenfrüchten entfernen. Die Ofentemperatur auf 150 °C reduzieren.

6. Für die Füllung die Speisestärke mit etwas Wasser glatt rühren. Das restliche Wasser in einen Topf gießen, dann Zitronensaft und -schale sowie Speisestärkemischung einrühren.

7. Unter Rühren aufkochen und 2 Minuten köcheln. Vom Herd nehmen und leicht abkühlen lassen. 75 g Zucker und das Eigelb einrühren. Die Füllung auf den vorgebackenen Boden gießen.

8. Das Eiweiß steif aufschlagen. Nach und nach den restlichen Zucker einrühren. Die Baisermasse auf der Füllung verstreichen. Den Kuchen 40 Minuten im Ofen backen, herausnehmen, abkühlen lassen und servieren.

FÜR 6–8 Personen

ZUBEREITUNGSZEIT: 45 Minuten, plus 30 Minuten Ruhezeit

BACKZEIT: 55 Minuten

ZUTATEN

Teig
150 g Mehl, plus etwas mehr zum Bestäuben

80 g kalte Butter, in kleinen Stücken, plus etwas mehr zum Einfetten

30 g Puderzucker, gesiebt

fein abgeriebene Schale von ½ Zitrone

½ Eigelb, verquirlt

1½ EL Milch

Füllung
3 EL Speisestärke

300 ml Wasser

Saft und abgeriebene Schale von 2 Zitronen

175 g Feinstzucker

2 Eiweiß

Victoria

SPONGE CAKE

FÜR 8 Personen

ZUBEREITUNGSZEIT: 30 Minuten,
plus Abkühlzeit

BACKZEIT: 25–30 Minuten

ZUTATEN

Teig

*175 g weiche Butter,
plus etwas mehr zum Einfetten*
175 g Mehl
1½ TL Backpulver
175 g brauner Feinstzucker
3 Eier
Puderzucker, zum Bestäuben

Füllung

3 EL Himbeerkonfitüre
300 g Schlagsahne, steif geschlagen
16 frische Erdbeeren, halbiert

Der traditionelle Rührkuchen verdankt der bedeutenden englischen Königin Victoria (1819–1901) seinen Namen. Sie aß davon gern ein Stück zum Nachmittagstee. Der lockere Teig gilt als empfindlich bezüglich Garzeiten und Temperaturen, weshalb Backofen-Hersteller das Rezept zum Testen der Öfen einsetzten.

1. Den Backofen auf 180 °C vorheizen. Zwei Springformen (20 cm Ø) einfetten.

2. Mehl und Backpulver in eine Schüssel sieben. Butter, Zucker und Eier zufügen und alles zu einem glatten Teig verrühren.

3. Den Teig zu gleichen Teilen in die vorbereiteten Formen füllen und glatt streichen. Im Ofen 25–30 Minuten backen, bis die Tortenböden gut aufgegangen sind und auf Fingerdruck elastisch nachgeben.

4. Die Böden 5 Minuten in der Form abkühlen lassen, dann auf ein Kuchengitter stürzen und vollständig erkalten lassen. Die Tortenböden mit Konfitüre, Schlagsahne und Erdbeerhälften zusammensetzen. Mit Puderzucker bestäuben und servieren.

2.

3.

4.

2.

3.

5.

Weiße Schokoladen-Cupcakes

Diese Cupcakes sind der Inbegriff vieler (englischer) Mädchenträume. Denn die weiße, kunstvoll aufgetragene Schokoladencreme lässt sich gut dekorieren – zum Beispiel mit farbigem Zuckerguss oder essbaren Rosenblüten. Deshalb werden die kleinen dekorativen Tortenstückchen gern auf Partys oder Hochzeitsfeiern präsentiert.

1. Den Backofen auf 180 °C vorheizen. Eine 12er-Muffinform mit Papierbackförmchen auslegen.

2. Butter, Zucker und Rosenwasser in einer Schüssel cremig rühren. Nach und nach die Eier einarbeiten. Mehl und Backpulver darübersieben und sorgfältig unterziehen. Die Schokolade unterrühren. Den Teig in die vorbereitete Form füllen.

3. Im vorgeheizten Ofen 15–20 Minuten backen, bis die Cupcakes goldbraun und gut aufgegangen sind. Aus der Form heben und auf einem Kuchengitter vollständig erkalten lassen.

4. Für die Frischkäsecreme Schokolade und Milch in einer hitzebeständigen Schüssel über einem Wasserbad schmelzen. Vom Herd nehmen, glatt rühren und 30 Minuten abkühlen lassen. Frischkäse und Puderzucker glatt rühren, dann die Schokoladenmischung einarbeiten. Im Kühlschrank 1 Stunde ruhen lassen. Die Cupcakes mit der Creme bestreichen und mit den Rosenblütenblättern dekorieren.

ERGIBT 12 Stück

ZUBEREITUNGSZEIT: 25 Minuten, plus 30 Minuten Kühlzeit und 1 Stunde Ruhezeit

BACKZEIT: 15–20 Minuten

ZUTATEN

Teig
120 g weiche Butter
120 g Feinstzucker
1 TL Rosenwasser
2 Eier, verquirlt
115 g Mehl
1 TL Backpulver
50 g weiße Schokolade, gerieben

Frischkäsecreme
120 g weiße Schokolade, in Stücken
2 EL Milch
175 g Doppelrahmfrischkäse
25 g Puderzucker, gesiebt
kandierte rosafarbene Rosenblütenblätter, zum Dekorieren

Bakewell

KIRSCH-TARTELETTEN

4.

ERGIBT 10 Stück

ZUBEREITUNGSZEIT: 40 Minuten,
plus 1 Stunde Ruhezeit
und 15 Minuten Kühlzeit

BACKZEIT: 30 Minuten

ZUTATEN

Teig

300 g Mehl, plus etwas
mehr zum Bestäuben
50 g Feinstzucker
1 Prise Salz
1 Eigelb
150 g kalte Butter, gewürfelt
2–3 EL kaltes Wasser

Füllung

125 g weiche Butter,
plus etwas mehr zum Einfetten
125 g Puderzucker
3 Eier
125 g gemahlene Mandeln
30 g Mehl
1 TL Backpulver
1 EL Rum
225 g Kirschkonfitüre

In den Bergen der mittelenglischen Grafschaft Derbyshire, in dem kleinen Städtchen Bakewell, gibt es mehrere Geschäfte, die „originales" Gebäck mit dem Namen des Ortes vertreiben. Tatsächlich ist die Herkunft des in ganz England weit verbreiteten Bakewell-Törtchens mit Kirschkonfitüre unklar. Rezepte dafür gibt es schon seit dem 19. Jahrhundert.

1. Für den Teig Mehl, Zucker und Salz in eine große Schüssel sieben. Eigelb, Butter und Wasser zufügen und alles mit dem Knethaken eines Handrührgeräts verrühren. Die Teigmasse auf einer bemehlten Arbeitsfläche zu einem geschmeidigen Teig verkneten. In Frischhaltefolie einschlagen und 1 Stunde im Kühlschrank ruhen lassen.

2. In der Zwischenzeit für die Füllung Butter und Puderzucker in einer Schüssel mit dem Handrührgerät schaumig rühren. Nach und nach die Eier unter ständigem Rühren zugeben und weiterrühren, bis eine gebundene Creme entsteht. Mandeln und Mehl zufügen und einrühren. Zum Schluss den Rum untermischen.

3. 10 Tartelettenförmchen (7,5 cm Ø) einfetten. Den Teig auf der Arbeitsfläche 3 mm dick ausrollen, mit einer runden Ausstechform (12 cm Ø) 10 Teigkreise ausstechen und die Förmchen damit auskleiden; gegebenenfalls Teigreste erneut ausrollen und ausstechen. Die Förmchen 15 Minuten in den Kühlschrank stellen.

4. Den Backofen auf 200 °C vorheizen. Eine dünne Schicht der Kirschkonfitüre auf den Tartelettenböden verstreichen, dann die Füllung gleichmäßig darüber verteilen. Die Tartelettes im Ofen auf mittlerer Schiene 30 Minuten goldbraun backen. Herausnehmen und auf einem Kuchengitter vollständig abkühlen lassen und vorsichtig aus den Förmchen lösen.

Hot Cross Buns
HEFEBRÖTCHEN

4.

ERGIBT 14 Stück

ZUBEREITUNGSZEIT: 30 Minuten,
plus 2 Stunden Ruhezeit

BACKZEIT: 15–20 Minuten

ZUTATEN

120 ml lauwarmes Wasser
40 g frische Hefe
480 g Mehl, plus etwas mehr zum Bestäuben
2 TL Milch, plus etwas mehr zum Bestreichen
2 Eier
60 g Zucker
½ TL Salz
80 g weiche Butter, plus etwas mehr zum Einfetten
100 g Sultaninen
½ TL Zimt
½ TL gemahlener Piment
1 Prise frisch gemahlene Muskatnuss
Butter und Marmelade, zum Servieren

Zum Dekorieren
5 EL Mehl
1 TL Zucker
4 EL Wasser

Die würzig-süßen Brötchen werden traditionell am Karfreitag gegessen: Das aufgebrachte Kreuz gilt als Symbol für die Kreuzigung Christi. In England gibt es zudem viel Aberglauben um die Brötchen. Ihnen wird sowohl eine heilende Wirkung zugesprochen als auch der Schutz vor Schiffbruch nachgesagt. Wenn eines in der Küche aufgehängt wird, soll es das Haus vor Feuer schützen und sicherstellen, dass dort zubereitetes Brot immer gelingt.

1. Das Wasser in eine große Schüssel gießen, die Hefe hineinbröckeln und mit 100 g Mehl verrühren. Die Schüssel mit einem Küchentuch abdecken und den Vorteig 20 Minuten ruhen lassen.

2. Milch, Eier, Zucker, Salz und restliches Mehl zufügen und mit dem Knethaken eines Handrührgeräts verrühren, bis ein glatter Teig entsteht. Dann Butter, Sultaninen, Zimt, Piment und Muskatnuss einrühren. Mit einem feuchten Küchentuch abdecken und den Teig erneut 1 Stunde gehen lassen, bis das Volumen sich verdoppelt hat.

3. In der Zwischenzeit Mehl, Zucker und Wasser für die Dekoration in einer kleinen Schüssel anrühren.

4. Ein großes Backblech einfetten. Den Teig auf eine leicht bemehlte Arbeitsfläche geben, durchkneten und in 14 Stücke teilen. Jedes Stück zu einer Kugel formen und auf das Backblech legen. Einen Einweg-Spritzbeutel mit der Mehlmischung füllen, die Spitze abschneiden und auf jede Kugel ein Kreuz spritzen. Dann die Brötchen mit etwas Milch bestreichen. Die Brötchen 40 Minuten gehen lassen und erneut mit Milch bestreichen.

5. Den Backofen auf 190 °C vorheizen. Die Brötchen 15–20 Minuten im Ofen goldbraun backen. Warm mit Butter und Marmelade servieren.

Brandy Snaps Waffelröllchen

ERGIBT 20 Stück

ZUBEREITUNGSZEIT: 30–35 Minuten

BACKZEIT: 30–36 Minuten

ZUTATEN

Teig

80 g Butter
80 g Feinstzucker
3 EL heller Zuckerrübensirup
80 g Mehl
1 TL gemahlener Ingwer
1 EL Weinbrand
fein abgeriebene Schale
von ½ Zitrone

Füllung

150 g Schlagsahne
1 EL Weinbrand (nach Belieben)
1 EL Puderzucker

Im Mittelalter haben Belgier und Franzosen vor allem an Markttagen kleine Waffeln verspeist. Das Rezept gelangte nach England und wurde zu den Brandy Snaps weiterentwickelt: Die Waffeln wurden gerollt und mit Schlagsahne (und Brandy) gefüllt. Doch auch andere Füllungen – Schokoladenstückchen oder Buttercreme – sind möglich.

1. Den Backofen auf 160 °C vorheizen. Drei Backbleche mit Backpapier auslegen.

2. Butter, Zucker und Sirup in einen Topf geben und unter gelegentlichem Umrühren langsam erwärmen. Wenn die Masse glatt ist, den Topf vom Herd nehmen und etwas abkühlen lassen.

3. Das Mehl in den Topf sieben, den Ingwer zugeben und die Masse glatt rühren. Dann Weinbrand und Zitronenschale einarbeiten. Mit einem Esslöffel 20 Teigportionen mit ausreichend Abstand auf die vorbereiteten Backbleche setzen.

4. Das erste Backblech in den vorgeheizten Ofen schieben und die Waffeln 10–12 Minuten backen, bis sie goldbraun sind. Aus dem Ofen nehmen, 30 Sekunden abkühlen lassen, dann die Waffeln mit einem Palettenmesser hochnehmen und rasch um den Stiel eines Holzkochlöffels wickeln. Ist der Teig bereits zu fest, für weitere 30 Sekunden in den Ofen schieben.

5. Sobald die Waffelröllchen fest sind, vom Löffelstiel nehmen und auf einem Kuchengitter auskühlen lassen. Mit dem Teig auf den anderen Blechen ebenso verfahren.

6. Für die Füllung die Schlagsahne mit, falls verwendet, Weinbrand und Puderzucker steif schlagen. Bis zur weiteren Verwendung in den Kühlschrank stellen.

7. Kurz vor dem Servieren die Sahnemischung in einen Spritzbeutel mit kleiner Tülle füllen und von beiden Enden her in die Röllchen spritzen.

4.

5.

6.

2.

3.

4.

Madeirakuchen

Dieser Sandkuchen der traditionellen englischen Küche hat dank seines relativ hohen Butter- und Zuckergehalts eine feste und dennoch feine Textur. Das Zitronenaroma und der Zuckerguss sind fester Bestandteil des um 1800 entwickelten Rezepts. Den Namen hat der Kuchen von dem in England damals populären Madeira-Wein, mit dem er oft serviert wurde. Statt Wein von der portugiesischen Insel gibt es heute meistens Tee oder auch Likör dazu.

1. Den Backofen auf 160 °C vorheizen. Eine Kastenform (1 l Inhalt) einfetten und mit Backpapier auslegen.

2. Butter und Zucker in einer großen Schüssel cremig rühren. Die Zitronenschale unterrühren. Nach und nach die Eier einarbeiten. Mehl und Backpulver darübersieben und sorgfältig unterziehen. Milch und Zitronensaft unterrühren.

3. Den Teig in die vorbereitete Form füllen und im Ofen 1–1¼ Stunden backen, bis er gut aufgegangen und goldbraun ist. Ein in die Mitte gestochenes Holzstäbchen sollte sauber wieder herauskommen. Den Kuchen 15 Minuten in der Form abkühlen lassen, dann auf ein Kuchengitter heben und vollständig erkalten lassen.

4. Für die Glasur den Puderzucker in eine Schüssel sieben und mit dem Zitronensaft zu einer glatten, dickflüssigen Masse rühren. Den Kuchen mit der Glasur überziehen. Darauf den Zitronenaufstrich träufeln. Ein Holzstäbchen durchziehen, sodass kleine Spiralen entstehen.

FÜR 10 Personen

ZUBEREITUNGSZEIT: 30 Minuten, plus Abkühlzeit

BACKZEIT: 1–1¼ Stunden

ZUTATEN

175 g weiche Butter,
plus etwas mehr zum Einfetten
175 g Feinstzucker
fein abgeriebene Schale von 1 Zitrone
3 Eier, leicht verquirlt
250 g Mehl
1½ TL Backpulver
2 EL Milch
1 EL Zitronensaft

Glasur
175 g Puderzucker
2–3 EL Zitronensaft
2 TL Zitronenaufstrich
(Lemon Curd), erwärmt

SCHNELLE
Erdbeertorte

FÜR 6–8 Personen

ZUBEREITUNGSZEIT: 25 Minuten

BACKZEIT: 15–20 Minuten

ZUTATEN

Teig
*50 g Butter, gewürfelt,
plus etwas mehr zum Einfetten*
250 g Mehl
2 ½ TL Backpulver
50 g Feinstzucker
125–150 ml Milch

Belag
4 EL Milch
500 g Mascarpone
5 EL Feinstzucker
500 g Erdbeeren, geviertelt
fein abgeriebene Schale von 1 Orange
frische Minzeblätter, zum Dekorieren

Auf den einem mürbeteigähnlichen Keksteig kommt eine schmackhafte Käse-Sahne-Auflage mit frischen Erdbeeren. Für viele Menschen sind Erdbeeren mit Sahne der Inbegriff des Sommers. In Großbritannien werden die herzförmigen Früchte schon seit dem Mittelalter genossen und sind seit Langem ein Symbol der Reinheit, Leidenschaft und Heilung.

1. Den Backofen auf 200 °C vorheizen. Eine Springform (20 cm Ø) leicht mit Butter einfetten.

2. Für den Teigboden Mehl und Backpulver in eine große Schüssel sieben. Die Butter in kleinen Stückchen zufügen und mit den Händen in das Mehl reiben, bis eine feinkrümelige Masse entsteht. Den Zucker untermischen. So viel Milch einarbeiten, dass ein weicher Teig entsteht. Den Teig gleichmäßig auf den Boden der Form drücken und im vorgeheizten Ofen 15–20 Minuten backen, bis er goldbraun ist. Etwa 5 Minuten abkühlen lassen, dann aus der Form lösen und vollständig erkalten lassen.

3. Für den Belag Milch und Mascarpone mit 3 Esslöffeln Zucker in einer Schüssel glatt rühren. In einer zweiten Schüssel die Erdbeeren mit restlichem Zucker und Orangenschale vermischen.

4. Die Mascarponecreme auf dem Teigboden verstreichen. Die Erdbeeren daraufgeben. Mit ausgetretenem Fruchtsaft beträufeln. Mit Minzeblättern dekorieren und sofort servieren.

HIMBEER-STREUSEL
Muffins

ERGIBT 12 Stück

ZUBEREITUNGSZEIT: 20 Minuten

BACKZEIT: 20 Minuten

ZUTATEN

Öl oder zerlassene Butter,
zum Einfetten (falls verwendet)
280 g Mehl
2 EL Backpulver
½ TL Backnatron
1 Prise Salz
120 g Feinstzucker
2 Eier
250 g Naturjoghurt
80 g Butter, zerlassen
5 Tropfen Vanillearoma
150 g Himbeeren, Tiefkühlware aufgetaut

Streusel

50 g Mehl
40 g Butter
25 g Feinstzucker

Der Reiz dieser Muffins ist die ins Pink gehende Farbe: Aus dem leckeren Kuchenteig gucken kleine Himbeerstücke heraus und geben dem reichhaltigen Gebäck ein frisch-fruchtiges Aroma.

1. Den Backofen auf 200 °C vorheizen. Eine 12er-Muffinform einfetten oder mit Papierbackförmchen auslegen.

2. Für die Streusel das Mehl in eine Schüssel sieben. Die Butter in kleinen Stückchen zufügen und mit den Händen in das Mehl reiben, bis eine feinkrümelige Masse entsteht. Den Zucker einrühren und beiseitestellen.

3. Für den Muffinteig Mehl, Backpulver, Natron und Salz in eine große Schüssel sieben. Den Zucker unterrühren.

4. Die Eier in einer anderen großen Schüssel leicht verquirlen. Dann Joghurt, zerlassene Butter und Vanillearoma einrühren. Eine Mulde in die Mehlmischung drücken, die Eiermischung hineingießen und die Himbeeren zugeben. Alles kurz zu einem groben Teig vermischen. Nicht zu stark rühren, der Teig sollte noch klumpig sein.

5. Den Teig in die vorbereitete Form füllen. Die Streusel über den Teigportionen verteilen und leicht andrücken. Im Ofen 20 Minuten backen, bis die Muffins gut aufgegangen und goldbraun sind und sich fest anfühlen.

6. Die Muffins in der Form 5 Minuten abkühlen lassen. Warm servieren oder aus der Form nehmen und auf einem Kuchengitter auskühlen lassen.

Ingwernüsse

ERGIBT 30 Stück

ZUBEREITUNGSZEIT: 25 Minuten

BACKZEIT: 15–20 Minuten

ZUTATEN

125 g Butter, plus
etwas mehr zum Einfetten

350 g Mehl

3 ½ TL Backpulver

1 Prise Salz

200 g Feinstzucker

1 EL gemahlener Ingwer

1 TL Backnatron

75 g heller Zuckerrübensirup

1 Ei, verquirlt

1 TL fein abgeriebene Orangenschale

Im Mittelalter war Pfeffer in Europa rar. Stattdessen verwendete man Ingwer zum Würzen von Speisen. Diesen knusprigen, vom kräftigen Sirup-Geschmack bestimmten Keksen gibt das Gewürz eine leicht scharfe Note.

1. Den Backofen auf 160 °C vorheizen. Zwei oder drei Backbleche leicht mit Butter einfetten.

2. Mehl, Backpulver, Salz, Zucker, Ingwer und Natron in eine große Schüssel sieben.

3. Die Butter mit dem Sirup in einem Topf bei geringer Hitze zerlassen. Etwas abkühlen lassen, dann zu den trockenen Zutaten gießen.

4. Ei und Orangenschale zufügen und alles mit einem Holzlöffel zu einem glatten Teig verarbeiten. Den Teig mit den Händen zu 30 gleich großen Kugeln formen. Mit ausreichend Abstand auf die vorbereiteten Backbleche setzen und mit den Fingern flach drücken.

5. Im Ofen 15–20 Minuten backen, bis sie goldbraun sind. Auf einem Kuchengitter erkalten lassen.

3.

4.

MILLIONAIRE'S
Shortbread

3.

4.

Diese in Großbritannien zum Tee oder Kaffee sehr populären Gebäck-stücke gibt es wohl in mehr als einhundert Varianten (unter anderem mit Erdnussbutter und Rosinen). Doch alle haben eine Keksbasis mit einer Karamellschicht und einer Schokoladenauflage. Sie schmecken ein wenig wie manche Schokoriegel – im Detail aber viel besser! Mit einem Hauch von Meersalz bekommt die Karamellschicht einen modernen Touch.

1. Den Backofen auf 180 °C vorheizen. Eine quadratische Backform (20 cm × 20 cm) einfetten.

2. Butter und Zucker in einer Schüssel cremig rühren. Das Mehl darübersie-ben und die Mandeln zufügen. Alles rasch mit den Händen zu einem Teig verkneten. In die Form drücken und mehrmals mit einer Gabel einstechen. Im Ofen 15 Minuten goldgelb backen. Auskühlen lassen.

3. Für den Belag Butter, Zucker, Sirup und Kondensmilch in einem Topf sanft erhitzen, bis der Zucker sich aufgelöst hat. Die Hitze auf mittlere Stufe er-höhen und die Masse 6–8 Minuten unter ständigem Rühren köcheln lassen, bis sie stark eingedickt ist. Die Hälfte des Salzes unterrühren und die Masse rasch auf dem Teigboden verstreichen. Mit dem restlichen Salz bestreuen.

4. Die Schokolade in eine Papierspritztüte füllen und die Spitze abschneiden. Die Schokolade auf dem Karamell verspritzen und für den marmorierten Effekt ein Messer durchziehen. Erkalten lassen, dann 2 Stunden im Kühl-schrank fest werden lassen. In 16 Stücke schneiden.

ERGIBT 16 Stück

ZUBEREITUNGSZEIT: 30 Minuten, plus 2 Stunden Kühlzeit

BACKZEIT: 15 Minuten

ZUTATEN

120 g weiche Butter,
plus etwas mehr zum Einfetten
50 g Feinstzucker
175 g Mehl
50 g gemahlene Mandeln

Belag
175 g Butter
120 g Feinstzucker
3 EL heller Zuckerrübensirup
400 g Kondensmilch
¼ TL grobes Meersalz
80 g Zartbitterschokolade, geschmolzen

Scones

1.   2.

ERGIBT 9 Stück

ZUBEREITUNGSZEIT: 15 Minuten

BACKZEIT: 10–12 Minuten

ZUTATEN

450 g Mehl (Type 405),
plus etwas mehr zum Bestäuben
½ TL Salz
2 TL Backpulver
50 g Butter
2 EL Feinstzucker
250 ml Milch, plus
etwas mehr zum Bestreichen

Zum Servieren
Erdbeerkonfitüre
Crème double, steif geschlagen

Die reichhaltigen, salzig-süßen Scones sind heute auf den Britischen Inseln weit verbreitet – ursprünglich stammen sie aus Schottland. Hier wurden sie, bevor das Backpulver erfunden wurde, wie Pfannkuchen in einer Pfanne zubereitet. Das Backpulver und das vorsichtige Vermischen der Zutaten sorgen für die besondere Konsistenz des zum Frühstück oder Tee verzehrten weichen, krustenlosen Gebäcks.

1.   Den Backofen auf 220 °C vorheizen. Mehl, Salz und Backpulver in eine große Schüssel sieben. Die Butter in kleinen Stückchen zufügen und mit den Händen in das Mehl reiben, bis eine feinkrümelige Masse entsteht.

2.   Den Zucker untermischen. Eine Vertiefung in die Mitte drücken und die Milch hineingießen. Die Milch mit einem Palettenmesser einarbeiten, sodass ein weicher Teig entsteht.

3.   Den Teig auf eine bemehlte Arbeitsfläche geben und vorsichtig flach drücken. Der Teig sollte etwa 1 cm dick sein. Mit einer Ausstechform (6 cm Ø) Kreise ausstechen und diese auf ein mit Backpapier ausgelegtes Backblech legen.

4.   Die Scones mit Milch bestreichen und im Ofen 10–12 Minuten backen, bis sie goldgelb und schön aufgegangen sind. Auf einem Kuchengitter erkalten lassen. Mit Erdbeerkonfitüre und Crème double servieren.

3.

4.

3.

3.

3.

Chelsea
Rosinenbrötchen

ERGIBT 6 Stück

ZUBEREITUNGSZEIT: 40 Minuten,
plus etwa 35 Minuten Ruhezeit

BACKZEIT: 20 Minuten

Diese süßen Brötchen hat ein englischer Bäcker im frühen 18. Jahrhundert im Londoner Stadtteil Chelsea kreiert. Das „Bun House" dort war so populär, dass auch englische Könige dort kauften. Der Legende nach standen am Karfreitag 1829 mehr als 50.000 Menschen vor dem Geschäft an – und es gingen 240.000 warme „buns" über den Tresen.

1. Hefe, Milch und 1 Prise Zucker in einer Schüssel verrühren und 10 Minuten beiseitestellen, sodass die Hefe aufgeht.

2. In der Zwischenzeit ein Backblech einfetten und mit Mehl bestäuben. Mehl und Salz in eine Rührschüssel geben und die Butter mit den Händen hineinreiben. Dann die Hefemischung zufügen und alles gut verrühren. Den Teig auf das Blech legen, mit einem Küchentuch abdecken und an einem warmen Ort ruhen lassen, bis sich das Volumen verdoppelt hat.

3. Den Backofen auf 200 °C vorheizen. Den Teig auf einer leicht bemehlte Arbeitsfläche durchkneten und zu einem 38 cm × 25 cm Rechteck ausrollen. Mit restlichem Zucker, Piment, Rosinen und Zitronen- und Orangenschalen bestreuen und zu einer Rolle aufrollen. Die Rolle in 6 Scheiben schneiden, diese auf das Backblech legen und die Teigstücke erneut gehen lassen, bis sich das Volumen verdoppelt hat.

4. Die Rosinenbrötchen mit dem Ei bestreichen und dann im Ofen 20 Minuten goldbraun backen. Herausnehmen, mit Zucker bestreuen und noch warm servieren.

ZUTATEN

1 TL Trockenbackhefe

150 ml lauwarme Milch

30 g Zucker, plus etwas mehr zum Bestreuen

30 g Butter, plus etwas mehr zum Einfetten

280 g Mehl, plus etwas mehr zum Bestäuben

¼ TL Salz

½ TL gemahlener Piment

30 g Rosinen

2 EL abgeriebene Zitronen- und Orangenschale

1 Ei, verquirlt

SCHOTTISCHE
Shortbreads
mit Schokolade

ERGIBT 22 Stück

ZUBEREITUNGSZEIT: 25 Minuten,
plus 20–25 Minuten Ruhezeit

BACKZEIT: 15–20 Minuten

ZUTATEN

*225 g weiche Butter,
plus etwas mehr zum Einfetten*
225 g Mehl
*80 g Speisestärke,
plus etwas mehr zum Bestäuben*
120 g Vollmilch- oder Zartbitterschokolade
120 g Feinstzucker

Das aus Schottland stammende Shortbread ist ein süßes Mürbeteiggebäck: Große Kekse, die dank des hohen Buttergehaltes eher fest-brüchig sind und beim Abbeißen schnell krümeln – ein Klassiker zum Nachmittagstee. Damit der Teig hell bleibt – und sich die leckeren Schokoladenstücke gut abheben – werden die Kekse bei niedriger Temperatur gebacken.

1. Den Backofen auf 180 °C vorheizen. Zwei Backbleche mit Butter einfetten. Mehl und Speisestärke in eine Schüssel sieben. Die Schokolade in kleine Stücke hacken.

2. Butter und Zucker in einer Schüssel mit einem Schneebesen cremig rühren. Nach und nach die Mehlmischung und drei Viertel der Schokoladenstücke mit einem Holzlöffel einarbeiten, bis ein weicher Teig entstanden ist. Den Teig halbieren, zu Kugeln formen und in Frischhaltefolie eingeschlagen 20–25 Minuten im Kühlschrank ruhen lassen.

3. Den Teig auf einer leicht mit Speisestärke bestäubten Arbeitsfläche 1 cm dick ausrollen. Mit einer Ausstechform (5 cm Ø) 22 Kreise ausstechen. Die Teigreste immer wieder zusammenkneten und neu ausrollen. Die Plätzchen auf die Backbleche legen. Die restlichen Schokoladenstücke darauf verteilen und leicht andrücken. Die Shortbreads im Ofen 15–20 Minuten backen, bis sie goldbraun sind. Dann 10 Minuten auf den Blechen abkühlen lassen, auf ein Kuchengitter heben und vollständig erkalten lassen.

1.

2.

3.

1.

4.

4.

Früchtekuchen

FÜR 8 Personen

ZUBEREITUNGSZEIT: 30 Minuten,
plus 8 Stunden Einweichzeit
und 2 Monate Ruhezeit

BACKZEIT: 2¼–2¾ Stunden

Bereits die Römer haben kandierte und getrocknete Früchte zu Kuchen verarbeitet. Ab dem 16. Jahrhundert führte der Preisverfall von Zucker dann zu einem reichen Angebot an kandierten Früchten. Seitdem ist der in vielen verschiedenen Varianten gebackene Früchtekuchen unter anderem in Großbritannien beliebt. Hier wird der reichhaltige saftige Kuchen besonders gern zu Hochzeiten und Weihnachten gebacken.

ZUTATEN

350 g Sultaninen

225 g Korinthen

120 g getrocknete Aprikosen, gehackt

80 g entsteinte Datteln, gehackt

4 EL brauner Rum oder Weinbrand, plus etwas mehr zum Tränken (nach Belieben)

fein abgeriebene Schale und Saft von 1 Orange

225 g weiche Butter, plus etwas mehr zum Einfetten

225 g Muskovado-Zucker

4 Eier, verquirlt

70 g gehacktes Orangeat und/oder Zitronat

70 g Belegkirschen, geviertelt

70 g kandierter Ingwer oder Ingwerpflaumen, gehackt

40 g abgezogene Mandeln, gehackt

200 g Mehl

1 Prise Salz

1 TL Lebkuchengewürz

1. Die Trockenfrüchte in eine große Schüssel geben und mit Rum, Orangenschale und -saft vermischen. Abgedeckt mehrere Stunden oder über Nacht quellen lassen.

2. Den Backofen auf 150 °C vorheizen. Eine hohe Springform (20 cm Ø) einfetten, Boden und Rand mit Backpapier auslegen.

3. Butter und Zucker in einer Schüssel hell und cremig rühren. Nach und nach die Eier einarbeiten. Trockenfrüchte, Orangeat/Zitronat, Belegkirschen, Ingwer und Mandeln unterheben.

4. Mehl, Salz und Lebkuchengewürz sieben und unter den Teig ziehen. Den Teig in die vorbereitete Form füllen. Mit einem Löffelrücken glatt streichen, dann eine leichte Vertiefung in die Mitte drücken.

5. Im vorgeheizten Ofen 2¼–2¾ Stunden backen, bis der Kuchen am Rand zu schrumpfen beginnt und ein in die Mitte gestochenes Holzstäbchen sauber wieder herauskommt. Vollständig in der Form erkalten lassen.

6. Den Kuchen aus der Form lösen und das Backpapier abziehen. In Backpapier und Alufolie schlagen und mindestens 2 Monate ruhen lassen. Für ein volleres Aroma den Kuchen nach Belieben mehrmals mit einem Holzstäbchen einstechen und vor dem Einlagern mit einigen Löffeln Rum oder Weinbrand tränken.

Kirsch-Mandel *Kuchen*

FÜR 8 Personen

ZUBEREITUNGSZEIT: 20 Minuten

BACKZEIT: 1–1¼ Stunden

ZUTATEN

200 g Butter, plus etwas mehr zum Einfetten

250 g Belegkirschen, geviertelt

80 g abgezogene, gemahlene Mandeln

200 g Mehl (Type 405)

1 TL Backpulver

200 g Feinstzucker

3 große Eier

fein abgeriebene Schale und Saft von 1 Zitrone

6 Zuckerwürfel, zerstoßen

König Heinrich VIII. brachte die Kirsche im 16. Jahrhundert – unterstützt von seinem Gärtner Richard Harrys – nach England. Er hatte sie zuvor in Flandern probiert. Gepflanzt wurden die ersten Kirschbäume in Teynham: Das Dorf in der Grafschaft Kent wurde zu einem Zentrum des Kirschenanbaus. Seitdem dürfte es in England klassischen Kirschkuchen geben, mit einer entsprechenden Portion Zucker und Mandeln drin.

1. Den Backofen auf 180 °C vorheizen. Eine Springform (20 cm Ø) einfetten und mit Backpapier auskleiden.

2. Kirschen, Mandeln und 1 Esslöffel Mehl in einer Schüssel vermengen. Das restliche Mehl mit dem Backpulver in eine große Schüssel sieben.

3. Butter und Zucker mit einem Handrührgerät cremig rühren. Nach und nach die Eier einarbeiten.

4. Das Mehl zugeben und mit einem Metalllöffel sorgfältig unter die Buttermasse heben. Die Kirsch-Mandel-Mischung zugeben und zusammen mit Zitronenschale und -saft unter den Teig ziehen.

5. Den Teig in die vorbereitete Form füllen und die zerstoßenen Zuckerwürfel darauf verteilen. Im vorgeheizten Ofen 1–1¼ Stunden backen, bis der Kuchen schön aufgegangen und goldbraun ist.

6. Den Kuchen etwa 15 Minuten abkühlen lassen. Dann aus der Form lösen und auf einem Kuchengitter vollständig erkalten lassen.

1.

2.

3.

4.

5.

6.

British Pies

TRADITION VERPFLICHTET

Pies sind aus der englischen Küche nicht wegzudenken und haben eine lange Tradition. So gibt
es viele verschiedene Rezepte für den Teig und
die jeweiligen Füllungen.

Denby Dale, ein bescheidenes Städtchen in der englischen Grafschaft Yorkshire, machte in seiner unauffälligen Geschichte nur wenige Male von sich reden. Erstmals im Jahr 1788 zelebrierte man die Genesung König Georg III. von einer „Geisteskrankheit". Diesem besonderen Ereignis zu Ehren backten die Einwohner im White Hart Pub einen überdimensionalen Pie, den sie sogleich selbst vertilgten – und natürlich mit ordentlich Ale herunterspülten. Glaubt man den Chronisten, soll allein die Füllung des Pies zwei Schafe groß gewesen sein. Und ziemlich fettig dazu. Aber Traditionen brauchen eine Weile, ehe sie tatsächlich begründet sind, was der Verdauung entgegenkommen dürfte. Mit dem Sieg Wellingtons über Napoleon im Jahr 1815 war wohl der Zeitpunkt gekommen, den Namen des Ortes endgültig als ultimatives Pie-Village in Stein zu meißeln. Ein gewisser George Wilby, der bei der Schlacht dabeigewesen war, ließ sich entsprechend feiern. Das Goldene Thronjubiläum von Königin Victoria im Jahr 1887 sowie das Ende des Ersten Weltkrieges 1918 mussten ebenfalls als Begründung für die Fortsetzung der Riesen-Pie-Tradition in Denby herhalten wie die erwarteten vier royalen Geburten im Jahr 1964. Ganze 30.000 Portionen soll der sechs Meter lange, zwei Meter breite und 50 Zentimeter hohe Pie ergeben haben. Übertroffen wurde dies freilich schon 1988, als Denby Dale seine nunmehr 200-jährige Tradition des Pie-Backens gebührend zelebrierte. Den aktuellen Rekord hält der bislang letzte Pie aus dem Jahr 2000: 13 Meter lang, knapp drei Meter breit und mit fünf Tonnen Beefhack gefüllt. Da sage noch mal einer, Pies seien aus der englischen Küche wegzudenken.

Aber dies ist definitiv nicht so: Pies gehören wie die Königin zu England, auch wenn sie dort nicht wirklich erfunden wurden. Die Tradition des Pie-Backens war bereits zu Zeiten der ägyptischen Herrscher so populär, dass man den Verstorbenen einen Kuchen als Grabbeigabe „für die lange Reise in die Ewigkeit" mitgab. Im Grab von Pharao Ramses II. wurden getrocknete Teigfladen mit Honigfüllung gefunden. In der Tat hat sich die Eigenschaft der Pies als perfektes Nahrungsmittel für lange Reisen offensichtlich in den Köpfen festgesetzt. Sowohl bei der britischen Marine als auch im Bergbau waren derartige Speisen aus diesem Grund sehr beliebt, da mehrere praktische Eigenschaften zusammenkamen: Nahrhaftigkeit und Haltbarkeit. Zu Zeiten des walisischen Bergbaus nahmen die Minenarbeiter ein besonderes Rezept mit in die Tiefe: Ein und derselbe Pie bestand je zur Hälfte aus süßen und herzhaften Zutaten. Sozusagen das Hauptgericht und Dessert in einem Essen. Erstmals zu offiziell britischer Berühmtheit gelangte der ‚Pye' im Jahr 1429 beim Essen aus Anlass der Krönung von König Heinrich VI. (1422–1461). Der „Partyche and Pecock enhackyll"-Pie enthielt ganze gekochte und gebackene Pfauen. Tatsächlich entwickelte sich später daraus die Tradition, mit Hühnern oder Fasanen einen Pie zu dekorieren, um so auf den jeweiligen Inhalt hinzuweisen. Dies führte in vorviktorianischer Zeit sogar dazu, auf jeden Pie grundsätzlich ein Geflügel aus Porzellan zu setzen und mit der Dekoration die Oberfläche einzustechen, um so „den Dampf entweichen zu lassen und auf die Qualität des Inhalts hinzuweisen".

Für Denby Dale sind derartige Verrenkungen schon aus Gründen der Größe eher überflüssig. Bleibt nur abzuwarten, welches freudige Ereignis demnächst in Yorkshire für würdig befunden wird, um es mit einem noch größeren Pie zu ehren.

Herzhaft oder süß – Pies sind fantastische Gerichte mit den unterschiedlichsten Zutaten. Über Jahrhunderte hinweg waren sie für ihre Nahrhaftigkeit und Haltbarkeit bekannt. Heutzutage genießen Obstpies weltweite Anerkennung.

DATTEL-WALNUSS-
BROT

ERGIBT 1 Laib

ZUBEREITUNGSZEIT: 20 Minuten,
plus 10 Minuten Einweichzeit

BACKZEIT: 35–40 Minuten

ZUTATEN

*40 g Butter, plus etwas mehr
zum Einfetten*
100 g Datteln, entsteint und gehackt
½ TL Backnatron
fein abgeriebene Schale von ½ Zitrone
100 ml heißer schwarzer Tee
70 g Muskovado-Zucker
1 kleines Ei
125 g Mehl
1 TL Backpulver
25 g gehackte Walnüsse
Walnusshälften, zum Dekorieren

Wenn es draußen regnet oder schneit, doch drinnen gemütlich ist – dann ist es Zeit für das gehaltvolle Dattel-Walnuss-Brot. Die Nüsse machen es winterlich, die Früchte der Dattelpalme sorgen für die entsprechende Süße. Und auch wenn dies eigentlich ein Kuchen ist – die abgeschnittenen Scheiben dürfen wie bei einem Brot mit Butter bestrichen werden.

1. Den Backofen auf 180 °C vorheizen. Eine Kastenform (450 ml Inhalt) einfetten und mit Backpapier auslegen.

2. Datteln, Natron und Zitronenschale in eine Schüssel geben und mit dem Tee übergießen. 10 Minuten ziehen lassen.

3. Butter und Zucker in einer Schüssel schaumig rühren, dann das Ei einarbeiten. Die Masse in die Dattelmischung rühren.

4. Mehl und Backpulver mit einem großen Metalllöffel unterziehen, dann die Walnüsse unterheben. Die Mischung in die vorbereitete Form füllen und glatt streichen. Mit Walnusshälften dekorieren.

5. Das Brot im Ofen 35–40 Minuten backen, bis es aufgegangen, fest und goldbraun ist. Herausnehmen, 10 Minuten in der Form abkühlen lassen, dann auf ein Kuchengitter setzen und vollständig auskühlen lassen.

2.

3.

4.

1.

2.

3.

Crumpets

ERGIBT 10 Stück

ZUBEREITUNGSZEIT: 20 Minuten,
plus 1 Stunde Ruhezeit

BACKZEIT: 6 Minuten

ZUTATEN

230 g Mehl
1 TL Backpulver
½ TL Salz
1 TL Trockenbackhefe
230 ml lauwarme Milch
150 ml lauwarmes Wasser
Öl, zum Braten und Einölen

Englische Crumpets sind Hefebrötchen mit eher neutralem Geschmack. Sie haben eine elastische, schwammartige Struktur, sind außen knusprig, aber innen saftig und werden in der Regel heiß verzehrt: mit Butter, Käse, Marmite oder Ei, aber auch mit Marmelade. Wahrscheinlich haben sie sich erst im 19. Jahrhundert aus den schottischen Crumpets entwickelt, die wie Pfannkuchen aussehen und mit Backpulver hergestellt werden.

1. Mehl, Backpulver, Salz und Hefe in einer großen Schüssel vermengen. Nach und nach Milch und Wasser einrühren und weiterrühren, bis ein geschmeidiger Teig entsteht.

2. Die Schüssel mit Frischhaltefolie abdecken und den Teig 1 Stunde bei Raumtemperatur ruhen lassen, bis er das doppelte Volumen hat und Blasen wirft.

3. Einen kleinen Tortenring (8 cm Ø) einölen und etwas Öl in einer Pfanne erhitzen. Den Ring in die Pfanne setzen und mit 2–3 Teelöffeln Teig füllen. Den Crumpet braten, bis die Oberfläche gebräunt ist oder sich kleine Blasen bilden.

4. Den Crumpet mit einem Messer aus dem Ring lösen und auf eine Wärmeplatte legen. Diesen Vorgang wiederholen, bis der Teig aufgebraucht ist, dabei Ring und Pfanne regelmäßig einölen.

Englisches *Weißbrot*

ERGIBT 1 Laib

ZUBEREITUNGSZEIT: 20 Minuten,
plus 1½ Stunden Ruhezeit

BACKZEIT: 30 Minuten

ZUTATEN

1 Ei
1 Eigelb
150–200 ml lauwarmes Wasser
500 g Mehl (Type 550), gesiebt,
plus etwas mehr zum Bestäuben
1½ TL Salz
2 TL Zucker
1 Tütchen Trockenbackhefe
25 g Butter, gewürfelt
Sonnenblumenöl, zum Einfetten

Die Herstellung ist einfach und es gibt nur wenige Zutaten – doch ein gutes altmodisches englisches Weißbrot ist eine wichtige kulinarische Basis für einen Toast oder Sandwich. Das mit Weizen-Auszugsmehl hergestellte Hefebrot gibt es in England fast überall.

1. Ei und Eigelb in einem Messbecher verquirlen und mit lauwarmem Wasser auf 300 ml auffüllen. Sorgfältig verrühren.

2. Mehl, Salz, Zucker und Hefe in einer großen Schüssel mischen. Die Butter mit den Fingern in die trockenen Zutaten reiben. Eine Vertiefung in die Mitte drücken. Die Eiermischung hineingießen und mit den trockenen Zutaten zu einem glatten Teig verarbeiten.

3. Den Teig auf einer leicht bemehlten Arbeitsfläche etwa 10 Minuten kräftig durchkneten, bis er glatt und geschmeidig ist. Eine Schüssel mit Öl ausstreichen. Den Teig zu einer Kugel formen und in die Schüssel geben. Abgedeckt an einem warmen Ort 1 Stunde gehen lassen, bis sich das Teigvolumen verdoppelt hat.

4. Eine Kastenform (1 l Inhalt) einfetten. Den Teig auf einer leicht bemehlten Arbeitsfläche nochmals 1 Minute durchkneten. Den Teig zu einem Rechteck formen, das dieselbe Länge und die dreifache Breite der Kastenform hat. Die zwei äußeren Drittel einschlagen und den Laib mit der Kante nach unten in die Form legen. Abgedeckt an einem warmen Ort weitere 30 Minuten gehen lassen, bis der Teig über den Rand der Form gestiegen ist.

5. Inzwischen den Backofen auf 220 °C vorheizen. Das Brot im vorgeheizten Ofen 30 Minuten backen, bis es goldbraun ist. Es ist durchgebacken, wenn es sich beim Klopfen gegen die Unterseite hohl anhört. Auf einem Kuchengitter erkalten lassen.

2.

3.

4.

1.

2.

3.

ENGLISCHE Muffins

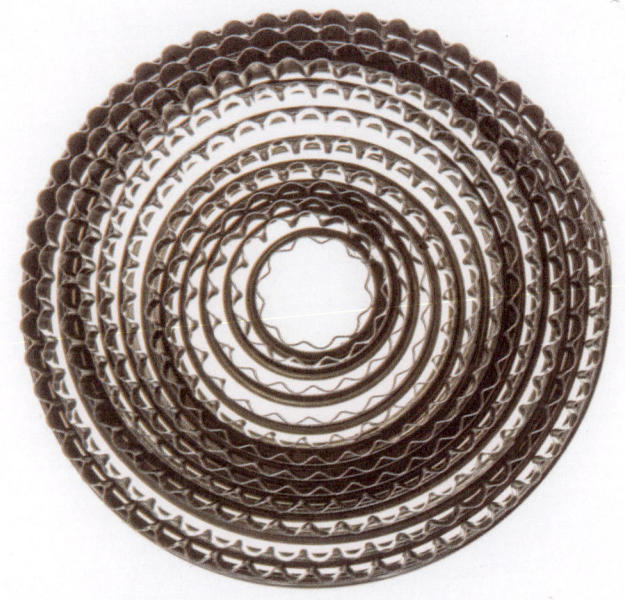

FÜR 8–10 Stück

ZUBEREITUNGSZEIT: 15 Minuten,
plus 3 Stunden Ruhezeit

BACKZEIT: 8–10 Minuten

Ein Muffin ist in Großbritannien ein eher kräftig-herzhaftes Hefegebäck. Es sieht aus wie ein flaches Brötchen und wird – wie ein Toast – vor dem Verzehr frisch geröstet. In Mitteleuropa werden sie auch Toasties genannt. Sie waren im 19. Jahrhundert sehr populär und wurden zur Teatime von laut ihre Ware ausrufenden „Muffin Men" auf der Straße verkauft.

1. Beide Mehlsorten, Hefe, Salz und Natron in einer großen Schüssel vermischen. Buttermilch und Wasser zugeben und einrühren. Die Teigmasse auf einer bemehlten Arbeitsfläche zu einem geschmeidigen Teig verkneten. Gegebenenfalls etwas Mehl dazugeben. Den Teig in eine saubere Schüssel geben, mit einem feuchten Küchentuch abdecken und 2 Stunden gehen lassen.

2. Den Teig auf der Arbeitsfläche 1 cm dick ausrollen. Mit einer runden Ausstechform (7,5 cm Ø) 8–10 Teigstücke ausstechen; eventuelle Teigreste erneut ausrollen und ausstechen. Den Teig nicht zu sehr kneten. Die Teigstücke mit Mehl bestreuen und erneut 1 Stunde ruhen lassen.

3. Etwas Öl in einer Pfanne erhitzen und die Muffins darin in zwei Durchgängen bei mittlerer Hitze von beiden Seiten jeweils 4–5 Minuten goldbraun braten. Die fertigen Muffins auf Küchenpapier abtropfen und abkühlen lassen.

ZUTATEN

120 g Weizenvollkornmehl
120 g Mehl (Type 405), plus etwas mehr zum Bestäuben
2 TL Trockenbackhefe
1 TL Salz
¾ TL Backnatron
175 ml fettreduzierte Buttermilch
1–2 EL Wasser
Pflanzenöl, zum Braten

1.

2.

2.

Sausage Rolls

BLÄTTERTEIGROLLEN

ERGIBT 12 Stück

ZUBEREITUNGSZEIT: 20 Minuten

BACKZEIT: 20–25 Minuten

ZUTATEN

*2 TL Milch, plus etwas
mehr zum Bestreichen*
20 g Weißbrot ohne Kruste, gewürfelt
400 g Schweinehackfleisch
1 Zwiebel, fein gehackt
1 Ei
1 Eigelb
½ TL gemahlener Kreuzkümmel
1 TL Paprikapulver
450 g frischer Blätterteig
Mehl, zum Bestäuben
verquirltes Eiweiß, zum Bestreichen
Salz und Pfeffer

Diese Blätterteigrollen mit Hackfleischfüllung sind ein sehr britisches Gebäck und ein beliebter herzhafter Party-Snack. Man kann sie heiß oder kalt genießen, aber sie müssen frisch sein! Deshalb sollten die Rollen am besten zu Hause oder bei Freunden unmittelbar vor dem Verzehr zubereitet werden.

1. Den Backofen auf 180 °C vorheizen. Ein Backblech mit Backpapier auslegen. Die Milch in eine große Schüssel geben und die Brotwürfel darin einweichen. Hackfleisch, Zwiebel, Ei und Eigelb, Kreuzkümmel und Paprikapulver zugeben und alles am besten mit den Händen vermengen. Mit Salz und Pfeffer würzen.

2. Den Blätterteig auf einer leicht bemehlten Arbeitsfläche ausrollen und mit einem Pizzaschneider oder Teigrad 12 Quadrate (13 cm × 13 cm) ausschneiden; die Teigreste aufbewahren. Die Quadrate mit dem Eiweiß bestreichen. Die Hackfleischmischung jeweils auf eine Seite der Teigstücke geben und es zu Rollen formen.

3. Die Röllchen mit der Naht nach unten auf das Backblech legen. Die Teigreste erneut ausrollen und mit dem Teigrad 12 Formen zum Verzieren ausschneiden.

4. Die Röllchen mit Milch bestreichen und mit den Teigformen verzieren. Die Verzierungen ebenfalls mit Milch bestreichen und die Röllchen im Ofen auf mittlerer Schiene 20–25 Minuten goldbraun backen.

MEHRKORN-

Brot

ERGIBT 1 Laib

ZUBEREITUNGSZEIT: 25–30 Minuten,
plus 1½ Stunde Ruhezeit

BACKZEIT: 30 Minuten

ZUTATEN

375 g Mehl (Type 550),
plus etwas mehr zum Bestäuben
125 g Roggenmehl (Type 1370)
1½ EL Magermilchpulver
1½ TL Salz
1 EL brauner Zucker
1 TL Instant-Trockenbackhefe
1½ EL Sonnenblumenöl,
plus etwas mehr zum Einfetten
2 TL Zitronensaft
300 ml lauwarmes Wasser
1 TL Kreuzkümmelsamen
½ TL Mohnsaat
½ TL Sesamsaat

Belag
1 Eiweiß, verquirlt mit
1 EL Wasser
1 EL Sonnenblumenkerne

Dieses Körnermischbrot ist kräftiger und herzhafter im Geschmack als das klassische englischen Weißbrot – und ist noch immer ein helles Weizenbrot, das aber auch ungetoastet mit ein wenig Butter sehr gut schmeckt.

1. Beide Mehlsorten, Milchpulver, Salz, Zucker und Hefe in eine große Schüssel geben. Öl, Zitronensaft und Wasser hineingießen.

2. Kreuzkümmel und Saaten zufügen und alles zu einem weichen Teig verkneten. Den Teig auf einer leicht bemehlten Arbeitsfläche 10 Minuten kneten, bis er glatt und elastisch ist.

3. Eine Schüssel mit Öl ausstreichen. Den Teig in die Schüssel legen und mit einem angefeuchteten Küchentuch abdecken.

4. An einem warmen Ort 1 Stunde gehen lassen, bis sich das Teigvolumen verdoppelt hat. Eine Kastenform (1 l Inhalt) mit Öl einfetten. Den Teig auf einer bemehlten Arbeitsfläche erneut 1 Minute durchkneten und auf die Länge und dreimal die Breite der Form ausrollen. Dann beide Längsseiten nach innen schlagen und das Brot mit der Nahtstelle nach unten in die Form legen. Abdecken und an einem warmen Ort weitere 30 Minuten gehen lassen, bis der Teig fast über die Form hinaus aufgegangen ist.

5. Den Backofen auf 220 °C vorheizen. Das Brot kurz vor dem Backen mit der Eiweißmischung bestreichen und die Sonnenblumenkerne leicht auf die Oberfläche des Teigs drücken.

6. Das Brot 30 Minuten im vorgeheizten Ofen backen, bis es goldbraun ist und beim Klopfen auf die Unterseite hohl klingt. Zum Auskühlen auf ein Kuchengitter heben.

1.

2.

4.

4.

4.

6.

EINE REICHE
Backtradition

Irische Backkunst – könnte man meinen – gibt es eigentlich gar nicht. Ein Land, in dem die Menschen im Verlauf der Geschichte viel gehungert haben, kann nicht der Hort einer raffinierten Küche sein. Doch tatsächlich haben viele Rezepte, die in den USA populär sind, eigentlich irische Wurzeln. Sourdough Bread (Sauerteigbrot, s. S. 64) gehört auch zu den irischen Klassikern, zumal natürliche und biologisch wertvolle Zutaten stark im Trend sind. Und mit Arme-Leute-Essen haben irische Austern, Hummer und Lachs schließlich nichts zu tun. Vielmehr geht es hier immer auch um beste Qualität der Zutaten. Berühmt ist Irland für seinen „smoked salmon", den geräucherten Lachs. Dieser wird in unzähligen Räuchereien entlang der Küste produziert. Am besten schmeckt der geräucherte Wildlachs natürlich mit einer guten Scheibe irischen Brots. Und: Ein Stück Irischer Teekuchen zum Afternoon Tea ist auch nicht zu verachten!

IRISCHES
Sodabrot

4.

Das mit Backnatron (Soda) gebackene Brot ist in ganz Irland beliebt. Es kann einfach und schnell hergestellt werden und gelingt immer, denn selbst die Konsistenz darf variieren. Das leichte, geschmacksintensive Brot wird auf der grünen Insel in mehreren Varianten zu jeder passenden Gelegenheit angeboten: morgens zum Rührei, mittags zu Pommes frites, als Backware zum Tee oder abends zum Irish Stew.

1.   Den Backofen auf 220 °C vorheizen. Ein Backblech leicht einfetten.

2.   Mehl, Salz und Backnatron in einer Rührschüssel vermischen und eine Mulde in die Mitte drücken. Die Buttermilch in die Mulde gießen und alles mit den Händen zu einem geschmeidigen Teig verarbeiten.

3.   Den Teig auf eine leicht bemehlte Arbeitsfläche geben und 10 Minuten kneten. Dann zu einem runden Laib (20 cm Ø) formen.

4.   Den Laib auf das Backblech legen und die Oberfläche mit einem Messer kreuzförmig einritzen. Das Brot im Ofen 25–30 Minuten backen. Herausnehmen und auf einem Kuchengitter auskühlen lassen.

ERGIBT 1 Laib

ZUBEREITUNGSZEIT: 10–15 Minuten

BACKZEIT: 25–30 Minuten

ZUTATEN

40 g zerlassene Butter, zum Einfetten
450 g Mehl, plus etwas mehr zum Bestäuben
1 TL Salz
1 TL Backnatron
400 ml Buttermilch

Irischer

TEEKUCHEN

FÜR 8–10 Personen

ZUBEREITUNGSZEIT: 25 Minuten

BACKZEIT: 1 Stunde

ZUTATEN

*180 g weiche Butter,
plus etwas mehr zum Einfetten*

*225 g Mehl, plus etwas
mehr zum Bestäuben*

200 g Zucker

*5 Tropfen Vanillearoma (oder
ausgeschabtes Mark von 1 Vanillestange)*

2 Eier

90 g Frischkäse

1 TL Backpulver

¼ TL Salz

125 g Sultaninen

150 ml Buttermilch

Glasur

50 g Puderzucker, gesiebt

2 TL frische gepresster Zitronensaft

Mit diesem Kuchen aus Irland liegen Sie nie falsch: Er ist einfach und doch köstlich, lässt sich mit frischen Früchten oder Schlagsahne als Nachtisch, aber auch zum Frühstück – oder eben zu einer Tasse Tee genießen.

1. Den Backofen auf 160 °C vorheizen. Eine Kastenform (1 l Inhalt) einfetten, mit Mehl bestäuben und den Boden mit Backpapier auslegen.

2. Butter, Zucker und Vanillearoma in einer großen Schüssel mit dem Handrührgerät schaumig rühren. Nach und nach die Eier zugeben und einrühren. Den Frischkäse zugeben und ebenfalls gut unterrühren.

3. Mehl, Backpulver und Salz in einer zweiten Schüssel vermischen. Die Sultaninen in eine kleine Schüssel geben und mit 30 g der Mehlmischung vermengen. Restliche Mehlmischung und Buttermilch abwechselnd in die Butter-Frischkäse-Mischung einarbeiten und weiterrühren, bis ein glatter Teig entsteht. Die Sultaninen zugeben und alles mit einem Kochlöffel vermischen.

4. Den Teig in die Form geben und glatt streichen. Den Kuchen im Ofen auf mittlerer Schiene 1 Stunde backen, bis er goldbraun ist; ein in den Teig gestochenes Holzstäbchen sollte sauber herauskommen. Aus dem Ofen nehmen, etwa 10 Minuten in der Form abkühlen lassen, dann auf ein Kuchengitter heben.

5. Für die Glasur Puderzucker und Zitronensaft glatt rühren. Den noch warmen Kuchen mit der Glasur bestreichen und ihn vollständig auskühlen lassen. In Stücke schneiden und servieren.

2.

3.

4.

BACKEN

à la

FRANÇAISE

Edle Backwaren gehören zu Frankreich wie der Eiffelturm und der Louvre zu Paris. Und genauso charakteristisch sind die Straßen – ob in der großen Stadt oder im kleinen Dorf – geprägt von Menschen, die genüsslich ihre Zeitung lesen und dazu ihren Kaffee mit einem frischen Croissant genießen. Fruchttörtchen, Petit Fours oder die inzwischen Kult gewordenen kunterbunten Macarons haben mindestens denselben Stellenwert wie noble Mode- oder Schuhboutiquen. Neben all diesen süßen Sünden beherrscht aber vor allem das Baguette den Essalltag der Franzosen. Während zum Frühstück ein kleines Stück mit Konfitüre den Tag à la française begrüßt, so verwandelt sich dasselbe Brot zum selbstverständlichen Begleiter des Mittag- und Abendessens. Eine Mahlzeit ohne Baguette wäre in Frankreich ebenso undenkbar wie ein Menü, bei dem es zum Abschluss kein exquisites Törtchen gibt.

Baguettes sind politisch gesehen ein heißes Eisen. Egal wer an der Regierung ist, er sollte tunlichst eine Brotpreis-Diskussion vermeiden. In Frankreich gehört das Baguette – wie übrigens auch die Milch – zu den staatlich reglementierten Lebensmitteln.

Croissants

ERGIBT 12 Stück

ZUBEREITUNGSZEIT: 30 Minuten,
plus Ruhezeit

BACKZEIT: 15–20 Minuten

ZUTATEN

*500 g Mehl,
plus etwas mehr zum Bestäuben*
40 g Feinstzucker
1 TL Salz
1 Tütchen Trockenbackhefe
300 ml lauwarme Milch
*300 g weiche Butter,
plus etwas mehr zum Einfetten*
*1 Ei, mit 1 EL Milch leicht verquirlt,
zum Bestreichen*

Das Croissant ist in Frankreich klassischer Bestandteil des Frühstücks und wird aus Plunderteig hergestellt: Dabei wird Butter (oder auch Margarine) kalt in mehreren Falt- und Ausrollvorgängen in einen Hefeteig eingearbeitet. Croissants sind noch jung. Das erste wurde wohl erst im 19. Jahrhundert gebacken. 1863 wird seine namensgebende Mondform erstmals erwähnt: Das französische Terminus „croissant de lune" heißt übersetzt „zunehmende Mondsichel".

1. Die Trockenzutaten in einer großen Schüssel mischen und eine Vertiefung in die Mitte drücken. Die Milch hineingießen und alles zu einem weichen Teig verarbeiten. Auf einer bemehlten Arbeitsfläche 5–10 Minuten kneten, bis der Teig glatt ist. In einer großen gefetteten Schüssel abgedeckt an einem warmen Ort gehen lassen, bis der Teig sein Volumen verdoppelt hat. Die Butter zwischen zwei Lagen Backpapier zu einem etwa 5 mm dicken Rechteck ausrollen. In den Kühlschrank stellen.

2. Den Backofen auf 200 °C vorheizen. Den Teig 1 Minute kneten. Die Butter etwas weich werden lassen. Den Teig auf einer bemehlten Arbeitsfläche zu einem 45 cm × 15 cm großen Rechteck ausrollen. Die Butter in das mittlere Drittel legen, die Teigränder darüberschlagen und vorsichtig zusammendrücken. Das Teigrechteck wenden und so legen, dass die kurze Seite vorne liegt. Das obere Teigdrittel in die Mitte schlagen, das untere Drittel darüber. Den Teig im Uhrzeigersinn um 90° drehen, zu einem Rechteck ausrollen und auf dieselbe Weise erneut falten. Falls die Butter zu weich wird, den Teig in Frischhaltefolie eingewickelt im Kühlschrank ruhen lassen. Das Ausrollen und Falten zweimal wiederholen. Den Teig in drei gleich große Rechtecke teilen. Zwei davon wieder in den Kühlschrank geben, das eine zu einem 5 mm dicken 20 cm × 20 cm großen Quadrat ausrollen und zweimal diagonal in vier gleich große Dreiecke schneiden. Mit den restlichen Teigstücken ebenso verfahren.

3. Die Dreiecke dünn mit etwas Eiermilch bestreichen und zu Hörnchen aufrollen. Die Spitze an der Unterseite festdrücken. Die Croissants mit der Eiermilch bestreichen und auf einem Backblech gehen lassen, bis sie ihr Volumen verdoppelt haben. Im Ofen 15–20 Minuten goldbraun backen.

1.

1.

3.

3.

4.

5.

VANILLE-
Macarons

ERGIBT 16 Stück

ZUBEREITUNGSZEIT: 20 Minuten,
plus 30 Minuten Ruhezeit

BACKZEIT: 10–15 Minuten

ZUTATEN

75 g gemahlene Mandeln
120 g Puderzucker
2 Eiweiß (Größe L)
50 g Feinstzucker
einige Tropfen Vanillearoma

Füllung
50 g weiche Butter
einige Tropfen Vanillearoma
120 g Puderzucker, gesiebt

In Frankreich gilt ein Patissier erst dann etwas, wenn er in der Lage ist, qualitativ einwandfreie Macarons herzustellen. Sprachlich sind die Ursprünge des Wortes Macaron im Wort „maccare" zu finden, was nichts anderes bedeutet als „herstellen". Obwohl schon bei einer königlichen Hochzeit des Jahres 1533 Macarons mit Pastete serviert wurden, nimmt die französische Patisserie Ladurée für sich in Anspruch, 1791 das Gebäck erfunden zu haben.

1. Mandeln und Puderzucker im Mixer oder Blitzhacker 15 Sekunden verarbeiten. Die Masse in eine Schüssel sieben. Zwei Backbleche mit Backpapier auslegen.

2. Das Eiweiß in einer sauberen, fettfreien Schüssel halb steif schlagen. Unter ständigem Rühren den feinen Zucker einrieseln lassen, bis die Masse glänzend ist. Das Vanillearoma einarbeiten.

3. Mit einem Teigschaber die Mandelmischung in 3 Portionen unter den Eischnee heben. Weiter vorsichtig durch die Masse rühren, bis ein glänzender Teig mit dicker Konsistenz entstanden ist.

4. Den Teig in einen Spritzbeutel mit 1-cm-Lochtülle füllen und 32 kleine Kreise auf die vorbereiteten Backbleche spritzen. Die Bleche einige Male leicht auf die Arbeitsfläche schlagen, damit eventuelle Luftblasen aus der Teigmasse entweichen. Bei Zimmertemperatur 30 Minuten ruhen lassen. Den Backofen auf 160 °C vorheizen.

5. Die Macarons im Ofen 10–15 Minuten backen. Herausnehmen, 10 Minuten auf den Blechen abkühlen lassen, dann vom Backpapier abziehen und vollständig erkalten lassen.

6. Für die Füllung Butter und Vanillearoma in einer Schüssel cremig rühren. Nach und nach den Puderzucker einarbeiten. Die Macarons damit zusammensetzen.

Tarte Tatin

FÜR 6 Personen

ZUBEREITUNGSZEIT: 25–30 Minuten,
plus 30–40 Minuten Ruhezeit

BACKZEIT: 25–35 Minuten

ZUTATEN

200 g Feinstzucker
150 g Butter
*800 g Kochäpfel, geschält, entkernt
und in Scheiben*
350 g fertiger Blätterteig
Mehl, zum Bestäuben
*Vanilleeiscreme, zum Servieren
(nach Belieben)*

Charakteristisch für diesen Apfelkuchen ist die Karamellschicht, die nach dem Stürzen des Kuchens die Früchte überzieht. Der Legende nach erfanden die Schwestern Tatin die Tarte aus Versehen. Sie betrieben um 1900 ein Hotel im zentralfranzösischen Lamotte-Beuvron. In der Hektik des Betriebes fiel ihnen ein Kuchen aus der Form. Sie legten ihn mit den Äpfeln nach unten wieder hinein, bedeckten ihn mit frischem Teig und backten ihn noch einmal.

1. Eine ofenfeste Pfanne (20 cm Ø) bei geringer Hitze auf den Herd setzen und den Zucker darin schmelzen. Weiter erhitzen, bis er zu karamellisieren beginnt – aber nicht zu dunkel werden lassen. Die Butter zufügen und rühren, bis eine helle Karamellsauce entstanden ist. Die Pfanne vom Herd nehmen.

2. Die Apfelscheiben fächerförmig auf die Karamellsauce in die Pfanne legen. Der Pfannenboden sollte vollständig bedeckt sein. Die Pfanne bei mittlerer Hitze wieder auf den Herd setzen und die Äpfel ohne Rühren bei geschlossenem Deckel 5–10 Minuten dünsten, bis sie etwas Sauce aufgesogen haben. Die Pfanne vom Herd nehmen.

3. Den Backofen auf 190 °C vorheizen. Den Teig auf einer leicht bemehlten Arbeitsfläche kreisrund ausrollen, sodass er ringsum etwas über den Pfannenrand lappt. Den Teigdeckel auf die Äpfel legen und den Rand zwischen Pfanne und Äpfel drücken. Das muss nicht perfekt aussehen, schließlich wird der Kuchen ja gestürzt.

4. Die Tarte 25–35 Minuten im Ofen backen, dabei ab und zu überprüfen, dass der Teig nicht zu dunkel wird. Er sollte schön aufgehen und goldbraun werden. Aus dem Ofen nehmen und 30–40 Minuten ruhen lassen.

5. Zum Servieren sollte die Tarte lauwarm sein (sie kann gegebenenfalls kurz im Ofen aufgewärmt werden). Die Tarte vorsichtig auf eine Kuchenplatte stürzen und nach Belieben mit Vanilleeis servieren.

VANILLE-
Millefeuille

FÜR 6 Personen

ZUBEREITUNGSZEIT: 1¾ Stunden,
plus Kühlzeit

BACKZEIT: 45 Minuten

ZUTATEN

1 kg fertiger Blätterteig
Mehl, zum Bestäuben

Konditorcreme
2 EL Speisestärke
125 g Puderzucker
1 TL Vanillezucker
500 ml Milch
2 Eigelb

Glasur
2 Eiweiß
350 g Puderzucker
30 g Zartbitterschokolade,
in Stücke gebrochen

Freunde des Blätterteigs kommen an diesem Klassiker aus Frankreich nicht vorbei: Das Gebäck Millefeuille („tausend Blätter") besteht aus sechs Schichten Blätterteig mit Vanillecreme dazwischen. Nach oben schließt der Konditor den Kuchen dekorativ ab. Heutzutage gibt es auch herzhafte Millefeuille, unter anderem mit Käse und Spinat.

1. Den Backofen auf 220 °C vorheizen. Ein Backblech mit Backpapier auslegen. Den fertigen Blätterteig in 3 Teile teilen und jedes Teil auf einer leicht bemehlten Arbeitsfläche zu einem etwa 5 mm dicken Quadrat ausrollen. Ein Teigstück auf das Backblech legen, mehrmals mit einer Gabel einstechen und mit einer flachen ofenfesten Platte oder mit einem Blech beschweren, damit es nicht aufgeht.

2. Im Ofen 10 Minuten backen. Die Platte entfernen und das Teigstück weitere 5 Minuten goldbraun backen. Die übrigen Teigstücke auf die gleiche Weise backen. Abkühlen lassen und dann jedes Teigstück halbieren, sodass insgesamt 6 Rechtecke entstehen.

3. Für die Konditorcreme Speisestärke, Puderzucker und Vanillezucker in einem Stieltopf auf mittlerer Stufe erhitzen. Milch und Eigelb zugeben und unter Rühren aufkochen. Vom Herd nehmen und abkühlen lassen.

4. Ein Teigstück auf ein Kuchengitter legen, mit einem Fünftel der Konditorcreme bestreichen und ein weiteres Teigstück darüberlegen. Mit einem weiteren Fünftel der Creme bestreichen und ein drittes Stück aufsetzen. So fortfahren, bis fünf Lagen erreicht sind und die Creme verbraucht ist; dann mit einem Teigstück abschließen.

5. Für die Glasur Eiweiß und Puderzucker in einer Schüssel über einem Wasserbad erhitzen und mit einem Handrührgerät 5 Minuten steif schlagen. Beiseitestellen und die Millefeuille kurz vor dem Auftragen der Schokolade damit glasieren.

6. Die Schokolade in einer Schüssel über dem Wasserbad schmelzen und in einen Spritzbeutel mit kleiner Tülle geben. Die Schokolade in parallelen Linien über die Glasur spritzen. Den Rand der Millefeuille mit einem scharfen Messer zurechtschneiden.

7. Die Millefeuille in 6 rechteckige Stücke schneiden, im Kühlschrank etwas ruhen lassen und kalt servieren.

1.

3.

4.

1.

2.

3.

4.

5.

6.

7.

8.

ERDBEER-
Eclairs

Die französischen Eclairs werden in Deutschland auch als Liebesknochen oder Hasenpfote bezeichnet – und überwiegend mit Sahne, Frischkäse, Erdbeeren oder auch Schokolade gefüllt oder glasiert. Das längliche Gebäck gibt es seit etwa 1850. Hergestellt wird es aus Brandteig. Dafür wird die Teigmischung erhitzt, bevor Ei zugegeben wird. Beim sogenannten Abbrennen gerinnt das Eiweiß im Mehl und verkleistert die Stärke.

1. Den Backofen auf 220 °C vorheizen und zwei Backbleche einfetten. Butter und Wasser in einen Topf geben und bis zum Siedepunkt erhitzen.

2. Den Topf vom Herd nehmen. Das Mehl auf einmal hineingeben und rasch einarbeiten, bis ein glatter Teig entstanden ist.

3. Nach und nach die Eier mit einem Handrührgerät unterrühren, bis der Teig glänzend ist.

4. Den Teig in einen Spritzbeutel mit großer glatter Tülle füllen und 16–18 Streifen (9 cm lang) auf die vorbereiteten Backbleche spritzen.

5. Im Ofen 12–15 Minuten backen, bis die Eclairs goldbraun sind. Mit einem Messer längs einschneiden, damit der Dampf entweichen kann. Weitere 2 Minuten backen, dann auf einem Kuchengitter vollständig erkalten lassen.

6. Für die Füllung die Hälfte der Erdbeeren und Puderzucker mit einem Pürierstab fein pürieren. Die restlichen Erdbeeren klein würfeln und unter den Mascarpone rühren.

7. Die Erdbeer-Mascarpone-Mischung mit einem Löffel oder einem Spritzbeutel in die Eclairs füllen. Die Eclairs schmecken am besten, wenn sie sofort nach dem Füllen serviert werden. Überziehen Sie die Eclairs direkt vor dem Servieren mit der Erdbeersauce.

ERGIBT 16–18 Stück

ZUBEREITUNGSZEIT: 25 Minuten

BACKZEIT: 14–17 Minuten

ZUTATEN

Teig
55 g Butter, plus etwas mehr zum Einfetten
150 ml Wasser
60 g Weizenmehl (Type 405), gesiebt
2 Eier, verquirlt

Füllung
200 g Erdbeeren
2 EL Puderzucker
140 g Mascarpone

Crème-brulée-
TARTELETTEN

ERGIBT 6 Stück

ZUBEREITUNGSZEIT: 35 Minuten, plus 1 Stunde Ruhezeit und 8 Stunden Kühlzeit

BACKZEIT: 20 Minuten

ZUTATEN

Teig
180 g Mehl, plus etwas mehr zu Bestäuben
40 g Zucker
1 Prise Salz
140 g Butter, plus etwas mehr zum Einfetten
1–2 TL kaltes Wasser

Belag
4 Eigelb
50 g Zucker
400 g Sahne
5 Tropfen Vanillearoma
brauner Rohrzucker, zum Bestreuen

Die Crème brulée ist eine aromatisierte Eier-Sahne-Creme mit Karamellkruste, die durch den Einsatz eines Küchenbrenners am Schluss hergestellt wird. Wegen ihres Geschmacks gilt die „gebrannte Creme" als Königin der Desserts. In der französischen, portugiesischen und spanischen Küche ist sie weit verbreitet – hier ein Rezept für Törtchen.

1. Für den Teig Mehl, Zucker und Salz in eine Schüssel sieben. Nach und nach Butter und Wasser zufügen und alles mit dem Knethaken eines Handrührgeräts zu einem glatten Teig verarbeiten. Den Teig in Frischhaltefolie einschlagen und mindestens 1 Stunde im Kühlschrank ruhen lassen.

2. Den Backofen auf 180 °C vorheizen. 6 Tartletteförmchen (10 cm Ø) einfetten.

3. Den Teig auf einer leicht bemehlten Arbeitsfläche 5 mm dick ausrollen, dann die vorbereiteten Formen damit auskleiden. Die Ränder fest andrücken und überstehende Teigreste abschneiden. Teigreste gegebenenfalls erneut ausrollen und verwenden.

4. Den Teigboden mehrmals mit einer Gabel einstechen, mit Backpapier belegen und mit Hülsenfrüchten beschweren. Im Ofen auf mittlerer Schiene 10 Minuten backen, dann Backpapier und Hülsenfrüchte entfernen und weitere 10 Minuten goldbraun backen; dabei darauf achten, dass sie nicht verbrennen!

5. Für den Belag Eigelb und Zucker mit einem Schneebesen in der Schüssel schaumig rühren. Sahne und Vanillearoma in einem Topf auf mittlerer Stufe erhitzen – nicht kochen! Die Ei-Zucker-Mischung mit einem Schneebesen einrühren und weiterrühren, bis die Masse andickt.

6. Die Creme vom Herd nehmen und abkühlen lassen. Dann in die Förmchen gießen. Vollständig auskühlen lassen und 8 Stunden oder über Nacht in den Kühlschrank stellen.

7. Den Rohrzucker großzügig auf den Tarteletten verteilen und die Oberfläche mit einem Küchenbrenner karamellisieren. Alternativ die Törtchen unter den heißen Backofengrill stellen, bis die Oberfläche karamellisiert ist. Sofort servieren.

4.

5.

7.

DER FARBKASTEN DES
SONNENKÖNIGS

Macarons entsagen der weltlichen Existenz. Wie kaum ein anderes Lebensmittel hat das bunter Baisergebäck einen Kultstatus erlangt und gehört wie Gänseleber aus der Gascogne, Austern aus Arcachon und Wein aus der Provence zu den kulinarischen Heiligtümern Frankreichs.

Macarons, die es in fast jeder nur denkba-
ren Farbe gibt, haben sich zu einem glei-
chermaßen edlen wie teuren Exportartikel
entwickelt. Ein Dutzend Macarons kosten
fast so viel wie eine gute Flasche Rotwein.

Macarons stehen zusammen mit dem Eiffelturm und der Tour de France auf der Skala der wichtigsten französischen Ikonen ganz oben, wobei die süßen Kalorienbomben sicher als offiziell legitimes Doping für die Seele zugelassen sein dürften. Und obwohl sie – je nachdem, welche historische Quelle man bemüht – seit vielen Jahrhunderten den Menschen aller gesellschaftlichen Schichten den Kopf verdreht haben, erlangten sie erst in den letzten Jahren ihre wirkliche Popularität. Kein größerer Bahnhof und auch kein Flughafen, an denen die bunten Kekse nicht wie Preziosen oder modische Accessoires oft zu Fantasiepreisen angeboten werden. Dabei sind sie weder besonders transportfähig noch lange haltbar. Macarons – so scheint es – nehmen im Zeitalter der schnelllebigen Genüsse eine seltsame Sonderstellung ein. Binnen weniger Jahre mutierten sie zum süßen Exportschlager, bei dem sich die elitären Pariser Patisserien nicht scheuen, sich zum „wahren Erfinder" der Macarons hochzustilisieren. Denn obwohl das Haus Ladurée als auch Pierre Hermé tatsächlich zu den Luxusanbietern gehören, die es sich erlauben, eine mittlere Packung Macarons so teuer zu verkaufen wie ein Parfüm, haben sie in Wahrheit nichts mit dem ursprünglichen Rezept zu tun. Glaubt man der kulinarischen Enzyklopädie „Larousse Gastronomique", ist der Ursprung im französischen Kloster Cormery zu suchen. Dort sollen bereits im Jahr 791 dem süßen Leben zugetane Mönche die Form des Gebäcks erfunden haben. Geschichtlich belegt ist indes die Tatsache, dass Katharina von Medici bei ihrer Hochzeit mit dem Herzog von Orléans im Jahr 1533 feines Mandelgebäck aus Florenz gereicht bekam. Der Schriftsteller François Rabelais lobte seinerzeit das Rezept über alle Maßen, sodass auch Sonnenkönig Ludwig XIV. bei seinen diversen Hochzeiten in den Genuss der Macarons kam. Das Gebäck gehörte seit Mitte des 17. Jahrhunderts zum Standard-Repertoire der „Officiers de Bouche", der Chefköche in Versailles.

Wo derartiger Glanz vorhanden war, durfte göttliche Nähe nicht fehlen. Der Benediktinerorden von Nancy rühmt sich ebenfalls, den Macarons ewiges Leben eingehaucht zu haben. Da es den Nonnen verboten war, Fleisch zu essen, spezialisierten sie sich auf die Herstellung diverser Backwaren. Seit 1792 zählen die „Macarons der heiligen Schwestern" zur einträglichen Geldquelle mit göttlichem Segen.

2.

3.

4.

Zitronen-TARTE

FÜR 8–10 Personen

ZUBEREITUNGSZEIT: 35 Minuten,
plus 20 Minuten Ruhezeit

BACKZEIT: 20 Minuten

ZUTATEN

Teig
3 EL Wasser
1 EL Zucker
¼ TL Salz
1 EL Pflanzenöl
90 g Butter, gewürfelt, plus etwas mehr zum Einfetten
150 g Mehl

Belag
2 Eier
2 Eigelb
125 ml frisch gepresster Zitronensaft
abgeriebene Schale von 1 Zitrone
100 g Zucker
85 g Butter, gewürfelt

Die Zitrone ist seit mehreren Jahrhunderten im Mittelmeerraum zuhause. Eine der Hochburgen für den Anbau war die Stadt Menton an der französischen Riviera: Seit 1934 wird dort das Zitronenfest groß gefeiert. Allerdings hat die französische Tarte au Citron ihren Ursprung in England, wo aus der frischen, sauren Zitrusfrucht schon vorher eine Torte mit feiner Zitronencreme kreiert wurde.

1. Den Backofen auf 200 °C vorheizen. Für den Teig Wasser, Zucker, Salz, Öl, Butter und Mehl in einer Schüssel mit dem Handrührgerät zu einem glatten Teig verrühren. Den Teig in Frischhaltefolie einschlagen und 20 Minuten im Kühlschrank ruhen lassen.

2. Den Teig auf einer bemehlten Arbeitsfläche mit der Teigrolle 5 mm dünn zu einem Kreis ausrollen. Eine Tarteform mit herausnehmbarem Boden (24 cm Ø) mit Butter einfetten. Die Form mit dem Teig auslegen, den Rand gut andrücken und den überstehenden Teig abschneiden. Den Teig mehrmals mit einer Gabel einstechen und im Ofen 15 Minuten goldbraun backen. Herausnehmen und in der Form abkühlen lassen. Den Ofen nicht ausschalten.

3. Für den Belag Eier und Eigelb schaumig rühren und beiseitestellen. Zitronensaft und -schale, Zucker und Butter in einem Topf bei mittlerer Hitze unter Rühren erhitzen, bis die Butter zerlassen ist. Die Hitze reduzieren, die Eimasse zufügen und unter ständigem Rühren wieder erhitzen, bis die Creme andickt und sich Blasen bilden.

4. Die Zitronencreme durch ein Sieb in die Form gießen und mit der Rückseite einer Gabel gleichmäßig verteilen. Die Tarte weitere 5 Minuten im Ofen backen, herausnehmen und abkühlen lassen. Kalt servieren.

ZIMT-ORANGEN-*Beignets*

4.

FÜR 8 Personen

ZUBEREITUNGSZEIT: 20 Minuten,
plus Zeit zum Aufgehen

BACKZEIT: 5–10 Minuten

ZUTATEN

250 g Mehl
½ Tütchen Trockenbackhefe
1½ EL Feinstzucker
125 ml lauwarme Milch
1 Ei, verquirlt
fein abgeriebene Schale
von 1 kleinen Orange
1 TL Orangenblütenwasser
40 g Butter, zerlassen
Sonnenblumenöl, zum Frittieren
Zimtzucker, zum Bestreuen
Orangenscheiben, zum Dekorieren

Mit Beignets werden in Frankreich verschiedene in Fett gebackene Teigtaschen bezeichnet. Sie können Obst, Fleisch, Gemüse oder sogar gar keine Füllung enthalten. Mit den Orangenscheiben sind sie ein intensives süß-mediterranes Geschmackserlebnis.

1. Das Mehl in eine große Schüssel sieben. Hefe und Zucker untermischen.

2. Milch, Ei, Orangenschale, Orangenblütenwasser und Butter dazugeben und alles zu einem weichen Teig verarbeiten. Dann glatt und geschmeidig kneten.

3. Abgedeckt an einem warmen Ort gehen lassen, bis sich das Teigvolumen verdoppelt hat. Den Teig auf einer leicht bemehlten Arbeitsfläche 1 cm dick ausrollen und in acht Quadrate (7,5 cm × 7,5 cm) schneiden.

4. Reichlich Sonnenblumenöl in einem Topf auf 180–190 °C erhitzen. Die richtige Temperatur ist erreicht, wenn sich an einem ins Öl gehaltenen Holzspieß Blasen bilden. Die Beignets portionsweise in das Öl geben und von beiden Seiten goldbraun frittieren. Mit einem Schaumlöffel herausheben und auf Küchenpapier abtropfen lassen.

5. Die Beignets mit etwas Zimtzucker bestreuen und noch warm mit Orangenscheiben dekoriert servieren.

APRIKOSEN-
MANDEL-
Tarte

Die miteinander verwandten Aprikosen- und Mandelbäume gehören im Süden von Frankreich zum typischen Landschaftsbild. Die seit Langem im gesamten Mittelmeerraum kultivierten Obstbäume liefern die Früchte für diesen süß-aromatischen, nicht allzu saftigen Kuchen. Die Kerne der in warmen Regionen geernteten Aprikosen sind oft so süß, dass damit auch Mandeln ersetzt werden können.

1. Den Backofen auf 190 °C vorheizen. Für den Teig Mehl, Butter und Puderzucker in einer Küchenmaschine zu einem krümeligen Teig verarbeiten. Eigelb und Orangensaft zugeben und weiterrühren, bis ein glatter Teig entsteht.

2. Den Teig auf einer leicht bemehlten Arbeitsfläche zu einem Kreis ausrollen und eine Tarteform mit herausnehmbarem Boden (24 cm Ø) damit auskleiden. Den Boden mehrmals mit einer Gabel einstechen, mit Backpapier bedecken und mit Hülsenfrüchten beschweren. Im Ofen 10 Minuten blindbacken. Herausnehmen und Backpapier sowie Hülsenfrüchte entfernen.

3. Für den Belag Butter, Zucker, Ei, Mandeln, Mehl und Mandelaroma in einer Schüssel mit einem Handrührgerät glatt rühren. Die Mandelmasse auf dem Teigboden verstreichen und die Aprikosen mit der Schnittseite nach oben darauf verteilen.

4. Die Ofentemperatur auf 180 °C reduzieren und die Tarte 35–40 Minuten backen, bis die Mandelcreme fest und goldbraun ist.

5. Aprikosenkonfitüre und Wasser in einem kleinen Topf erhitzen und glatt rühren. Die Tarte damit bestreichen und servieren.

FÜR 6–8 Personen

ZUBEREITUNGSZEIT: 30 Minuten

BACKZEIT: 45–50 Minuten

ZUTATEN

Teig
175 g Mehl, plus etwas mehr zum Bestäuben
100 g kalte Butter
2 EL Puderzucker
1 Eigelb
2 EL Orangensaft

Belag
80 g weiche Butter
80 g Feinstzucker
1 Ei (Größe L), verquirlt
150 g abgezogene gemahlene Mandeln
40 g Mehl
2–3 Tropfen Bittermandelaroma
10–12 Aprikosen, geviertelt
4 EL Aprikosenkonfitüre
1 EL Wasser

Brioche

ERGIBT 1 Laib

ZUBEREITUNGSZEIT: 20 Minuten,
plus 20 Stunden Ruhezeit

BACKZEIT: 35–40 Minuten

ZUTATEN

*350 g Weizenmehl (Type 550),
plus etwas mehr zum Bestäuben*

1 Tütchen Trockenbackhefe

1 EL Feinstzucker

½ TL Salz

2 Eier, verquirlt

*3 EL Milch, mit 1 EL Wasser gemischt,
auf 43 °C erwärmt*

*80 g weiche Butter,
plus etwas mehr zum Einfetten*

*1 Eigelb, mit 1½ TL Milch verquirlt,
zum Glasieren*

Die im Norden von Frankreich gelegene Normandie ist für ihre gute Butter seit dem Mittelalter bekannt. Wahrscheinlich stammen die im 15. Jahrhundert erstmals erwähnten Brioches von dort. Denn für ihren eier- und fettreichen Hefeteig ist die Butterqualität wichtig. Äußere Kennzeichen des Tafelgebäcks sind der geriffelte Kragen und der glatte runde Teigkopf obendrauf. Diese Pariser Form entstand aber erst im 19. Jahrhundert.

1. Den Teig 1 Tag vor dem Servieren ansetzen. Dafür 280 g Mehl, Hefe, Zucker und Salz in einer großen Schüssel mischen. Eine Vertiefung in die Mitte drücken. Eier und Milch hineingeben und alles vermischen. Nach und nach das restliche Mehl einarbeiten, bis ein klebriger Teig entstanden ist. Die Butter zugeben und kneten, bis sie vollständig eingearbeitet ist.

2. Den Teig auf einer bemehlten Arbeitsfläche 5–10 Minuten kneten, bis der Teig glatt und elastisch ist. Eine Schüssel dünn mit Butter ausstreichen. Den Teig zu einer Kugel formen, in der Schüssel wenden und mit Frischhaltefolie abgedeckt an einem warmen Ort gehen lassen, bis sich das Teigvolumen verdoppelt hat (das kann mehrere Stunden in Anspruch nehmen). Den Teig nochmals kurz durchkneten und wieder zu einer Kugel formen. Mit Frischhaltefolie abgedeckt 20 Stunden im Kühlschrank ruhen lassen.

3. Eine Briocheform (1 l Inhalt) großzügig mit Butter einfetten. Den Teig erneut ganz leicht durchkneten. Eine Teigportion von der Größe eines Eies abtrennen und beiseitelegen. Den restlichen Teig zu einer glatten Kugel formen und leicht in die vorbereitete Form drücken. Mit bemehlten Händen eine breite Mulde in die Mitte drücken. Den zurückgelegten Teig zu einem Tropfen formen und mit dem spitzen Ende vorsichtig in die Mulde drücken.

4. Die Brioche sehr dünn mit dem verquirltem Eigelb einstreichen; dabei darauf achten, dass die Eimasse nicht zwischen Teig und Form läuft. Mit einem sauberen Tuch abdecken und gehen lassen, bis der Teig nochmals aufgegangen und locker ist.

5. Inzwischen den Backofen auf 200 °C vorheizen. Die Brioche erneut dünn glasieren. Mit einer in Wasser getauchten Schere die untere Teigkugel rundum in gleichmäßigen Abständen achtmal einschneiden. Im Ofen 35–40 Minuten backen, bis die Brioche goldbraun ist und sich beim Dagegenklopfen hohl anhört. Auf einem Kuchengitter abkühlen lassen.

1.

2.

3.

2.

3.

4.

MOUSSE-AU-CHOCOLAT-
TARTELETTEN

ERGIBT 6 Stück

ZUBEREITUNGSZEIT: 45 Minuten,
plus 30 Minuten Ruhezeit und
2–3 Stunden Kühlzeit

BACKZEIT: 25 Minuten

ZUTATEN

Teig
250 g Mehl, plus etwas mehr zu Bestäuben

1 Prise Salz

50 g Zucker

140 g Butter, plus etwas mehr zum Einfetten

1 Ei

fein abgeriebene Schale von 1 Zitrone

Belag
375 g Sahne

340 g Zartbitterschokolade (75 % Kakaoanteil), in Stücke gebrochen

5 Eigelb

55 g Zucker

2 ½ EL Wasser

Schokolade, zum Verzieren

Mousse au Chocolat ist die beliebteste Nachspeise in Frankreich – hier als Törtchen-Variante. Der feine Schokoladenschaum wird schön cremig, weil beim Aufschlagen reichlich Luft hinein kommt. Sein Geschmack hängt von der Qualität der Schokolade ab. Außerdem benötigen Sie etwas Fingerspitzengefühl bei der Vorbereitung.

1. Den Backofen auf 180 °C vorheizen. Für den Teig alle Zutaten in eine Schüssel geben und zu einem glatten Teig verrühren. Den Teig zu einer Kugel formen, in Frischhaltefolie einschlagen und 30 Minuten im Kühlschrank ruhen lassen.

2. 6 Tartelettförmchen (10 cm Ø) einfetten. Den Teig auf einer leicht bemehlten Arbeitsfläche 5 mm dick ausrollen, dann die vorbereiteten Formen damit auskleiden. Die Ränder fest andrücken und überstehende Teigreste abschneiden. Teigreste gegebenenfalls erneut ausrollen und verwenden. Die Teigböden mehrmals mit einer Gabel einstechen, mit Backpapier belegen und mit Hülsenfrüchten beschweren.

3. Im Ofen auf mittlerer Schiene 15 Minuten backen, dann Backpapier und Hülsenfrüchte entfernen und weitere 10 Minuten goldbraun backen; dabei darauf achten, dass sie nicht verbrennen!

4. Für den Belag die Sahne in einer Schüssel über einem Wasserbad erhitzen, dann die Schokolade zufügen und unter Rühren schmelzen. Vom Wasserbad nehmen und auf Raumtemperatur abkühlen lassen. Eigelb, Zucker und Wasser in einer zweiten Schüssel über dem Wasserbad unter ständigem Rühren mit dem Schneebesen etwa 8–10 Minuten erhitzen, bis die Mischung andickt. Vom Wasserbad nehmen und mit dem Handrührgerät 5–6 Minuten in die Schokoladencreme einrühren.

5. Die Mousse gleichmäßig auf die Tartelettten verteilen und diese 2–3 Stunden in den Kühlschrank stellen, bis die Mousse fest ist. Nach Belieben mit Schokolade verzieren und kühl servieren.

HIMBEER-
Charlotte

FÜR 8–10 Personen

ZUBEREITUNGSZEIT: 40 Minuten,
plus 4 Stunden Kühlzeit

KOCHZEIT: 10 Minuten

ZUTATEN

*800 g frische Himbeeren, plus
etwas mehr zum Dekorieren*
9 Blatt Gelatine
175 g Zucker
*3–4 EL Wasser, plus
etwas mehr zum Einweichen*
*abgeriebene Schale von
½ Zitrone*
25–30 Löffelbiskuits
400 g Schlagsahne

Zum Dekorieren
geschlagene Sahne (nach Belieben)
Puderzucker, zum Bestreuen

Die farbenprächtige Torte hat ihren Namen vermutlich von der 1817 im Alter von nur 21 Jahren im Kindbett verstorbenen englischen Prinzessin Charlotte – der einzigen Tochter von König George IV. Der französische Koch Marie-Antoine Carême hatte für ihn gearbeitet. Einst wurde altbackenes Brot für die Hülle verwendet, Löffelbiskuits dagegen sind ein kongenialer Ersatz. Für die Füllung lässt sich auch anderes Obst verwenden.

1. Die Himbeeren mit einem Pürierstab pürieren und anschließend durch ein Sieb passieren, um die Kerne zu entfernen. Die Gelatineblätter in kaltem Wasser einweichen. Zucker und Wasser in einem kleinen Topf bei geringer Hitze verrühren, bis sich der Zucker aufgelöst hat. Vom Herd nehmen, die ausgedrückten Gelatineblätter zugeben und alles verrühren, bis die Gelatine aufgelöst ist. Dann Himbeerpüree und Zitronenschale unterrühren. Die Creme abgedeckt in den Kühlschrank stellen, bis sie anfängt, fest zu werden.

2. Einen Tortenring (26 cm Ø) auf eine Platte legen. Den Boden und den Ringrand vollständig und dicht mit Löffelbiskuits auslegen.

3. Die Sahne mit dem Handrührgerät steif schlagen und in die Himbeercreme rühren. Die Sahne-Himbeer-Mischung in den Tortenring füllen; dabei darauf achten, dass die Kekse nicht aus ihrer Position gleiten. Die Oberfläche der Charlotte glatt streichen. Die Charlotte mit Frischhaltefolie abdecken und im Kühlschrank 4 Stunden fest werden lassen.

4. Den Tortenring vorsichtig entfernen. Einige Himbeeren auf der Oberfläche verteilen, nach Belieben mit geschlagener Sahne dekorieren und mit Puderzucker bestreut kühl servieren.

1.

2.

3.

3.

2.

3.

5.

SCHOKOLADEN-
Petits-Fours

ERGIBT 18 Stück

ZUBEREITUNGSZEIT: 40 Minuten,
plus 30 Minuten Kühlzeit

BACKZEIT: 25 Minuten

ZUTATEN

Teig
4 Eier
50 g Zucker
80 g Mehl
25 g Kakaopulver
20 g Speisestärke
200 g Kirschkonfitüre
3 El Kirschwasser

Glasur
100 g Schlagsahne
80 g Puderzucker
40 g Butter
150 g Zartbitterschokolade (mind. 75 % Kakaoanteil), in Stücke gebrochen
18 Sauerkirschen oder Belegkirschen, zum Dekorieren

Petits Fours gibt es in unzähligen Varianten. Es bedeutet wörtlich „kleiner Ofen", denn einst nutzten die Bäcker nach einer Tagesproduktion die Resthitze der mit Holz oder Kohle geheizten Öfen für das Herstellen dieses französischen Feingebäcks. Petits Fours werden aus Biskuitteig ausgeschnitten, mit Creme oder Fruchtmasse gefüllt, mit Schokolade oder Zuckerguss glasiert und kunstvoll verziert.

1. Den Backofen auf 180 °C vorheizen. Ein Backblech (20 cm × 30 cm) mit Backpapier auslegen. Eier und Zucker in einer großen Schüssel mit einem Handrührgerät schaumig rühren. In einer anderen Schüssel Mehl, Kakaopulver und Speisestärke vermischen und die Mischung unter die Eimasse heben.

2. Den Teig gleichmäßig auf dem Blech verteilen und 20 Minuten im Ofen backen. Aus dem Ofen nehmen, ein sauberes Küchentuch darüberlegen, das Blech umdrehen und den Kuchen auf das Tuch stürzen. Das Backblech entfernen und das Backpapier vorsichtig abziehen.

3. Die Konfitüre in einem kleinen Topf erhitzen und das Kirschwasser einrühren. Den Kuchen halbieren und die warme Konfitüre auf einer Hälfte verstreichen. Die die andere Hälfte auflegen. Den Kuchen 30 Minuten im Kühlschrank durchziehen lassen.

4. Für die Glasur Sahne und Puderzucker in einem Topf mischen und erhitzen. Zunächst die Butter einrühren, dann die Schokoladenstücke nach und nach zugeben und einrühren, bis sie vollständig aufgelöst sind. Vom Herd nehmen und abkühlen lassen, bis die Masse andickt.

5. In der Zwischenzeit den abgekühlten Kuchen in 18 gleich große Stücke schneiden. Die Petit Fours mit der Glasur bestreichen mit einer Sauerkirsche dekorieren.

ZITRONEN-MOHN-
Madeleines

ERGIBT 36 Stück

ZUBEREITUNGSZEIT: 20 Minuten

BACKZEIT: 10 Minuten

ZUTATEN

Öl, zum Einfetten
3 Eier
1 Eigelb
fein abgeriebene Schale von 1 Zitrone
140 g Rohrzucker
140 g Mehl (Type 405)
1 TL Backpulver
140 g Butter, zerlassen und abgekühlt
1 EL Mohnsaat

Die Madeleine ist ein Kleingebäck, das um 1750 in den Küchen des polnischen Aristokraten Stanislas Leszczynski entstand. Nach seinem Tod ließ sich einer seiner Konditoren in der Stadt Commercy in Lothringen nieder und bot öffentlich Madeleines an. Im 19. Jahrhundert entstanden dort mehrere „Madeleine-Fabriken", wobei das Gebäck erst seit 1939 industriell hergestellt wird. Verkauft wurde es einst auf Bahnsteigen vor allem an Reisende.

1. Den Backofen auf 190 °C vorheizen und drei 12er-Madeleine-Formen leicht einfetten.

2. Eier, Eigelb, Zitronenschale und Zucker in einer großen Schüssel cremig rühren.

3. Mehl und Backpulver über die Eimasse sieben und mithilfe eines Metalllöffels kurz unterheben. Dann Butter und Mohn unterziehen.

4. Den Teig in die Formen füllen und im vorgeheizten Ofen etwa 10 Minuten backen, bis die Madeleines schön aufgegangen sind.

5. Die Madeleines aus den Formen lösen und auf einem Kuchengitter auskühlen lassen. Sie schmecken frisch am besten.

1.

2.

3.

4.

1.

3.

4.

Fruchtige
Sommer-Tarteletten

ERGIBT 12 Stück

ZUBEREITUNGSZEIT: 30 Minuten,
plus 30 Minuten Ruhezeit

BACKZEIT: 12–18 Minuten

Die Kombination von frischem Obst und einer Frischkäsecreme auf einem neutralen, leicht bröseligen Mürbeteigboden ist als Sommer-Dessert unschlagbar. Doch es sind auch unzählige Varianten möglich. So bieten die französischen Konditoreien die Tartletten auch mit Zitronen-, Flan- oder Schokoladenfüllung an.

1. Mehl und Puderzucker in eine große Schüssel sieben. Die Mandeln untermischen. Die Butter dazugeben und alles mit den Händen zu feinen Krümeln zerreiben. Eigelb und Milch einarbeiten, bis ein glatter Teig entstanden ist. Den Teig in Frischhaltefolie einschlagen und 30 Minuten im Kühlschrank ruhen lassen. In der Zwischenzeit den Backofen auf 200 °C vorheizen.

2. Den Teig auf einer leicht bemehlten Arbeitsfläche ausrollen und 12 tiefe Tarteletenförmchen (7,5 cm Ø) damit auskleiden. Die Teigböden mehrmals mit einer Gabel einstechen und mit Alufolie auskleiden.

3. Im vorgeheizten Ofen 10–15 Minuten backen, bis die Törtchen goldbraun sind. Die Alufolie entfernen und die Tarteletten weitere 2–3 Minuten backen. Auf einem Kuchengitter auskühlen lassen.

4. Für die Füllung den Frischkäse in einer Schüssel glatt rühren und nach Geschmack mit Puderzucker süßen. Je etwa 1 Esslöffel Frischkäsemischung auf den Teigböden verstreichen und die Beeren darauf verteilen.

5. Die Tarteletten mit Puderzucker bestäuben und servieren.

ZUTATEN

Teig
200 g Mehl,
plus etwas mehr zum Bestäuben

80 g Puderzucker

50 g gemahlene Mandeln

120 g Butter

1 Eigelb

1 EL Milch

Füllung
225 g Frischkäse

Puderzucker, gesiebt, zum Süßen und Bestäuben

350 g frische Sommerbeeren,
z. B. geviertelte Erdbeeren, Himbeeren und Blaubeeren

3.

5.

7.

Fraisier

ERDBEER-CREMEKUCHEN

Fraise ist das französische Wort für Erdbeere – und Fraisier der Name eines Kuchens aus Rührteig mit Erdbeeren und Cremefüllung. Die erste Erdbeerpflanze brachte der französische Marineoffizier und Botaniker Amédée-François Frézier um 1714 nach Europa. Er hatte sie an der chilenischen Westküste entdeckt.

1. Den Backofen auf 180 °C vorheizen. Eine Kastenform (20 cm Länge) einfetten. Butter, Zucker und Vanillearoma in einer Schüssel mit einem Handrührgerät schaumig rühren. Die Eier nach und nach einrühren.

2. In einer anderen Schüssel Mehl, Backpulver und Salz vermengen. Butter-Ei-Mischung und Milch abwechselnd zugeben und einrühren.

3. Den Teig in die Form füllen und im Ofen auf mittlerer Schiene 40 Minuten backen, bis ein in die Mitte gestochener Holzspieß sauber herauskommt.

4. Den Kuchen auf ein Kuchengitter stürzen und abkühlen lassen. Die Form mit Backpapier auslegen. Den Kuchen waagerecht halbieren und eine Hälfte in die Form legen.

5. Für die Creme Butter, Zucker und Vanillearoma in einer Schüssel mit einem Handrührgerät cremig rühren. Die Hälfte der Buttercreme auf die Kuchenhälfte in der Form geben, die Erdbeeren aufrecht darauf verteilen und leicht in die Creme drücken. Dann die zweite Hälfte der Creme darübergeben und die zweite Teighälfte aufsetzen und vorsichtig andrücken.

6. Die Arbeitsfläche mit Puderzucker bestäuben. Das Marzipan zu einem Rechteck ausrollen. Den Kuchen aus der Form stürzen, das Backpapier abziehen und das Marzipan sorgfältig um den Kuchen herumlegen.

7. Die überstehenden Seiten abschneiden. Den Fraisier vor dem Servieren 1 Stunde im Kühlschrank fest werden lassen und kalt servieren.

FÜR 8 Personen

ZUBEREITUNGSZEIT: 40 Minuten, plus 1 Stunde Kühlzeit

BACKZEIT: 40 Minuten

ZUTATEN

Teig

125 g weiche Butter, plus etwas mehr zum Einfetten

250 g Feinstzucker

5 Tropfen Vanillearoma (oder ausgeschabtes Mark von 1 Vanillestange)

2 Eier

375 g Mehl

2 TL Backpulver

1 Prise Salz

180 ml Milch

375 g frische Erdbeeren, entstielt

Puderzucker, zum Bestäuben

100 g Marzipanrohmasse

Buttercreme

250 g weiche Butter

250 g Puderzucker

5 Tropfen Vanillearoma

Baguette

DAS PARISER BROT

Redet man über Frankreich, hat jeder sofort Bilder im Kopf. Natürlich Paris und den Eiffelturm. Sicher das Glas Rotwein und den obligatorischen Käse dazu. Vielleicht fährt auch das eine oder andere automobile Relikt durch die Windungen der eigenen Erinnerung. Damals, als wir noch Träume hatten. Unser erstes Auto, eine „Ente". Vielleicht war es auch der rostige Renault, der im ersten gemeinsamen Urlaub an der Côte aus dem letzten Loch pfiff. Aber schön war's doch. Küche und Weine werden zu Recht hoch gelobt. Französische Kultur, Literatur, Kunst und Architektur – sie alle sind längst auf Sockel gehobene Ikonen, die alle gängigen Klischees bedienen. Die Franzosen halten ihren Lebensstil für den besten und ihr Land für das zivilisierteste überhaupt. Millionen von Frankreich-Liebhabern würden dies sofort unterschreiben. Nur das Baguette, eine der größten aller französischen Erfindungen, ist nicht einmal dem „Larousse Gastronomique", einem Standardwerk der gastrosophischen Welt, eine Zeile wert. Von der Geschichte ganz zu schweigen. Ein unehelicher Ableger eines derben, runden Brotes. Erfunden Mitte des 18. Jahrhunderts, als der Pariser Adel sich über die Hungersnot der eigenen Bevölkerung hinwegsetzte und sich immer dekadenteren Gaumenfreuden hingab. Das schlanke, zarte Brot aus Weizen war für den noblen Gaumen gerade recht, weil es ihn nicht mit Derbheit verletzte. Wann der vermeintliche Abstieg des Baguettes von der luxuriösen Gourmandise zum Grundnahrungsmittel für jedermann begonnen hat, lässt sich nicht so genau sagen. Wahrscheinlich Ende des 19. Jahrhunderts haben sich Mythos und Realität wohl vereint. Der weltweite Siegeszug war nicht mehr aufzuhalten.

Gänseleber aus der Gascogne, Trüffel aus dem Périgord, Schinken aus Bayonne. Oder auch Meersalz vom Atlantik, Austern aus der Normandie, Weinbergschnecken aus der Bourgogne – die Liste der regionalen französischen Gaumenfreuden ließe sich beliebig verlängern. Doch woher stammt eigentlich das Baguette, wo befindet sich die genaue Heimat des national-kulinarischsten Heiligtums, das das Hexagon kennt? Ein schlichtes Brot, das das Kunststück vollbrachte, sowohl als Blaupause allen Fast Foods als auch als unverzichtbarer Begleiter des kultivierten Speisens zu gelten. Ein schlichtes Brot, das längst den Status einer Ikone erreicht hat und in einem Atemzug mit dem Eiffelturm, der Concorde und dem Citroen DS genannt wird? Während bei den drei Letztgenannten Technik und Mythos zu einer Einheit verschmolzen, ist das Baguette zweifellos der Minimalist unter den französischen Ikonen, die ansonsten längst ihren Lebensabend in Museen oder als Touristenattraktion fristen müssen.

Jedes Jahr im Februar findet in Paris die „Weltmeisterschaft im Baguette-Backen" statt. Über 250 Bäcker aus aller Welt versuchen, die Krone der französischen Backkunst zu erlangen. Das Ergebnis ist eigentlich immer dasselbe: Es sind traditionelle Baguettes, 72 Zentimeter lang und 200 Gramm schwer.

Dagegen ist das Baguette nach wie vor in aller Munde, gebacken aus einem Minimum an Bestandteilen, Energie und Aktivität. Eine Vereinfachung, die brotgewordene Rückbesinnung aufs Wesentliche, das Essenzielle. Das Baguette ist in seinem Status deshalb unantastbar, da es ebenso rein wie ursprünglich geblieben ist. Baguette ist unverfälscht, unvermischt, einfach puristisch. Dekorative Elemente sucht man – im Gegensatz zu den oben genannten Hauptdarstellern – vergeblich. Baguette ist überall, weil es sich im Alltag unentbehrlich gemacht hat. Niemand wagt es, ihm seinen regionalen Stempel aufzudrücken. Ein Baguette aus Paris ist ebenso ein Original wie sein Pendant aus Nizza, Bordeaux oder Lyon. Selbst seine ausländischen Geschwister sind durchaus standesgemäß, wahrscheinlich, weil sie dieselbe Bezeichnung tragen – ob auf Polnisch (bagetka), Italienisch (baguette), Deutsch (Baguette) oder Portugiesisch (baguete) – immer passt sich die Sprache dem Brot an.

Als das Baguette vor rund 300 Jahren seinen Siegeszug in den adligen Palais antrat, hatte es die Aufgabe, die Gaumen seiner Genießer zu schonen und sie vor grobem und scharfkantigem Teig zu bewahren. Heute gibt es Fast-Food-Ketten, die das Brot der Bourgeoisie instrumentalisierten und damit die kulinarische Welt auf den Kopf stellten. Und so steht es bis heute und schont – nicht zuletzt durch seinen knusprig-weichen Charakter – schon wieder die Gaumen seiner Konsumenten. Womit sich erneut die Frage stellt, ob das Baguette eine französische oder eine weltweite Spezialität ist? Vielleicht hilft bei der Beantwortung der Frage die Feststellung, dass überall dort die Heimat ist, wo es sich zur „grande catastrophe" auswächst, wenn beim Bäcker oder selbst im Supermarkt kein Baguette mehr zu haben ist.

Porteuse de pain

Baguettes

ERGIBT 4 Stück

ZUBEREITUNGSZEIT: 20 Minuten,
plus 1 Stunde Ruhezeit

BACKZEIT: 20–25 Minuten

ZUTATEN

*500 g Mehl (Type 550),
plus etwas mehr zum Bestäuben*
2 TL Zucker
2 TL Salz
15 g frische Hefe
375 ml lauwarmes Wasser

Das Baguette ist der Weißbrot-Klassiker aus Frankreich. Tatsächlich stammt es aus Wien, wo es Mitte des 19. Jahrhunderts mit dem Aufkommen der ersten Dampföfen entwickelt wurde. Ein klebestarkes Mehl, wenig Hefe und eine kühle Teigführung sorgen für die typischen groben und ungleichmäßigen Poren. Der hohe Anteil an Kruste ist für den kräftigen Geschmack verantwortlich.

1. Mehl, Zucker und Salz in einer Schüssel vermischen und eine Vertiefung in die Mitte drücken. Die Hefe hineinbröckeln, nach und nach das Wasser hineingießen und das Mehl vom Rand einarbeiten, bis ein weicher, klebriger Teig entstanden ist.

2. Den Teig in 4 Stücke teilen, mit Frischhaltefolie abdecken und 30 Minuten gehen lassen.

3. Die Teigstücke auf einer leicht bemehlten Arbeitsfläche durchkneten und jedes Stück zu einer 5 cm dicken Rolle formen.

4. Die Teigrollen auf ein bemehltes Küchentuch legen. Das Tuch in Falten legen, um die Rollen voneinander zu trennen: Die Laibe sollen noch Platz zum Aufgehen haben. Erneut mit Frischhaltefolie abdecken und an einem warmen Ort 30 Minuten gehen lassen.

5. Den Backofen auf 240 °C vorheizen und eine mit Wasser gefüllte ofenfeste Schüssel auf den Boden des Backofens stellen. Ein Backblech mit Backpapier auslegen. Die Baguettes auf das Backblech legen und mit einem scharfen Messer jedes Stück fünfmal diagonal einschneiden.

6. Die Baguettes mit Mehl bestäuben und auf mittlerer Schiene im Ofen 20–25 Minuten goldbraun backen.

1.

3.

4.

Quiche
LORRAINE

FÜR 4–6 Personen

ZUBEREITUNGSZEIT: 35 Minuten,
plus 15 Minuten Kühlzeit

BACKZEIT: 40–45 Minuten

Die klassische Quiche aus Lothringen und dem Elsass wird auch Specktorte genannt. Um 1850 drang das Rezept in das übrige Frankreich vor. Der in einer Tarteform gebackene, herzhafte Kuchen wird warm als Vorspeise oder Hauptgericht verzehrt. Ursprünglich aus Brotteig hergestellt, wird heute ein Mürbeteig verwendet. Zwiebeln, Schinken, Käse, Eier und Sahne gehören auf jeden Fall in die Füllung.

1. Für den Teig das Mehl in eine Schüssel sieben. Die Butter mit den Händen hineinreiben, bis eine feinkrümelige Masse entstanden ist. So viel Wasser einarbeiten, dass ein gebundener Teig entsteht.

2. Den Teig auf einer leicht bemehlten Arbeitsfläche kreisrund ausrollen und eine Quiche- oder Tarteform mit herausnehmbarem Boden (24 cm Ø) damit auslegen. Den Boden mehrmals mit einer Gabel einstechen. Im Kühlschrank 15 Minuten ruhen lassen.

3. Den Backofen auf 200 °C vorheizen. Den Teigboden mit Backpapier belegen und mit Hülsenfrüchten beschweren. Im Ofen 10 Minuten blindbacken. Backpapier und Hülsenfrüchte entfernen und den Teigboden weitere 10 Minuten backen.

4. Für die Füllung die Butter in einer Pfanne zerlassen. Die Zwiebel darin 2 Minuten anbraten. Die Pilze zufügen und 2–3 Minuten unter Rühren braten. Den Schinken einrühren und die Mischung auf dem Teigboden verteilen.

5. Eier und Sahne in einem Rührbecher verquirlen und mit Salz und Pfeffer würzen. Über die Füllung gießen und mit dem Käse bestreuen. Im Ofen 20–25 Minuten backen, bis der Käse goldbraun und die Eiermasse fest ist.

ZUTATEN

Teig
*200 g Mehl,
plus etwas mehr zum Bestäuben*
100 g Butter

Füllung
1 EL Butter
1 kleine Zwiebel, fein gehackt
120 g Champignons, in Scheiben
150 g Kochschinken, gewürfelt
2 Eier, verquirlt
200 g Sahne
Salz und Pfeffer
50 g Gruyère, gerieben
2–3 EL kaltes Wasser

FOUGASSE

OLIVEN-KRÄUTER-BROT

ERGIBT 2 Laibe

ZUBEREITUNGSZEIT: 20–25 Minuten, plus 1 Stunde Ruhezeit

BACKZEIT: 25–30 Minuten

ZUTATEN

350 g Mehl (Type 550), plus etwas mehr zum Bestäuben

50 g Hartweizenmehl (Type 00), plus etwas mehr zum Bestäuben

1 Tütchen Trockenbackhefe

1½ TL Zucker

2 TL Salz

250 ml Wasser, auf 43 °C erwärmt

Olivenöl, zum Einfetten und Bestreichen

100 g schwarze Oliven, entsteint und sehr fein gehackt

4 ½ TL Kräuter der Provence (nach Belieben)

Tapenade oder Olivenöl, zum Servieren

Das Fougasse wird meistens mit der Provence verbunden, das Brot gibt es aber in abgewandelten Varianten auch in anderen Regionen des Landes. Klassisch ist die Ährenform mit Schlitzen und die Zugabe von Oliven und Kräutern – eben typische Zutaten für die Region an der französischen Mittelmeerküste.

1. Beide Mehlsorten, Hefe, Zucker und Salz in einer Schüssel mischen und eine Vertiefung in die Mitte drücken. Nach und nach das Wasser hineingießen und das Mehl vom Rand einarbeiten, bis ein weicher, klebriger Teig entstanden ist (je nach Mehlqualität wird noch etwas mehr Wasser benötigt).

2. Den Teig auf einer leicht bemehlten Arbeitsfläche 5–10 Minuten kneten, bis er glatt und elastisch ist. Zu einer Kugel formen und in einer mit Öl eingefetteten Schüssel wenden. Mit Frischhaltefolie abgedeckt an einem warmen Ort etwa 1 Stunde gehen lassen, bis sich das Teigvolumen verdoppelt hat.

3. Den Backofen auf 230 °C vorheizen. Zwei Backbleche mit Hartweizenmehl bestäuben. Den Teig auf eine leicht bemehlte Arbeitsfläche geben. Oliven und, falls verwendet, Kräuter rasch unterkneten. Den Teig halbieren.

4. Mit einer eingefetteten Teigrolle die Teighälften zu 23–25 cm langen Ovalen ausrollen und auf die Bleche heben. Ein scharfes Messer in Hartweizenmehl tauchen und die Teigfladen der Länge nach so einschneiden, dass sie an den Rändern noch zusammenbleiben. Zu beiden Seiten je drei schräge Schnitte setzen. Die Einschnitte, falls nötig, mit eingeölten Fingern etwas weiten. Den Teig dünn mit Olivenöl bestreichen, die Einschnitte aber aussparen.

5. Die Laibe im Ofen bei 200 °C 25–30 Minuten backen, bis sie goldbraun sind und sich beim Dagegenklopfen hohl anhören. Auf einem Kuchengitter abkühlen lassen. Lauwarm oder kalt servieren. Nach Belieben Tapenade oder Olivenöl dazu reichen.

Knoblauch-Kräuter-Brotschnecken

FÜR 6–8 Personen

ZUBEREITUNGSZEIT: 30 Minuten,
plus 1½ Stunden Ruhezeit

BACKZEIT: 20–25 Minuten

ZUTATEN

*2 EL Öl, plus etwas
mehr zum Einfetten*

*500 g Mehl (Type 550),
plus etwas mehr zum Bestäuben*

1 Tütchen Trockenbackhefe

1½ TL Salz

350 ml lauwarmes Wasser

80 g Butter, zerlassen und abgekühlt

3 Knoblauchzehen, zerdrückt

2 EL frisch gehackte Petersilie

2 EL frisch gehackter Schnittlauch

1 Ei, verquirlt, zum Bestreichen

Meersalzflocken, zum Bestreuen

Knoblauch dient seit dem Altertum als Gewürz, aber auch als Heilmittel.
So benutzten ägyptische Sklaven ihn als Stärkungsmittel sowie um Läuse
zu vertreiben. Die Kulturpflanze gelangte einst aus den asiatischen Steppen
über das Mittelmeer nach Europa und ist seitdem wichtiger Bestandteil der
südfranzösischen Küche. Im vorliegenden Hefegebäck reichen etwas Knoblauch und Kräuter für ein reizvoll-intensives Geschmackserlebnis völlig aus.

1. Ein Backblech einfetten. Mehl, Hefe und Salz in einer Schüssel mischen.
    Das Wasser und die Hälfte des Öls einarbeiten, bis ein weicher, klebriger
    Teig entsteht.

2. Den Teig auf einer leicht bemehlten Arbeitsfläche kneten, bis er glatt ist
    und nicht mehr klebt. Wieder in die Schüssel geben und an einem warmen
    Ort etwa 1 Stunde gehen lassen, bis sich das Teigvolumen verdoppelt hat.

3. Inzwischen den Backofen auf 240 °C vorheizen. Butter, Knoblauch, Kräu-
    ter und restliches Öl in einer Schale verrühren. Den Teig zu einem etwa
    33 cm × 23 cm großen Rechteck ausrollen und gleichmäßig mit der Kräu-
    terbutter bestreichen. Dabei an allen Seiten einen 1 cm breiten Rand lassen.

4. Den Teig von einer längeren Seite her aufrollen und mit der Kante nach
    unten auf das vorbereitete Backblech legen. Dann in 12 Scheiben schneiden
    und diese flach mit etwa 2 cm Abstand auf das Backblech legen.

5. Abgedeckt an einem warmen Ort gehen lassen, bis sich das Teigvolumen
    verdoppelt hat. Die Teigspiralen mit dem Ei bestreichen und mit Salzflocken
    bestreuen. Im Ofen 20–25 Minuten goldbraun backen.

Backkunst
des
Südens

Von Portugal über Spanien, Italien und Griechenland bis in die Türkei – diese Mittelmeerländer haben einiges gemeinsam: viel Sonne, Meer und eine Esskultur, die sich an den reichen Schätzen der Natur bedient. Frische Früchte finden daher genauso wie Nüsse und Oliven Einzug in die Backstuben. Die Backkultur Italiens zum Beispiel schaut auf eine lange Vergangenheit zurück. Die uns heute geläufige Focaccia gehörte schon vor über 2000 Jahren zu den Lieblingsspeisen der in Mittelitalien lebenden Etrusker. Die italienische Backkunst wird noch heute als Handwerk zelebriert und ist nach wie vor innovativ. Kaum jemand weiß, dass die berühmte Ciabatta erst Ende des letzten Jahrhunderts von einem gewissen Arnaldo Cavallari erfunden wurde. Der Siegeszug in die kulinarische Welt war nicht mehr aufzuhalten. Ein italienisches Essen ohne Ciabatta wäre heutzutage kaum noch vorstellbar. Als Gegensatz zu den recht geschmacksneutralen Broten, wie sie im Mittelmeerraum üblich sind, stehen zahlreiche extrem süße Backwaren und Desserts. Panforte di Siena, Baklava und Feigen-Tarteletten sind nur wenige Beispiele für die Möglichkeiten, die sich dank der fruchtbaren Natur jedem Haushalt bieten.

Viele verschiedene Länder, viele verschiedene Kulturen. Die Backtradition zwischen
Portugal und der Türkei unterscheidet sich
stark, auch wenn man in allen Ländern
großen Wert auf Früchte und Gemüse legt.

Spanische

PUDDING-TARTE

FÜR 8 Personen

ZUBEREITUNGSZEIT: 40 Minuten,
plus 40 Minuten Kühlzeit

BACKZEIT: 35–40 Minuten

ZUTATEN

Teig

*280 g Mehl, plus etwas
mehr zum Bestäuben*

2 EL Feinstzucker

*125 g kalte Butter, gewürfelt,
plus etwas mehr zum Einfetten*

2–3 EL Wasser

1 Eigelb

1 EL Zitronensaft

Belag

2 Eier

50 g Feinstzucker

10 Tropfen Vanillearoma

2 TL Speisestärke

200 ml Milch

200 g Schlagsahne

1 Prise frisch geriebene Muskatnuss

*gehackte Mandeln und
frische Himbeeren, zum Dekorieren*

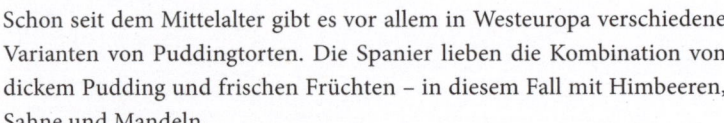

Schon seit dem Mittelalter gibt es vor allem in Westeuropa verschiedene Varianten von Puddingtorten. Die Spanier lieben die Kombination von dickem Pudding und frischen Früchten – in diesem Fall mit Himbeeren, Sahne und Mandeln.

1. Für den Teig das Mehl in eine Schüssel sieben. Den Zucker untermischen und die Butter mit den Händen hineinreiben, bis eine feinkrümelige Masse entstanden ist. Dann nach und nach Wasser, Eigelb und Zitronensaft zufügen und alles zu einem geschmeidigen Teig verarbeiten.

2. Den Teig auf einer leicht bemehlten Arbeitsfläche durchkneten. In Frischhaltefolie einschlagen und 30 Minuten im Kühlschrank ruhen lassen. Eine Tarteform mit herausnehmbarem Boden (24 cm Ø) leicht einfetten.

3. Den Teig erneut kurz durchkneten, dann die Form damit auskleiden, überstehende Teigkanten abschneiden. Erneut in den Kühlschrank stellen und 10 Minuten ruhen lassen. Den Backofen auf 190 °C vorheizen.

4. Den Teigboden mit Backpapier belegen und mit Hülsenfrüchten beschweren. Im vorgeheizten Ofen 10 Minuten blindbacken. Backpapier und Hülsenfrüchte entfernen und weitere 5 Minuten backen. Aus dem Ofen nehmen und die Ofentemperatur auf 150 °C reduzieren.

5. Für den Belag Eier, Zucker und Vanillearoma in einer großen Schüssel verrühren. In einer anderen Schüssel Speisestärke mit etwas Milch glatt rühren. Restliche Milch und die Hälfte der Sahne in einem Topf verrühren und auf geringer Stufe erhitzen (nicht kochen!). Zuerst die Speisestärke, dann die Ei-Zucker-Masse mit einem Schneebesen einrühren und weiterrühren, bis eine glatte Creme entsteht.

6. Die Creme auf den Tortenboden verteilen und mit der Muskatnuss bestreuen. Den Kuchen im Ofen 20–25 Minuten backen, bis der Belag fest ist. Herausnehmen und vollständig auskühlen lassen. Die restliche Sahne leicht steif schlagen und über der abgekühlten Füllung verstreichen. Mit Mandeln und Himbeeren dekorieren und sofort servieren.

3.

3.

5.

6.

1.

2.

3.

4.

Schokoladen-

FILO-GEBÄCK

In der Küche des östlichen Mittelmeerraums ist der Filo- oder Phylloteig weit verbreitet. Mit flüssiger Butter bestrichen, erzielt man mit den hauchdünnen und fast durchscheinenden Teigblättern einen ähnlichen Effekt wie mit Blätterteig. Sie werden sie von sehr geübten Konditoren einzeln hergestellt und einzeln verwendet. Zum Glück gibt es den Teig mittlerweile auch fertig (frisch und eingefroren) zu kaufen.

1. Den Backofen auf 190 °C vorheizen. Ein Backblech einfetten und mit Backpapier auslegen. Für die Füllung Nüsse, Minze und Sahne in einer Schüssel verrühren. Die Äpfel unterziehen, dann die Schokolade gut einarbeiten.

2. Jedes Filoteigblatt in vier Quadrate schneiden. Ein Quadrat mit Butter bestreichen, ein zweites Teigquadrat darauflegen und ebenfalls mit Butter bestreichen.

3. Je 1 Esslöffel Schokoladenfüllung in die Mitte der Teigquadrate geben. Die Ecken zusammenführen und miteinander verdrehen, sodass Beutelchen entstehen.

4. Die Beutelchen auf das vorbereitete Backblech setzen und im vorgeheizten Ofen etwa 10 Minuten knusprig und goldbraun backen. Aus dem Ofen nehmen und etwas abkühlen lassen. Das Gebäck am besten lauwarm und mit Puderzucker bestreut servieren.

ERGIBT 18 Stück

ZUBEREITUNGSZEIT: 15–20 Minuten

BACKZEIT: 10 Minuten

ZUTATEN

50–80 g Butter, zerlassen, plus etwas mehr zum Einfetten

80 g gemahlene Haselnüsse

1 EL fein gehackte frische Minze

125 g saure Sahne

2 Tafeläpfel, geschält und geraspelt

50 g Zartbitterschokolade, geschmolzen

9 Blätter Filoteig (ca. 15 cm × 15 cm)

Puderzucker, zum Bestäuben

2.

2.

3.

Zitronen-Polenta-Kuchen

FÜR 8 Personen

ZUBEREITUNGSZEIT: 20 Minuten,
plus 20 Minuten Kühlzeit

BACKZEIT: 30–35 Minuten

Die aus Maisgrieß hergestellte Polenta war im 17. Jahrhundert ein zwischen Spanien und Südrussland verbreitetes „Arme-Leute-Essen". Der feste Brei aus grob gemahlenem Getreide gehört seitdem vor allem in Italien zur regionalen Kochtradition und gibt Süßspeisen eine angenehm körnige Struktur.

1. Den Backofen auf 180 °C vorheizen. Eine hohe Springform (20 cm Ø) einfetten und Boden sowie Rand mit Backpapier auslegen.

2. Butter und Zucker schaumig rühren. Zitronenschale und -saft, Eier und Mandeln einrühren. Polenta und Backpulver darübersieben und gut einrühren. Die Mischung in die vorbereitete Form füllen und glatt streichen. Im Ofen 30–35 Minuten backen, bis der Kuchen etwas fest und goldbraun ist. Aus dem Ofen nehmen und 20 Minuten in der Form abkühlen lassen.

3. Für die Glasur Zitronensaft, Zucker und Wasser in einen kleinen Topf geben. Sanft erhitzen und rühren, bis der Zucker aufgelöst ist, dann aufkochen und 3–4 Minuten köcheln lassen, bis der Sirup leicht reduziert und dickflüssig ist. Den Kuchen auf ein Kuchengitter setzen und die Oberseite mit der Hälfte des Sirups bestreichen. Vollständig auskühlen lassen.

4. Den Kuchen in Stücke schneiden, mit dem restlichen Sirup beträufeln und mit Crème fraîche servieren.

ZUTATEN

200 g Butter,
plus etwas mehr zum Einfetten
200 g Feinstzucker
fein abgeriebene Schale und Saft von
1 großen Zitrone
3 Eier, verquirlt
150 g gemahlene Mandeln
100 g Instant-Polenta
1 TL Backpulver
Crème fraîche, zum Servieren

Glasur
Saft von 2 Zitronen
50 g Feinstzucker
2 EL Wasser

CRANBERRY-PINIENKERN-
Biscotti

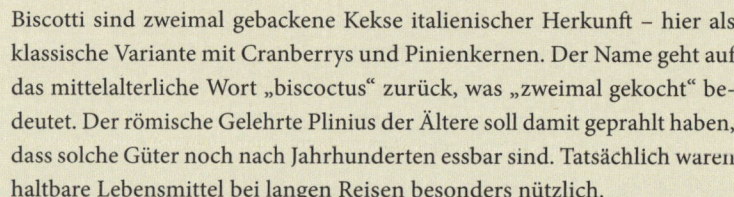

ERGIBT 18–20 Stück

ZUBEREITUNGSZEIT: 15–20
Minuten

BACKZEIT: 30–35 Minuten

ZUTATEN

Butter oder Öl, zum Einfetten
80 g heller Muskovado-Zucker
1 großes Ei
140 g Mehl (Type 405)
½ TL Backpulver
1 TL gemahlener Piment
50 g getrocknete Cranberrys
50 g Pinienkerne, geröstet

Biscotti sind zweimal gebackene Kekse italienischer Herkunft – hier als klassische Variante mit Cranberrys und Pinienkernen. Der Name geht auf das mittelalterliche Wort „biscoctus" zurück, was „zweimal gekocht" bedeutet. Der römische Gelehrte Plinius der Ältere soll damit geprahlt haben, dass solche Güter noch nach Jahrhunderten essbar sind. Tatsächlich waren haltbare Lebensmittel bei langen Reisen besonders nützlich.

1. Den Backofen auf 180 °C vorheizen. Ein Backblech mit Backpapier auslegen und dieses einfetten.

2. Zucker und Ei in einer Schüssel mit einem Handrührgerät cremig rühren.

3. Mehl, Backpulver und Piment über die Eimasse sieben und unterheben.

4. Cranberrys und Pinienkerne unterrühren, bis ein glatter Teig entstanden ist.

5. Mit leicht bemehlten Händen den Teig zu einer etwa 28 cm langen Rolle formen. Die Rolle etwas flach drücken.

6. Auf das Backblech legen und im vorgeheizten Ofen 20–25 Minuten goldbraun backen.

7. Die Rolle etwa 3–4 Minuten abkühlen lassen, dann in 1,5 cm dicke Scheiben schneiden. Diese erneut auf das Backblech legen.

8. Die Biscotti weitere 10 Minuten goldbraun backen, dann auf ein Kuchengitter heben und vollständig erkalten lassen.

2.

5.

6.

7.

1.

2.

3.

Mascarpone-Käsekuchen

FÜR 10 Personen

ZUBEREITUNGSZEIT: 45 Minuten, plus 1 Stunde Ruhezeit und 2 Stunden Kühlzeit

BACKZEIT: 60–70 Minuten

ZUTATEN

Teig
40 g weiche Butter, plus etwas mehr zum Einfetten
160 g Amarettini-Kekse
90 g Zucker
40 g klarer Honig

Belag
300 g Mascarpone
600 g Frischkäse
250 g Zucker
5 Eier
1 Eigelb
100 g Crème fraîche
5 Tropfen Vanillearoma
abgeriebene Schale von 1 Orange

Bereits seit der römischen Antike gibt es mit Quark oder Sauerrahm hergestellten Käsekuchen – und längst gibt es ihn in ganz Europa in vielen Versionen. Bei dieser italienischen Variante prägen Amarettini und Honig den Boden, ein kräftiger Anteil von Mascarpone den Belag: Der milde, aus Sahne hergestellte italienische Frischkäse macht den Kuchen cremiger und sorgt für einen intensiveren Geschmack.

1. Den Backofen auf 160 °C vorheizen. Eine Springform (26 cm Ø) einfetten. Für den Boden Kekse und Zucker in einer Küchenmaschine zu feinen Krümeln zerkleinern. Honig und Butter zugeben und gut einrühren. Den Teig auf dem Boden der Springform verteilen und festdrücken.

2. Für den Belag Mascarpone, Frischkäse und Zucker in einer Schüssel verrühren. Eier und Eigelb zugeben und einrühren. Dann Crème fraîche, Vanillearoma und Orangenschale zufügen und alles verrühren, bis eine geschmeidige Creme entsteht.

3. Die Creme auf dem Teigboden verteilen und glatt streichen. Den Kuchen im Ofen 60–70 Minuten backen, bis er am Rand fest, aber in der Mitte noch weich ist. Im ausgeschalteten Ofen 1 Stunde ruhen lassen, herausnehmen und in der Form abkühlen lassen. Aus der Springform auf eine Platte geben und im Kühlschrank mindestens 2 Stunden kalt stellen. Gekühlt servieren.

Torta Caprese

SCHOKOLADENKUCHEN

ERGIBT 12 Stück

ZUBEREITUNGSZEIT: 20 Minuten,
plus 20 Minuten zum Einweichen

BACKZEIT: 40 Minuten

ZUTATEN

*175 g Butter, gewürfelt, plus
etwas mehr, zum Einfetten*

100 g Rosinen

*fein abgeriebene Schale und Saft von
1 Orange*

*100 g Zartbitterschokolade
(mind. 75 % Kakaoanteil),
in Stücke gebrochen*

4 Eier (Größe L), verquirlt

100 g Feinstzucker

5 Tropfen Vanillearoma

50 g Mehl

50 g gemahlene Mandeln

½ TL Backpulver

1 Prise Salz

*50 g abgezogene Mandeln,
leicht geröstet und gehackt*

gesiebter Puderzucker, zum Bestreuen

Seit mehr als 3000 Jahren nutzen die Einheimischen im heutigen Mexiko den Kakaobaum. 1528 brachten die spanischen Eroberer die Frucht nach Europa. Doch die damit hergestellte Schokolade schmeckte ihnen ungesüßt nicht. Populär wurde sie in Europa erst nach der Zugabe von Honig und Rohrzucker. Feine Schokolade ist die Grundlage für diesen satten Kuchen, der nur mit ein wenig Puderzucker gekrönt wird.

1. Den Backofen auf 180 °C vorheizen. Eine Springform (26 cm Ø) mit Backpapier auslegen und das Papier einfetten.

2. Die Rosinen mit dem Orangensaft in eine kleine Schüssel geben und 20 Minuten ziehen lassen.

3. Butter und Schokolade in einem kleinen Topf bei schwacher Hitze unter Rühren schmelzen. Vom Herd nehmen und abkühlen lassen.

4. Eier, Zucker und Vanillearoma in eine Schüssel geben und mit dem Handrührgerät 3 Minuten leicht und schaumig aufschlagen. Die abgekühlte Schokoladenmischung einrühren.

5. Die Rosinen in einem Sieb abtropfen lassen, wenn sie nicht den ganzen Saft aufgenommen haben. Mehl, gemahlene Mandeln, Backpulver und Salz in die Schokoladenmasse sieben. Rosinen, Orangenschale und gehackte Mandeln zugeben und alles verrühren.

6. In die vorbereitete Form füllen und glatt streichen. 40 Minuten im Ofen backen, bis ein in die Mitte gestochener Holzspieß sauber herauskommt und der Kuchen sich vom Rand der Form zu lösen beginnt. Herausnehmen, 10 Minuten in der Form abkühlen lassen, dann aus der Form lösen und auf einem Kuchengitter vollständig auskühlen lassen. Vor dem Servieren mit Puderzucker bestreuen.

2.

4.

5.

MITTAGS
bei Picasso

Ein Mittagessen. Aber nicht irgendein Mittagessen. Kein Geringerer als Pablo Picasso verharrt
vor seinem leeren Teller mit dem Glas davor und
starrt ins vermeintliche Nichts.

Pablo Picasso genoss jeden Augenblick seines Künstlerlebens. Die überdimensionalen Finger gelten als Symbol seiner Fähigkeiten. Fähigkeiten als Maler und Bildhauer.

Die Stimmung auf dem Foto ist seltsam belanglos, denn nur auf den zweiten Blick verrät das im Jahr 1952 aufgenommene Bild von Robert Doisneau seine eigentliche Botschaft. Kleine Brote, die das wichtigste Werkzeug des Malergenies zu überdimensionalen Händen karikieren. Finger so groß wie die Pfoten eines Monsters, das eine Pause eingelegt hat. Noch dazu weisen sie auf ein Wortspiel hin, das zumindest in der französischen Sprache die Brote und die Hände Picassos auf dieselbe Ebene bringen. Die Brote (pains) und die Hände (mains) als Sinnbild für übermenschliche Gaben bzw. Fähigkeiten. Tatsächlich demonstriert Picasso offensichtlich seine Auszeit vom anstrengenden Künstleralltag an der Côte d'Azur. Was wie eine humorvolle Fingerübung der beiden Künstler aussieht, hat sich in über 60 Jahren zu einem der meistverkauften Fotomotive weltweit entwickelt. Allein in Frankreich und in Spanien, wo Picasso seinen Hauptwohnsitze hatte, wurden von dem Bild mehrere Millionen Poster gedruckt.

Auch wenn es so aussehen mag, dass die Künstler das Brot lediglich aus rein optischen Gründen aussuchten, so spielt diese Brotart im Mittelmeerraum eine entscheidende Rolle. Das typische längliche Brot – wie auch auf dem Foto zu sehen – hat hier eine lange Tradition, die vermutlich bis ins 15. Jahrhundert zurückreicht. Sowohl in Spanien als auch in Frankreich war es üblich, das Brot auf einer mit gemahlenem Anis bestreuten Arbeitsfläche lang auszurollen. Die Verwandtschaft der Brote des Mittelmeerraums lassen sich fast alle vom spätlateinischen Wort „focacia" („gebackener Teig") ableiten, einer Abwandlung des Wortes „focus" („Herd", „Pfanne"). Das italienische Fladenbrot Focaccia, das französische Fouace (oder fouasse) und Fougasse und das spanische Hogaza haben ebenfalls denselben etymologischen Ursprung.

2.

3.

5

6.

6.

Panforte *di Siena*

WEIHNACHTSKUCHEN

FÜR 14 Personen

ZUBEREITUNGSZEIT: 30 Minuten

BACKZEIT: 1 Stunde,
plus 20 Minuten Röstzeit

Der zu Weihnachten beliebte Gewürzkuchen Panforte aus der toskanischen Stadt Siena, ist mit mittelalterlichen Rezepten wie Lebkuchen verwandt. Entwickelt hat er sich aus einer Art Früchtebrot, die nahrhafte und haltbare Speise für den Winter war. Später wurde das Rezept mit Gewürzen verfeinert, die unter anderem in Siena gehandelt wurden.

1. Den Backofen auf 180 °C vorheizen. Boden und Rand einer Springform (20 cm Ø) mit Backpapier auskleiden.

2. Die Haselnüsse auf ein Backblech geben und 10 Minuten im Ofen rösten. Dann in ein sauberes Tuch schlagen und vorsichtig reiben, um die Schalen zu lösen.

3. In der Zwischenzeit die Mandeln auf das Backblech geben und unter ständiger Beobachtung 10 Minuten im Ofen rösten (Mandeln verbrennen schnell).

4. Die Ofentemperatur auf 150 °C reduzieren. Haselnüsse und Mandeln hacken und mit Orangeat, Zitronat, Aprikosen, Ananas und Orangenschale in einer großen Schüssel sorgfältig mischen.

5. Mehl, Kakaopulver und die Gewürze darübersieben. Alles sorgfältig vermengen.

6. Zucker und Honig in einem kleinen Topf bei geringer Hitze unter Rühren schmelzen. Aufkochen und 5 Minuten andicken lassen, bis die Mischung karamellisiert. Den Topf vom Herd nehmen und die Nuss-Frucht-Mischung in den Honig rühren.

7. Die Masse in die vorbereitete Form füllen und die Oberfläche glatt streichen. Den Kuchen 1 Stunde im Ofen backen. Dann auf einem Kuchengitter in der Form erkalten lassen. Aus der Form lösen und das Backpapier entfernen. Vor dem Servieren mit Puderzucker bestäuben und in schmale Stücke schneiden.

ZUTATEN

130 g Haselnüsse
130 g Mandeln
je 50 g gewürfeltes Orangeat und Zitronat
70 g getrocknete Aprikosen, gehackt
70 g kandierte Ananas, gehackt
abgeriebene Schale von 1 Orange
75 g Mehl
2 EL Kakaopulver
1 TL Zimt
¼ TL gemahlener Koriander
¼ TL frisch geriebene Muskatnuss
¼ TL gemahlene Gewürznelke
125 g Feinstzucker
250 g Honig
Puderzucker, zum Bestäuben

Cantuccini

ERGIBT 25–30 Stück

ZUBEREITUNGSZEIT: 20 Minuten

BACKZEIT: 20 Minuten

ZUTATEN

Butter, zum Einfetten

500 g Mehl, plus etwas mehr zum Bestäuben

3 TL Backpulver

500 g Feinstzucker

1 Prise Salz

3 Eier

2 Eigelb

300 g geröstete Mandeln

Cantuccini sind ein Mandelgebäck aus der Toskana. Sie werden doppelt gebacken: zuerst als Brotlaibe und dann in Scheiben geschnitten. Dadurch werden sie besonders mürbe und lange haltbar. Nicht nur in Italien werden die eher festen Cantuccini gerne auch in einen Kaffee oder in einen Dessertwein eingetaucht und genossen.

1. Den Backofen auf 160 °C vorheizen. Ein Backblech einfetten und mit Backpapier auslegen. Mehl, Backpulver, Zucker und Salz in einer Rührschüssel vermischen und in die Mitte eine Vertiefung drücken. 2 Eier und Eigelb in die Mulde geben und die Mehlmischung vom Rand her mit einem Rührlöffel einarbeiten. Die Mandeln zugeben und alles mit den Händen verkneten.

2. Den Teig auf einer bemehlten Arbeitsfläche in zwei oder drei gleich große Stücke teilen und jedes zu einem etwa 5 cm hohen Brotlaib formen. Die Brotlaibe auf das Backblech legen. Das restliche Ei verquirlen und die Brotlaibe damit bestreichen. Die Laibe im Ofen 15 Minuten backen.

3. Die Brotlaibe aus dem Ofen nehmen (diesen nicht ausschalten) und etwas abkühlen lassen. Mit einem Messer in 2 cm dicke Scheiben schneiden, diese auf das Backblech legen und weitere 5 Minuten goldbraun backen. Aus dem Ofen nehmen und abkühlen lassen. Mit Kaffee oder Vin Santo servieren.

1.

2.

3.

2.

3.

3.

Sifnos-Pita

KÄSEKUCHEN

Der Sifnos-Pita ist die griechische Variante eines Käsekuchens mit Honig und etwas kräftigerem Käse. Traditionell wird dafür ein weicher, ungesalzener Schafs- oder Ziegenkäse verwendet – der lässt sich aber gut durch den italienischen Ricotta ersetzen. Das Rezept soll von der Kykladen-Insel Sifnos stammen und der Kuchen wird traditionell zu Ostern gebacken.

1. Den Backofen auf 180 °C vorheizen. Eine geriffelte, rechteckige Auflaufform (30 cm × 20 cm) leicht einfetten. Für den Teig das Mehl in eine Schüssel sieben. Die Butter mit den Händen hineinreiben, bis eine feinkrümelige Masse entstanden ist. Nach und nach das Wasser einarbeiten, bis ein gebundener Teig entsteht. Den Teig zu einer Kugel formen, in Frischhaltefolie einschlagen und 30 Minuten im Kühlschrank ruhen lassen.

2. Den Teig auf einer leicht bemehlten Arbeitsfläche ausrollen und die vorbereitete Form damit auskleiden, die Teigkanten abschneiden. Den Boden im Ofen 10 Minuten backen, herausnehmen und in der Form auskühlen lassen. Die Ofentemperatur auf 190 °C erhöhen.

3. Für den Belag Eier, Ricotta, Zimt und Honig in einer Schüssel glatt rühren. Die Creme auf dem Teigboden verteilen und glatt streichen. Den Kuchen im Ofen 30 Minuten backen, bis er fest und goldbraun ist. Herausnehmen und noch warm mit Zimt bestreuen und nach Belieben mit Honig beträufeln. Auskühlen lassen und mit Orangenscheiben, Orangen- und Zitronenschale sowie Minzeblätter garnieren.

FÜR 6–8 Personen

ZUBEREITUNGSZEIT: 25 Minuten, plus 30 Minuten Ruhezeit

BACKZEIT: 40–45 Minuten

ZUTATEN

250 g weiche Butter, plus etwas mehr zum Einfetten

290 g Mehl, plus etwas mehr zum Bestäuben

½ TL Salz

3–4 EL Wasser

4 Eier

450 g Ricotta

1 TL Zimt, plus etwas mehr zum Bestreuen

1 EL flüssiger Honig, nach Belieben

Zum Dekorieren

Orangenscheiben

abgeriebene Orangen- und Zitronenschale

frische Minzeblätter

Feigen-TARTELETTEN

FÜR 4 Personen

ZUBEREITUNGSZEIT: 10–15 Minuten

BACKZEIT: 15–20 Minuten

ZUTATEN

250 g fertiger Blätterteig
Mehl, zum Bestäuben
8 frische, vollreife Feigen
1 EL Feinstzucker
½ TL Zimt
Milch, zum Bestreichen
Vanilleeiscreme, zum Servieren

Die seit der Antike im gesamten Mittelmeerraum kultivierte Feige zählt zu den ältesten domestizierten Nutzpflanzen. Die meisten Feigen werden traditionell getrocknet verkauft – Gebäck mit frischen Feigen dagegen erinnert an den vorigen Sommer. Achten Sie beim Einkauf auf die richtige Konsistenz: Reife Früchte sollten weich, aber nicht matschig sein.

1. Den Backofen auf 190 °C vorheizen. Den Blätterteig auf einer leicht bemehlten Arbeitsfläche 5 mm dick ausrollen.

2. 4 Kreise (15 cm Ø) aus dem Teig schneiden und auf ein mit Mehl bestäubtes Backblech legen.

3. Mit einem spitzen Messer einen 1 cm breiten Rand in die Teigkreise einziehen. Die Teigmitte mehrmals mit einer Gabel einstechen.

4. Die Feigen vierteln und die Teigkreise mit je 8 Feigenvierteln belegen.

5. Zucker und Zimt mischen und die Feigen damit bestreuen.

6. Die Teigränder mit Milch bestreichen und die Törtchen etwa 15–20 Minuten im Ofen goldbraun backen. Die Feigen-Tarteletten warm mit einer Kugel Vanilleeiscreme dekoriert servieren.

1.

2.

3.

4.

5.

Baklava

NUSS-HONIG-GEBÄCK

ERGIBT 30 Stück

ZUBEREITUNGSZEIT: 45 Minuten, plus Ruhezeit

BACKZEIT: 25–30 Minuten

ZUTATEN

400 g fein gehackte gemischte Nüsse, wie Walnüsse, Mandeln, Pistazien
450 g fertiger Filoteig
175 g zerlassene Butter
2 EL Feinstzucker
1 TL Zimt

Sirup

325 g Feinstzucker
300 ml Wasser
1 EL Zitronensaft
3 EL flüssiger Honig
2 kleine Zimtstangen

Baklava ist in den Küchen des Balkans und des Nahen Ostens beliebt: ein reiches, süßes Gebäck aus Filoteig oder Filoteig, mit Nüssen gefüllt und mit Sirup oder Honig gesüßt. Es wird besonders gern zu Festtagen serviert.

1. Den Backofen auf 180 °C vorheizen. Ein Backblech mit Backpapier auslegen. Die Nüsse auf dem Blech verteilen und im Ofen 5–10 Minuten rösten. Den Backofen nicht ausschalten.

2. Eine quadratische Backform (24 cm × 24 cm) mit einer passenden Schicht Filoteig auslegen und mit etwas Butter bestreichen. Eine weitere Schicht Filoteig auflegen und mit Butter bestreichen. Den restlichen Filoteig ebenfalls mit Butter bestreichen und mit einem feuchten Küchentuch abdecken, damit die Teigblätter nicht austrocknen.

3. Nüsse, Zucker und Zimt vermischen. Ein Drittel der Nussmischung auf dem Teig in der Backform verteilen und mit 2–3 gebutterten Teigschichten bedecken. Dann die Hälfte der restlichen Nussmischung auftragen und wieder mit 2–3 Schichten gebuttertem Filoteig bedecken. Die restliche Nussmischung über den Teig geben und mit 5–7 Schichten gebuttertem Filoteig abdecken, dabei die überhängenden Kanten einfalten. Die Baklava mit einem scharfen Messer in Rauten schneiden und darauf achten, dass durch alle Schichten geschnitten wird. Anschließend im vorgeheizten Backofen 25–30 Minuten goldbraun backen.

4. In der Zwischenzeit für den Sirup Zucker und Wasser in einen Topf bei mittlerer Hitze verrühren, bis der Zucker aufgelöst ist. Kurz aufkochen lassen, dann Zitronensaft und Honig einrühren und die Zimtstangen zufügen. Die Hitze reduzieren und den Sirup 10 Minuten köcheln. Vom Herd nehmen, die Zimtstangen entfernen und abkühlen lassen.

5. Die Baklava aus dem Ofen nehmen und sofort mit dem Sirup übergießen. Auskühlen und ruhen lassen, bis der Teig den Sirup vollständig aufgenommen hat. Der Geschmack der Baklava entfaltet sich am besten nach 1–2 Tagen.

1.

3.

3.

3.

4.

4.

DATTEL-PISTAZIEN-
Honig-Schnitten

ERGIBT 12 Stück

ZUBEREITUNGSZEIT: 30 Minuten

BACKZEIT: 20–25 Minuten

ZUTATEN

Füllung
250 g Datteln, entsteint und gehackt
2 EL Zitronensaft
2 EL Wasser
80 g Pistazienkerne, grob gehackt
2 EL flüssiger Honig
Milch, zum Bestreichen

Teig
225 g Mehl,
plus etwas mehr zum Bestäuben
25 g Rohrzucker
150 g Butter
4–5 EL kaltes Wasser

Die fleischigen Früchte der Dattelpalme sind wegen ihres hohen Zucker-gehaltes lange haltbar und liefern relativ zu ihrer Größe viel Energie – das ideale Nahrungsmittel für lange Reisen. In der Tat wird die Dattel seit Jahrhunderten im arabischen Raum für Reisen durch die Wüste als Pro-viant eingepackt. Zusammen mit den kernigen Pistazien und dem Honig ergeben sich aber auch in der zivilisierten Welt äußerst leckere Schnitten.

1. Für die Füllung Datteln, Zitronensaft und Wasser in einen Topf geben und unter Rühren aufkochen. Den Topf vom Herd nehmen. Pistazien und 1 Esslöffel Honig unterrühren. Abgedeckt erkalten lassen.

2. Den Backofen auf 200 °C vorheizen. Ein Backblech mit Backpapier auslegen. Für den Teig Mehl, Zucker und Butter in der Küchenmaschine zu einem krümeligen Teig verarbeiten. Gerade so viel kaltes Wasser einarbeiten, dass ein glatter Teig entsteht.

3. Den Teig auf einer bemehlten Arbeitsfläche zu zwei Rechtecken (30 cm × 20 cm) ausrollen. Eine Teigplatte auf das Blech geben. Die Dattelmasse darauf ver-streichen, dabei rundum einen 1 cm breiten Rand lassen. Mit der zweiten Teigplatte bedecken.

4. Die Teigränder zusammendrücken und begradigen. Mit einem Messer 12 Streifen auf dem Teigdeckel markieren. Mit Milch bestreichen. Im vorgeheizten Ofen 20–25 Minuten goldbraun backen. Mit dem restlichen Honig bestreichen und auf einem Kuchengitter auskühlen lassen, dann an den markierten Linien in Streifen schneiden.

Ciabatta

ERGIBT 2 Laibe

ZUBEREITUNGSZEIT: 25 Minuten,
plus 2 Stunden Ruhezeit

BACKZEIT: 35 Minuten

ZUTATEN

Butter, zum Einfetten
175 ml lauwarmes Wasser
1½ TL Trockenbackhefe
575 g Mehl, plus etwas
mehr zum Bestäuben
2½ EL Olivenöl
¾ TL Salz

Außen kross, innen herrlich luftig und ein leichter Geschmack von Olivenöl: Das ist Ciabatta. Eine lange Teigruhe sorgt bei dem Brot für das typische Aroma, eine schonende Aufarbeitung für die großen Poren. Schon jetzt ist die italienische Brotsorte ein Klassiker. Dabei ist sie noch jung: Erst 1982 stellte Arnaldo Cavallari sie im venetischen Rovigo erstmals her.

1. Ein Backblech einfetten. Das Wasser in eine große Schüssel geben und die Hefe darin auflösen. 125 g Mehl einrühren und den Vorteig 30 Minuten ruhen lassen. Das restliche Mehl in eine große Schüssel sieben und in die Mitte eine Vertiefung drücken. Hefemischung und Öl in die Vertiefung geben.

2. Mit den Händen vom Rand her das Mehl einarbeiten und alles etwa 2 Minuten zu einem geschmeidigen Teig vermengen. Mit einem feuchten Küchentuch abdecken und mindestens 1 Stunde gehen lassen, bis sich das Teigvolumen verdoppelt hat.

3. Das Salz zufügen und den Teig erneut 7–8 Minuten durchkneten.

4. Den Teig auf einer bemehlten Arbeitsfläche in gleich große Stücke teilen und zu zwei Brotlaiben formen. Die Laibe auf das Backblech legen und erneut 30 Minuten bei Raumtemperatur gehen lassen.

5. Den Backofen auf 230 °C vorheizen. Die Brote im Ofen 35 Minuten backen, bis sie goldbraun sind und es hohl klingt, wenn man gegen die Unterseite klopft. Auf einem Kuchengitter abkühlen lassen.

2.

3.

5.

1.

2.

3.

TOMATEN-
Focaccia

Die mit Hefeteig gebackene Focaccia ist eine Spezialität aus dem oberitalienischen Ligurien und wird nach Belieben mit etwas Olivenöl bestrichen und mit Kräutern und anderen Zutaten belegt. Die Ursprünge gehen bis auf die Etrusker zurück. Das Fladenbrot soll ein Vorläufer der Pizza sein und wird nicht als Beilage, sondern eher als Zwischenmahlzeit verspeist.

1. 2 Esslöffel Öl mit dem Knoblauch verrühren und beiseitestellen. Mehl, Hefe, Speisesalz und Zucker in einer großen Schüssel mischen. Restliches Öl und Wasser zugeben und alles zu einem Teig verarbeiten. Den Teig auf einer leicht bemehlten Arbeitsfläche 10 Minuten glatt und elastisch kneten, dann 1 Esslöffel von dem beiseitegestellten Knoblauchöl einarbeiten.

2. Ein Backblech einölen. Den Teig zu einem Rechteck ausrollen und auf das Blech legen. Mit dem restlichen Knoblauchöl bestreichen und mit dem Rosmarin bestreuen. Locker mit Frischhaltefolie abdecken und 1 Stunde an einem warmen Ort auf das doppelte Volumen gehen lassen.

3. Den Backofen auf 230 °C vorheizen. Die Tomaten auf der Focaccia verteilen (so viele wie möglich) und in den Teig drücken. Mit dem Meersalz bestreuen.

4. Die Focaccia in den Ofen schieben und die Temperatur sofort auf 200 °C reduzieren. 25–30 Minuten backen, bis das Brot goldbraun ist und hohl klingt, wenn man gegen die Unterseite klopft. Auf einem Kuchengitter abkühlen lassen. Warm oder kalt servieren.

ERGIBT 1 Laib

ZUBEREITUNGSZEIT: 20 Minuten, plus 1 Stunde Ruhezeit

BACKZEIT: 25–30 Minuten

ZUTATEN

5 EL Olivenöl, plus etwas mehr zum Einölen

2 Knoblauchzehen, zerdrückt

350 g Mehl (Type 550), plus etwas mehr zum Bestäuben

1 Tütchen Trockenbackhefe

2 TL Speisesalz

1 TL Feinstzucker

225 ml lauwarmes Wasser

2 TL fein gehackter frischer Rosmarin

200–225 g Cocktailtomaten

¼ TL grobes Meersalz

Feta & Oliven Brötchen

FÜR 8 Personen

ZUBEREITUNGSZEIT: 12–15
Minuten

BACKZEIT: 12–15 Minuten

ZUTATEN

80 g Butter,
plus etwas mehr zum Einfetten

400 g Mehl,
plus etwas mehr zum Bestäuben

4 TL Backpulver

¼ TL Salz

Pfeffer

40 g entsteinte schwarze Oliven, gehackt

40 g sonnengetrocknete Tomaten in Öl,
abgetropft und gehackt

80 g Feta (Schafskäse), zerkrümelt

200 ml Milch,
plus etwas mehr zum Bestreichen

Butter, zum Servieren

Oliven werden in Griechenland seit Jahrtausenden gegessen, der in einer Salzlage gereifte griechische Schafskäse (Feta) zumindest seit dem Altertum. In Brötchen eingebacken, fehlt dann nur noch ein wenig Butter – und schon ist der herzhafte Genuss fertig.

1. Den Backofen auf 220 °C vorheizen. Ein Backblech einfetten.

2. Mehl, Backpulver, Salz und Pfeffer nach Geschmack in eine Schüssel sieben und die Butter mit den Händen einarbeiten.

3. Oliven, Tomaten und Feta untermischen. Nach und nach die Milch einrühren und weiterrühren, bis ein weicher, geschmeidiger Teig entsteht.

4. Den Teig auf einer bemehlten Arbeitsfläche zu einem 3 cm dicken Rechteck ausrollen. In 6 cm × 6 cm große Quadrate schneiden. Die Teigquadrate auf das Blech setzen, mit Milch bestreichen und im Ofen 12–15 Minuten backen, bis sie goldgelb sind.

5. Die Brötchen ofenfrisch mit Butter servieren.

2.

3.

4.

Pita-Brot

Das weiche Fladenbrot Pita ist im östlichen Mittelmeerraum und im Nahen Osten weit verbreitet. Täglich mehrfach frisch gebacken, dient es als Beilage zu vielen Mahlzeiten. Es besteht aus einem einfachen, leicht gesalzenen Hefeteig mit etwas Fett und wird traditionell ohne Form direkt auf dem Boden eines Steinofens gebacken.

ERGIBT 6–8 Fladen

ZUBEREITUNGSZEIT: 30 Minuten, plus 2 Stunden, 10 Minuten Ruhezeit

BACKZEIT: 10 Minuten

ZUTATEN

1½ TL Trockenbackhefe

300 ml lauwarmes Wasser

450 g Mehl, plus etwas mehr zum Bestäuben

1 TL Salz

1 EL Pflanzenöl, plus etwas mehr zum Einölen

1½ TL Zucker

1. Die Hefe mit dem Wasser in einer großen Schüssel auflösen. Mehl, Salz, Öl und Zucker zugeben und alles zu einem geschmeidigen Teig verarbeiten. Den Teig mit einem feuchten Küchentuch abdecken und mindestens 2 Stunden aufgehen lassen, bis sich das Teigvolumen verdoppelt hat.

2. Den Teig auf eine leicht bemehlte Arbeitsfläche geben und mit den Händen zu einer 2 cm dicken Rolle formen. Die Rolle in 6–8 Scheiben von 1 cm Dicke schneiden. Die Scheiben zu Kugeln formen, diese erneut mit einem feuchten Küchentuch abgedeckt 10 Minuten gehen lassen.

3. Den Backofen auf 240 °C vorheizen. Ein Backblech einölen und mit Mehl bestäuben. Die Kugeln auf einer bemehlten Arbeitsfläche ausrollen und zu 15–20 cm großen Fladen formen.

4. Die Pita-Brote auf das Backblech legen und im Ofen 10 Minuten backen. Aus dem Ofen nehmen und in ein feuchtes Küchentuch einschlagen, um sie frisch zu halten. Die Pita-Brote können einige Tage im Kühlschrank aufbewahrt werden.

1.

2.

3.

Feta & Spinat Börek

In den Balkanländern sind herzhafte, insbesondere mit Schafskäse und Spinat gefüllte Teigtaschen beliebt. In der Türkei werden sie Börek genannt. Je nach Füllung ist es ein Alltags- oder Festessen. Frisch aus dem Ofen schmecken sie besonders lecker. Doch wenn sie einen Tag durchziehen, sind sie würziger und perfekt für eine Party oder ein Picknick.

1. Den Backofen auf 200 °C vorheizen. Ein Backblech einölen.

2. Das Öl in einem Wok oder einer großen Pfanne erhitzen. Die Zwiebeln darin 1–2 Minuten unter Rühren anbraten. Den Spinat zugeben und rühren, bis die Blätter zusammenfallen, und weitere 2–3 Minuten unter gelegentlichem Rühren garen. Die Spinatmischung gründlich abtropfen und etwas abkühlen lassen.

3. Ei, Käse und Muskatnuss unter die Spinatmasse rühren. Mit Pfeffer und Salz würzen.

4. 3 Teigblätter mit Butter bestreichen, mit je 1 Teigblatt bedecken und erneut mit Butter bestreichen. Die Teigblätter längs halbieren, sodass 6 Streifen entstehen. Die Spinatmischung auf die Enden setzen.

5. Eine Ecke über die Füllung schlagen, sodass ein rechtwinkeliges Dreieck entsteht. Die Teigstreifen auf diese Weise bis zum Ende weiter einschlagen. Die dreieckigen Teigtaschen mit der Naht nach unten auf das vorbereitete Backblech legen.

6. Die Teigtaschen mit Butter bestreichen und mit dem Sesam bestreuen. Im vorgeheizten Ofen 12–15 Minuten backen, bis sie goldbraun und knusprig sind. Warm servieren.

ERGIBT 6 Stück

ZUBEREITUNGSZEIT: 25 Minuten

BACKZEIT: 15–20 Minuten

ZUTATEN

2 EL Olivenöl,
plus etwas mehr zum Einölen
1 Bund Frühlingszwiebeln, gehackt
500 g Spinatblätter, grob gehackt
1 Ei, verquirlt
125 g Feta, zerkrümelt
½ TL frisch geriebene Muskatnuss
Salz und Pfeffer
6 Blätter Filoteig
50 g Butter, zerlassen
1 EL Sesamsaat

Die Heimat des traditionellen BACKENS

Wenn es um Brot geht, führt der deutsche Sprachraum die Weltrangliste an. Nirgendwo sonst gibt es so viele Brotsorten wie hier. Der Zentralverband des Deutschen Bäckerhandwerks verzeichnete im letzten Jahr fast 3000 Brotspezialitäten, unter anderem mit so skurrilen Namen wie „Alpenlaib", „Kornkönig" oder „Klosterbruder". Den Deutschen ist Brot und dessen Qualität sehr wichtig. Bei zwei Mahlzeiten am Tag spielt Brot in Deutschland, Österreich und der Schweiz eine wesentliche Rolle. So essen die Menschen hier üblicherweise zum Frühstück ein weißes Brötchen mit Marmelade und am Abend versammelt sich die Familie am Tisch und isst in Scheiben geschnittenes dunkleres Brot, das jeder nach Geschmack mit Wurst, Käse sowie Gurke oder Tomate belegt. Für die Deutschen ist Brot der Inbegriff der Heimat. Und so kommt es nicht selten vor, dass Auswanderer sich nach typisch deutschem Brot sehnen. Aber damit nicht genug: Für jeden Einheimischen gehört es zum normalen Tagesrhythmus, am Nachmittag eine Tasse Kaffee mit einem leckeren Stück Kuchen zu essen. Auch hier begeistern sie mit unterschiedlichsten Gebäcksorten: Von Obstkuchen über Cremetorten bis hin zu Rührkuchen ist alles dabei.

In den vielen Regionen haben sich sehr un-
terschiedliche Brottraditionen entwickelt.
Je weiter südlich man in Deutschland
kommt, desto gängiger sind schwere Torten
und große Brote. Beliebt sind auch lokale
Spezialitäten, wie zum Beispiel Brezeln.

Lebkuchen

ERGIBT 60 Stück

ZUBEREITUNGSZEIT: 30 Minuten

BACKZEIT: 15–20 Minuten

ZUTATEN

3 Eier
200 g brauner Feinstzucker
50 g Mehl
2 TL Kakaopulver
1 TL Zimt
½ TL gemahlener Kardamom
¼ TL gemahlene Gewürznelke
¼ TL frisch geriebene Muskatnuss
175 g gemahlene Mandeln
50 g gemischtes Zitronat und Orangeat, fein gehackt

Glasur

120 g Zartbitterschokolade
120 g weiße Schokolade
brauner Grümmelkandis

Der deutsche Lebkuchen hat sich über einen langen Zeitraum aus anderen Gewürz- oder Honigkuchen entwickelt. Seit dem 14. Jahrhundert ist er etabliert und ein traditionelles Weihnachtsgebäck. Er wird ohne Hefe gebacken, außer Honig gehören orientalische Gewürze unbedingt hinein. Die Gewürze mussten aufwendig importiert werden – deshalb haben vor allem alte Handelsstädte eine lange Lebkuchentradition.

1. Den Backofen auf 180 °C vorheizen. 2 Backbleche mit Backpapier auslegen. Für den Teig Eier und Zucker in einer hitzebeständigen Schüssel über einem Wasserbad cremig rühren. Vom Herd nehmen und den Teig weitere 2 Minuten rühren.

2. Mehl, Kakao, Zimt, Kardamom, Nelke und Muskat in die Schüssel sieben. Mandeln, Zitronat sowie Orangeat zufügen und alles gut vermischen. Den Teig teelöffelweise mit ausreichend Abstand auf den Backblechen verteilen und etwas flach drücken.

3. Die Plätzchen im Ofen 15–20 Minuten hellbraun backen. Die Lebkuchen sollten sich bei Fingerdruck noch etwas weich anfühlen. Herausnehmen, 10 Minuten auf den Blechen abkühlen lassen, dann auf Kuchengittern vollständig auskühlen lassen.

4. Für die Glasur beide Schokoladensorten getrennt in hitzebeständige Schüsseln geben, auf das Wasserbad setzen und schmelzen. Eine Hälfte der Lebkuchen mit weißer und die andere Hälfte mit dunkler Schokolade überziehen. Mit dem Grümmelkandis bestreuen und fest werden lassen.

1.

5.

5.

Zwetschgen-

BLECHKUCHEN

FÜR 9 Personen

ZUBEREITUNGSZEIT: 40 Minuten,
plus 50 Minuten Ruhezeit

BACKZEIT: 30 Minuten

Ein mit Hefe hergestellter Zwetschgenkuchen ist ein leichter und süßer Kuchen, hat dennoch einen unverwechselbaren frischen Geschmack. Er ist typisch für den mitteleuropäischen Spätsommer, wenn die Zwetschgen, eine Unterart der Pflaume, reif sind. In manchen Backstuben kommen Streusel aus Butterteig obendrauf – dann aber ist der Kuchen nicht mehr ganz so mager.

ZUTATEN

200 g Mehl

30 g Zucker

1 Ei

100 ml Milch

30 g Butter, plus etwas mehr zum Einfetten

10 g frische Hefe

600 g Pflaumen, entsteint und halbiert

50 g Feinstzucker, gemischt mit ½ TL Zimt

50 g gehackte Haselnüsse (nach Belieben), zum Bestreuen

geschlagene Sahne, zum Servieren

1. Mehl und Zucker in einer Schüssel vermischen und in die Mitte eine Vertiefung drücken. Das Ei hineingeben und vom Rand her die Mehlmischung einarbeiten.

2. Milch und Butter in einem kleinen Topf auf geringer Stufe erhitzen, bis die Butter zerlassen ist. Vom Herd nehmen und abkühlen lassen, bis die Mischung lauwarm ist. Dann die Hefe hineinbröckeln, unter Rühren auflösen und 5 Minuten stehen lassen. Die Hefemischung in die Mehl-Ei-Masse geben und alles zu einem glatten Teig verkneten.

3. Die Schüssel mit einem feuchten Küchtuch abdecken und den Teig 30 Minuten gehen lassen, bis sich sein Volumen verdoppelt hat.

4. Den Backofen auf 180 °C vorheizen und ein Backblech einfetten. Jede Pflaumenhälfte ein- bis zweimal einschneiden.

5. Die Hände leicht mit Butter einfetten und den Teig mit den Händen auf dem Blech verteilen und zurechtziehen. Die Pflaumenhälften dicht an dicht auf dem Teig verteilen und leicht eindrücken. Mit dem Zimtzucker bestreuen und erneut 15 Minuten ruhen lassen. Nach Belieben die gehackten Haselnüsse auf die Pflaumen streuen.

6. Den Kuchen im Ofen 30 Minuten backen, dann herausnehmen und leicht abkühlen lassen. Lauwarm mit geschlagener Sahne servieren.

CHRISTSTOLLEN

FÜR 8 Personen

ZUBEREITUNGSZEIT: 1 Stunde,
plus 8 Stunden Einweichzeit,
90 Minuten Ruhezeit
und 2 Wochen Reifezeit

BACKZEIT: 1 Stunde

ZUTATEN

50 g grob gehackte Mandeln
300 g Rosinen
100 g Orangeat und Zitronat, gemischt
4 EL dunkler Rum
400 g Mehl, plus etwas
mehr zum Bestäuben
250 ml lauwarme Milch
40 g frische Hefe, zerkrümelt
3 EL flüssiger Honig
400 g weiche Butter
1 TL Salz
100 g Marzipan, gerieben
10 Tropfen Vanillearoma
abgeriebene Schale von 1 Zitrone
100 g Butter, zerlassen
150 g Puderzucker, plus
etwas mehr zum Bestäuben

Die Form des zu Weihnachten hergestellten Stollens soll an das gewickelte Christkind erinnern. Das „Christbrot" war ursprünglich eine magere Fastenspeise mit Rapsöl. 1430 beschwerte sich der deutsche Adel beim Papst über den tranigen Geschmack. Doch erst 1491 erlaubte der Papst die Butter im Stollen. Später ergänzte der Hofbäcker Heinrich Drasdo aus Torgau ihn um weitere reichhaltigere Zutaten – das heutige Festgebäck entstand.

1. Die Mandeln mit kochendem Wasser übergießen und 10 Minuten einweichen. Rosinen, gemischtes Orangeat und Zitronat und Rum in einer Schüssel vermengen. Dann die Mandeln zur Rum-Fruchtmischung geben und die Masse über Nacht einweichen lassen.

2. 200 g Mehl, Milch, Hefe und Honig in einer Rührschüssel zu einem Vorteig verarbeiten, mit 1 Esslöffel Mehl bestäuben und abgedeckt an einem warmen Ort 30 Minuten gehen lassen, bis die Oberfläche des Teigs Risse bekommt.

3. Restliches Mehl, Butter, Salz, Marzipan, Vanillearoma, Zitronenschale und Rum-Fruchtmischung in einer großen Schüssel vermischen. Dann den Vorteig zufügen und alles etwa 8 Minuten zu einem glatten Teig verkneten. Den Teig abdecken und erneut an einem warmen Ort 1 Stunde gehen lassen, bis sich sein Volumen verdoppelt hat.

4. Den Backofen auf 200 °C vorheizen. Ein Backblech mit Mehl bestäuben oder eine Stollenform einfetten. Den Teig auf einer bemehlten Arbeitsfläche erneut käftig durchkneten und zu einem Stollen formen. Auf das Blech oder in die Form legen.

5. Den Stollen im Ofen auf mittlerer Schiene 1 Stunde backen. Sollte der Stollen zu schnell bräunen, die letzten 20 Minuten der Backzeit mit Backpapier abdecken. Aus dem Ofen nehmen, mit der zerlassenen Butter bestreichen und mit dem Puderzucker bestäuben. Nach dem Auskühlen in Frischhaltefolie einschlagen und etwa 2 Wochen reifen lassen. Kurz vor dem Servieren nochmals mit Puderzucker bestreuen.

1.

3.

4.

2.

3.

6.

Baumkuchen-Konfekt

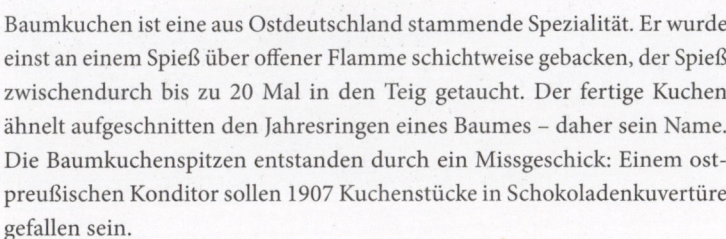

Baumkuchen ist eine aus Ostdeutschland stammende Spezialität. Er wurde einst an einem Spieß über offener Flamme schichtweise gebacken, der Spieß zwischendurch bis zu 20 Mal in den Teig getaucht. Der fertige Kuchen ähnelt aufgeschnitten den Jahresringen eines Baumes – daher sein Name. Die Baumkuchenspitzen entstanden durch ein Missgeschick: Einem ostpreußischen Konditor sollen 1907 Kuchenstücke in Schokoladenkuvertüre gefallen sein.

1. Den Backofengrill vorheizen und eine Springform (26 cm Ø) einfetten.

2. Die Eier trennen. Eigelb, Butter, Puderzucker, Vanillezucker, Mehl und Speisestärke in einer großen Schüssel zu einem glatten Teig verrühren. Eiweiß und Salz in einer anderen Schüssel mit dem Handrührgerät halb steif schlagen, dabei nach und nach den Zucker einrieseln lassen. Den Eischnee vorsichtig unter den Teig heben.

3. Eine dünne Teigschicht auf dem Boden der Form verteilen und diese 1 Minute auf die oberste Schiene unter den Grill stellen oder bis der Teig goldbraun ist. Aus dem Ofen nehmen, eine zweite Schicht des Teigs auftragen und erneut unter den Grill stellen. Diesen Vorgang so lange wiederholen, bis der Teig aufgebraucht ist.

4. Den Kuchen auf ein Kuchengitter stürzen und abkühlen lassen.

5. Für die Glasur Schokolade und Pflanzenfett in einer Schüssel über einem Wasserbad unter Rühren schmelzen.

6. Den abgekühlten Kuchen in Dreiecke schneiden und eine Seite jedes Dreiecks in die Schokoladencreme tauchen. Auf einem Kuchengitter abkühlen lassen.

ERGIBT 20 Stück

ZUBEREITUNGSZEIT: 20 Minuten

BACKZEIT: 20 Minuten

ZUTATEN

Teig
200 g weiche Butter, plus etwas mehr zum Einfetten
6 Eier
100 g Puderzucker
8 g Vanillezucker
100 g Mehl
50 g Speisestärke
1 Prise Salz
110 g Feinstzucker

Glasur
200 g Zartbitterschokolade, in Stücke gebrochen
1 EL Pflanzenfett

DAS LAND DER
3000 *Brote*

Bei Umfragen zu den besten Eigenschaften in Deutschland oder Österreich sind stereotyp immer dieselben Antworten zu erwarten: Sie sind fleißig, zuverlässig, sie sind wirtschaftlich erfolgreich, aber irgendwie auch ein bisschen langweilig.

Es gibt nicht nur Tausende von Brotrezepten, sondern auch noch viele regionale Spezialitäten, die sich von einem Ort zum anderen unterscheiden können. So manches Brotrezept wird nach wie vor als „Geheimnis" in den Familien bewahrt, was die Erforschung der Brotgeschichte erschwert.

Mag sein, dass das Image der deutschsprachigen Länder vielerorts nicht das allerbeste ist, aber eines muss man ihnen auf jeden Fall lassen: In keiner Region auf der Welt gibt es eine größere Vielfalt an Broten. Von wegen langweilig. Nach einer sich ständig erweiternden Statistik soll es allein in Deutschland rund 3000 verschiedene Brotsorten und weit über 1000 Arten von Kleingebäck geben. Exakte Zahlen dazu gibt es allerdings nicht, weshalb 2011 in Deutschland ein „Brot-Register" eingerichtet wurde, bei dem Fachleute die verschiedenen Rezepte sammeln und bewerten. Ob dunkle oder helle Brotsorten – die in ihrer Vielfalt kaum zu übertreffende Backkultur hat einen geschichtlichen Hintergrund: Im Hochmittelalter waren Deutschland und Österreich aufgeteilt in Dutzende von kleinen Herzogtümern, die sich alle voneinander stark abgrenzten. Die Vielstaaterei stand im Gegensatz zu Ländern wie Frankreich oder England, die zentral regiert wurden. Die Zersplitterung Deutschlands und seiner deutschsprachigen Nachbarn führte im Gegensatz dazu, dass nicht nur die Brotsorten, sondern auch ihre Formen sich von einer Region zur anderen erheblich unterschieden. Teilweise gab es sogar in Nachbarstädten völlig andere Zutatenmischungen, deren individuelle Zusammensetzung auch als Geheimrezepte streng bewahrt wurden. Wer sich als Bäcker nicht an die Verschwiegenheit hielt, riskierte drakonische Strafen. Immerhin – für die Backkultur erweisen sich die strengen mittelalterlichen Verhältnisse in Deutschland als echter Glücksfall. Das Interesse an gesundem Brot, das über einen individuellen Geschmack verfügt, ist größer denn je. In den letzten Jahren hat sich auch der Konsum erheblich gesteigert. Rund 70 Kilo Brot beträgt der statistische Pro-Kopf-Verbrauch jedes Jahr – dies ist im Vergleich zu Frankreich mit weit über 90 Kilo aber immer noch ein deutlicher Abstand, obwohl die Vielfalt an Broten dort auch erst in den letzten Jahren zugenommen hat. Kurios ist freilich die Tatsache, dass ausgerechnet die dunklen Brotsorten, allen voran Vollkornbrote, besonders beliebt sind. Im Mittelalter war es eine Frage des Wohlstands, welches Brot man sich leisten konnte. Nur die wohlhabenden Bevölkerungsschichten konnten sich teure, helle Sorten aus fein gemahlenem Weizenmehl leisten. Das erklärt zum Beispiel auch, warum das helle Weizenbaguette eine Erfindung für den französischen Adel des 17. Jahrhunderts war, denn grobes Vollkornbrot hätte die „empfindlicheren Gaumen" verletzen können. Auch in Deutschland aßen die Menschen überwiegend dunkles Brot aus grob gemahlenem Vollkorn-Roggenmehl, weil es deutlich billiger war. Heute verhält es sich genau umgekehrt – je gröber und natürlicher ein Brot, desto mehr gilt es als luxuriöses Produkt.

3.

3.

4.

Schwarzwälder Kirschtörtchen

ERGIBT 10 Stück

ZUBEREITUNGSZEIT: 40 Minuten,
plus 1–2 Stunden Kühlzeit

BACKZEIT: 30 Minuten

ZUTATEN

Teig
3 Eier
100 g Kristallzucker
100 g Mehl
1 TL Backpulver
2 TL Kakaopulver
10 Sauerkirschen oder Belegkirschen und geriebene Zartbitterschokolade, zum Dekorieren

Füllung
200 g Sauerkirschen, entsteint, oder entsteinte Kirschen aus im Glas
125 ml Kirschsaft
50 g Gelierzucker
2–3 Blatt Gelatine
70 g fein gehackte Zartbitterschokolade

Creme
2 EL Kirschwasser
5 EL Puderzucker
2 Blatt Gelatine
200 g Schlagsahne

Die in Deutschland sehr beliebte Schwarzwälder Kirschtorte (hier als Schnitten) ist noch jung: 1934 wird die Sahnetorte in einem Kochbuch erstmals erwähnt. Das Rezept erobert rasch die Konditoreien in Berlin und anderen Großstädten in Deutschland, Österreich und der Schweiz. Die Herkunft aber ist unklar. Der Name lehnt sich möglicherweise an die im Schwarzwald übliche Tracht an. Die Frauen trugen dort ein schwarzes Kleid mit weißer Bluse und rotem Hut.

1. Den Backofen auf 180 °C vorheizen. Ein quadratisches Backblech (20 cm × 20 cm) mit Backpapier auslegen. Für den Teig Eier und Zucker mit dem Handrührgerät schaumig rühren. Mehl, Backpulver und Kakaopulver vermischen, in die Eimischung sieben und einrühren, bis ein glatter Teig entsteht. Den Teig gleichmäßig auf dem Blech verteilen und im Ofen 30 Minuten backen. Herausnehmen und auf dem Blech abkühlen lassen.

2. Für die Füllung Kirschen und Kirschsaft mit einem Pürierstab fein pürieren. Püree und Gelierzucker in einem Topf aufkochen und 5 Minuten köcheln. Die Gelatine zugeben und darin auflösen, dann die Masse abkühlen lassen, bis sie halb fest ist.

3. Die Schokolade in einer hitzebeständigen Schüssel über einem Wasserbad schmelzen. Die Schokolade gleichmäßig über den Teig gießen, aushärten lassen und dann die Kirschfüllung darüberstreichen. Den Kuchen 1–2 Stunden im Kühlschrank durchziehen lassen.

4. Für die Creme Kirschwasser und Puderzucker in einem Topf verrühren und bei mittlerer Hitze erwärmen. Die Gelatine zufügen und darin auflösen. Die Sahne mit dem Handrührgerät steif schlagen und unter die Kirschwassermasse heben. Die Creme auf dem Kuchen verteilen und glatt streichen.

5. Den Kuchen mit einem scharfen Messer in 10 Quadrate schneiden. Jedes Törtchen mit einer Kirsche belegen und mit etwas geriebener Schokolade bestreuen.

Butterkuchen

ERGIBT 12 Stück

ZUBEREITUNGSZEIT: 20 Minuten

BACKZEIT: 30 Minuten

ZUTATEN

*250 g Mehl, plus etwas
mehr zum Bestäuben*

250 g Feinstzucker

70 g Butter

225 g Schmand

1 EL Backpulver

4 Eier

Belag

*165 g Feinstzucker, plus
etwas mehr zum Bestreuen*

200 g Mandelblättchen

25 g gehackte Mandeln

1 EL Milch

175 g Butter, zerlassen

Dieser Blechkuchen besteht meistens aus einem Hefeteig mit einer Auflage aus Butter und Zucker, meistens mit Mandeln ergänzt. Er wird deshalb als Butter-, aber auch als Zuckerkuchen bezeichnet. Der schmackhafte Kuchen ist auch in großen Mengen einfach herzustellen und ist deshalb auf allen Familienfesten in Deutschland beliebt. Hier eine Variante ohne Hefe.

1. Den Backofen auf 180 °C vorheizen. Ein Backblech (30 cm × 20 cm) einfetten und mit Mehl bestäuben. Mehl, Zucker, Butter, Schmand, Backpulver und Eier in eine Schüssel geben und mit einem Handrührgerät verrühren, bis ein gebundener Teig entsteht. Den Teig gleichmäßig auf dem Blech verteilen und im Ofen 15 Minuten backen. Herausnehmen und abkühlen lassen. Den Backofen nicht ausschalten.

2. Für den Belag Zucker, Mandelblättchen, gehackte Mandeln, Milch und 100 g Butter in einer mittelgroßen Schüssel gut verrühren. Die restliche Butter gleichmäßig auf dem Kuchen verteilen.

3. Mit einem Teigschaber den Belag gleichmäßig auf dem Kuchen verteilen. Mit Zucker bestreuen und den Kuchen weitere 15 Minuten im Ofen backen. Herausnehmen, auf dem Blech abkühlen lassen, in Stücke schneiden und servieren.

1.

3.

3.

2.

3.

4.

APFEL-
Streuselkuchen

FÜR 8 Personen

ZUBEREITUNGSZEIT: 15 Minuten

BACKZEIT: 45–50 Minuten

ZUTATEN

*125 g weiche Butter,
plus etwas mehr zum Einfetten*

*400 g Tafeläpfel, geschält, entkernt
und gewürfelt*

2 EL Apfelsaft

150 g Muskovado-Zucker

2 Eier (Größe L), verquirlt

225 g Mehl

2 ½ TL Backpulver

1 ½ TL Lebkuchengewürz

40 g Haselnüsse, fein gehackt

Die in Mitteleuropa weit verbreiteten Äpfel haben immer Saison und somit auch der Apfelkuchen. Denn der deutsche Kuchenklassiker lässt sich mit frisch geerntetem oder auch gelagertem Obst in vielen Varianten herstellen. Verwendet werden vorwiegend feste und säuerliche Apfelsorten, damit der ohnehin süße Kuchen ein frisches Aroma bekommt.

1. Den Backofen auf 190 °C vorheizen. Eine Springform (20 cm Ø) mit Butter einfetten und mit Backpapier auslegen. Die Äpfel in eine Schüssel geben und mit dem Apfelsaft übergießen.

2. 1 Esslöffel Zucker zurückbehalten, den restlichen Zucker mit der Butter in einer Schüssel cremig rühren. Nach und nach die Eier einarbeiten. Mehl, Backpulver und Gewürz darübersieben und mit einem Metalllöffel sorgfältig untermischen.

3. Äpfel und Saft unter den Teig heben. Den Teig in die vorbereitete Form füllen und glatt streichen. Die Haselnüsse mit dem zurückbehaltenen Zucker mischen und über den Teig streuen.

4. Im vorgeheizten Ofen 45–50 Minuten backen, bis die Kuchenoberfläche goldbraun ist. Den Kuchen 10 Minuten abkühlen lassen, dann aus der Form lösen und auf einem Kuchengitter vollständig erkalten lassen.

Gugelhupf

FÜR 8 Personen

ZUBEREITUNGSZEIT: 25 Minuten,
plus 10 Minuten Ruhezeit

BACKZEIT: 50–60 Minuten

ZUTATEN

150 g Butter, plus etwas
mehr zum Einfetten

300 g Mehl, plus etwas
mehr zum Bestäuben

4 Eier

150 g Zucker

2 TL Vanillezucker

1 EL Backpulver

3 EL Rum

fein abgeriebene Schale von 1 Zitrone

125 ml Milch

50 g Rosinen

Puderzucker, zum Bestäuben

Für den Napfkuchen oder Gugelhupf ist die hohe Kranzform mit der kamin-artigen Öffnung in der Mitte charakteristisch. So kann der Teig gleichmäßig garen. Schon die Römer haben diese Form verwendet. Populär wurde der Napfkuchen beim deutschen und österreichischen Bürgertum der Biedermeierzeit, auch wenn es dafür kein einheitliches Rezept gibt. Der hier präsentierte Rührteig aber ist weit verbreitet.

1. Den Backofen auf 180 °C vorheizen. Eine Gugelhupf- oder Kranzform einfetten und mit Mehl bestäuben.

2. Die Eier trennen. Butter, Zucker, Vanillezucker und Eigelb in einer Schüssel cremig rühren. Mehl und Backpulver in eine andere Schüssel sieben. Nach und nach unter Rühren die Mehlmischung in die Buttermasse einrühren.

3. Rum, Zitronenschale und Milch zufügen und weiterrühren, bis sich Blasen bilden. Das Eiweiß in einer sauberen, fettfreien Schüssel mit dem Schneebesen steif schlagen. Eischnee und Rosinen unter den Teig heben.

4. Den Teig in die vorbereitete Form geben und im Ofen etwa 50–60 Minuten backen, bis er aufgegangen und goldbraun ist. Den Backofen ausschalten und den Kuchem bei offener Ofentür noch 10 Minuten ruhen lassen. Auf ein Kuchengitter stürzen und vollständig ausbkühlen lassen. Vor dem Servieren mit Puderzucker bestäuben.

2.

3.

3.

3.

3.

5.

Bienenstich

FÜR 8 Personen

ZUBEREITUNGSZEIT: 45 Minuten, plus 40–50 Minuten Ruhezeit und 1–2 Stunden Kühlzeit

BACKZEIT: 35 Minuten

ZUTATEN

Teig
200 ml Milch
42 g frische Hefe
500 g Mehl, plus etwas mehr zum Bestäuben
50 g Feinstzucker
2 Eier
50 g Butter
1 Prise Salz

Belag
75 g Butter
2 EL Crème double
50 g Feinstzucker
100 g Mandelblättchen

Füllung
500 ml Milch
1 Vanillestange
5 Eigelb
85 g Feinstzucker
50 g Speisestärke
250 g weiche Butter

Für diesen Klassiker der deutschen Küche wird ein Hefeteig mit einer Butter-Zucker-Mandel-Masse versehen, die beim Backen karamellisiert. Dann wird der Blechkuchen mit einer Sahne-, Butter- oder Vanillecreme gefüllt. Nach einer Sage sollen Bäckerlehrlinge in Andernach am Rhein 1474 Angreifer auf die Stadt mit Bienennestern in die Flucht geschlagen haben. Zur Feier wurde ein besonderer Kuchen gebacken: der Bienenstich.

1. Für den Teig die Milch in einem Topf erhitzen, bis sie lauwarm ist. Vom Herd nehmen und die Hefe hineinbröckeln. Je 1 Esslöffel Mehl und Zucker einrühren und etwas Mehl darüberstreuen. Den Vorteig an einem warmen Ort 20–30 Minuten gehen lassen. Das restliche Mehl in eine große Schüssel sieben und mit Eiern, restlichem Zucker, Butter und Salz verrühren. Die Hefemischung zufügen und alles verkneten, bis ein glatter Teig entsteht. Den Teig mit Frischhaltefolie abdecken und an einem warmen Ort erneut gehen lassen, bis sich sein Volumen verdoppelt hat.

2. Den Backofen auf 180 °C vorheizen. Ein Backblech (30 cm × 40 cm) mit Backpapier auslegen. Für den Belag Butter und Crème double in einen Topf erhitzen. Den Zucker zufügen und einrühren, bis er aufgelöst ist, dann die Mandelblättchen einrühren. Vom Herd nehmen und abkühlen lassen.

3. Den Teig auf einer bemehlten Arbeitsfläche in der Größe des Backblechs ausrollen. Auf das Blech legen und mit der Mandelmischung bedecken. Erneut 10 Minuten ruhen lassen, dann im Ofen auf mittlerer Schiene 30 Minuten backen. Aus dem Ofen nehmen und abkühlen lassen.

4. Für die Füllung Milch und Vanillestange in einem Topf kurz aufkochen. Vom Herd nehmen und abgedeckt etwa 20 Minuten durchziehen lassen. Unterdessen Eigelb und Zucker in einer Schüssel cremig rühren, dann die Speisestärke einrühren. Die Vanillestange aus dem Topf entfernen und die Vanillemilch in die Eimischung einrühren, bis eine glatte Masse entsteht. Zurück in den Topf geben und bei schwacher Hitze unter Rühren erwärmen, bis die Creme andickt. In eine Schüssel geben und weiterrühren, bis sie abgekühlt ist. Die Butter in einer weiteren Schüssel mit einem Handrührgerät schaumig rühren und unter die Creme heben.

5. Den abgekühlten Kuchen horizontal mittig durchschneiden. Die Füllung auf die untere Hälfte auftragen und die Madel-Kuchenhälfte darüberlegen. Den Bienenstich 1–2 Stunden im Kühlschrank durchziehen lassen, in 12 Rechtecke schneiden und servieren.

Donauwelle

FÜR 8–10 Personen

ZUBEREITUNGSZEIT: 1 Stunde,
plus 4 Stunden Kühlzeit

BACKZEIT: 40 Minuten

ZUTATEN

Teig
*325 g weiche Butter, plus
etwas mehr zum Einfetten*
325 g Feinstzucker
8 Eier
250 g Mehl
250 g Speisestärke
5 TL Backpulver
*350 g Sauerkirschen,
aus dem Glas, abgetropft*
3 EL Kakaopulver
75 ml Milch

Konditorcreme
500 ml Milch
2 EL Vanillearoma
5 Eigelb
80 g Feinstzucker
50 g Speisestärke

Glasur
200 g Zartbitterschokolade
60 g Butter
120 ml Milch

Die Donau gehört zu den wichtigen Flüssen in Deutschland und Österreich. Sie stand Pate für diesen Kuchen, dessen Unterbau aus einem hellen und einem dunklen Rührteig besteht. Die Kirschen lassen den dunklen Teig an einigen Stellen stärker einsinken. Aufgeschnitten wird dann eine wellenartige Struktur sichtbar. Auch die Glasur wird gerne wellenförmig verziert.

1. Für den Teig Butter und Zucker in einer großen Schüssel mit einem Handrührgerät schaumig rühren. Nach und nach die Eier zufügen und weiterrühren, bis eine gebundene Masse entsteht. In einer anderen Schüssel Mehl, Speisestärke und Backpulver vermischen. In die Butter-Ei-Masse sieben und sorgfältig einarbeiten.

2. Den Backofen auf 200 °C vorheizen. Ein Backblech (35 cm × 20 cm) einfetten. Die Hälfte des Teigs auf das Blech geben und glatt streichen. Die Kirschen gleichmäßig darauf verteilen.

3. Kakao und Milch in den restlichen Teig einrühren und diesen dunklen Teig über den Kirschen verteilen und glatt streichen. Den Kuchen im Ofen 20–25 Minuten backen. Herausnehmen und vollständig abkühlen lassen.

4. Für die Konditorcreme Milch und Vanillearoma in einem Topf aufkochen. Vom Herd nehmen, 20 Minuten abkühlen und durchziehen lassen. Eigelb und Zucker in einer Schüssel mit dem Handrührgerät schaumig rühren. Speisestärke und abgekühlte Vanillemilch einrühren, die Creme wieder in den Topf geben und bei mittlerer Hitze unter Rühren erwärmen, bis sie andickt. In eine Schüssel geben, diese in eine größere, mit Eis gefüllte Schüssel stellen und die Creme 2 Stunden abkühlen lassen.

5. Die Konditorcreme auf dem abgekühlten Kuchen verteilen. Creme und Kuchen sollten die gleiche Temperatur haben. Erneut 2 Stunden im Kühlschrank durchziehen lassen.

6. Schokolade, Butter und Milch in einer Schüssel über einem Wasserbad verrühren, bis die Schokolade geschmolzen ist. Die Glasur über den Kuchen gießen, etwas fest werden lassen, dann mit einem geriffelten Küchenspatel ein Wellenmuster in die Schokolade ziehen. Den Kuchen in Rechtecke schneiden und gekühlt servieren.

273

1.

5.

6.

2.

4.

5.

Zimtsterne

Zimtsterne sind ein aus Schwaben (Teile von Württemberg und Bayern) stammendes Weihnachtsgebäck aus Eischnee, Zucker, Nüssen und Zimt. Die ausgestochenen glasierten Sterne werden bei schwache Hitze so gebacken, dass die Eiweißglasur nur gerinnt und keine Farbe annimmt und auch der Teig relativ weich bleibt.

1. Das Eiweiß in einer sauberen, fettfreien Schüssel steif schlagen. Den Zucker sorgfältig unterrühren, bis die Masse dick und glänzend ist.

2. 40 g Baisermasse abnehmen und beiseitestellen. In die restliche Masse Haselnüsse und Zimt einarbeiten, bis ein sehr fester Teig entstanden ist. Etwa 1 Stunde im Kühlschrank ruhen lassen.

3. Den Backofen auf 140 °C vorheizen. Zwei Backbleche mit Backpapier auslegen. Den Teig auf einer großzügig mit Puderzucker bestäubten Arbeitsfläche 1 cm dick ausrollen.

4. Aus der Teigplatte mit einer Sternen-Ausstechform (5 cm) Sterne ausstechen und mit ausreichend Abstand auf die vorbereiteten Backbleche legen. Die Ausstechform regelmäßig in Puderzucker tauchen, damit der Teig nicht daran kleben bleibt. Die Teigreste immer wieder zusammenkneten und neu ausrollen.

5. Die Plätzchen nun mit der beiseitegestellten Baisermasse bestreichen.

6. Im vorgeheizten Ofen 25 Minuten backen. Die Oberseite sollte knusprig und noch weiß sein, die Unterseite noch feucht. Den Ofen ausschalten und die Zimtsterne darin bei geöffneter Ofentür noch 10 Minuten trocknen lassen. Auf ein Kuchengitter heben und erkalten lassen

ERGIBT 20 Stück

ZUBEREITUNGSZEIT: 25 Minuten, plus 1 Stunde Ruhezeit

BACKZEIT: 25 Minuten

ZUTATEN

2 Eiweiß

175 g Puderzucker, plus etwas mehr zum Bestäuben

250 g Haselnüsse, geröstet und gemahlen

1 EL Zimt

Johannisbeer-
KUCHEN

FÜR 10–12 Personen

ZUBEREITUNGSZEIT: 45 Minuten,
plus 1 Stunde Ruhezeit

BACKZEIT: 30 Minuten

ZUTATEN

Teig
*350 g Mehl, plus
etwas mehr zum Bestäuben*

100 g Puderzucker

1 Prise Salz

2 Eier

*150 g Butter, plus etwas
mehr zum Einfetten*

3 EL Wasser

Belag
1 kg Rote Johannisbeeren

4 EL Zucker

6 Eiweiß

185 g Feinstzucker

185 g gemahlene Haselnüsse

Puderzucker, zum Bestäuben

Die Johannisbeertorte ist ein Klassiker im mitteleuropäischen Sommer.
Dann sind die wunderschön roten Früchte des Johannisbeerstrauchs reif.
Ihr etwas herb-saurer Geschmack gibt diesem Kuchen einen unverwech-
selbaren Kick, in diesem Fall um das Aroma der Haselnüsse ergänzt.

1. Für den Teig Mehl, Puderzucker und Salz in eine große Schüssel sieben.
   Eier, Butter und Wasser zufügen und alles mit dem Knethaken des Handrührgeräts verrühren. Dann die Teigmasse auf einer bemehlten Arbeitsfläche zu einem geschmeidigen Teig verkneten. In Frischhaltefolie einschlagen
   und 1 Stunde im Kühlschrank ruhen lassen.

2. Den Backofen auf 180 °C vorheizen. Eine Springform (28 cm Ø) einfetten
   und mit Mehl bestäuben. Den Teig auf der Arbeitsfläche 3 mm dick ausrollen, in die Form geben, den Rand hochziehen und den Boden mehrmals
   mit der Gabel einstechen.

3. Für den Belag Johannisbeeren und Zucker in einer Schüssel sorgfältig
   vermischen. Das Eiweiß mit dem Schneebesen sehr steif schlagen, dabei
   nach und nach den Feinstzucker einrieseln lassen. Den Eischnee unter die
   Johannisbeeren heben und die Haselnüsse untermischen.

4. Den Belag gleichmäßig auf dem Teigboden verteilen und den Kuchen im
   Ofen 30 Minuten backen. Herausnehmen und in der Form abkühlen lassen.
   Aus der Form lösen, mit Puderzucker bestäuben und servieren.

2.

3.

4.

1.

3.

5.

Berliner

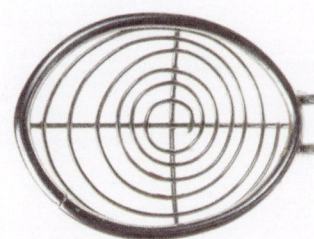

ERGIBT 18–20 Stück

ZUBEREITUNGSZEIT: 35 Minuten, plus 3 ½ Stunden Ruhezeit

BACKZEIT: 10–15 Minuten

Der Erfolg der Berliner – in Bayern und Österreich als Krapfen bezeichnet – ging mit dem Aufstieg Berlins als Industriestadt und Hauptstadt des 1871 gegründeten Deutschen Reiches einher. Die dann in vielen deutschen Orten gegründeten „Berliner Dampfbäckereien" verbreiteten sie rasch. In Schmalz gebackene Hefeballen gab es in verschiedenen Varianten allerdings schon seit dem Altertum.

ZUTATEN

12 g frische Hefe
200 ml kalte Milch
½ TL Salz
125 g Butter
2 ½ EL Feinstzucker
1 EL Vanillezucker
1 Ei
2 Eigelb
500 g Mehl, plus etwas mehr zum Bestäuben
1 EL Essig
Sonnenblumenöl, zum Ausbacken
Himbeer-, Erdbeer- oder Kirschkonfitüre, für die Füllung
Puderzucker, zum Bestreuen

1. Hefe und die Hälfte der Milch in einer Schüssel verrühren, bis sich die Hefe aufgelöst hat. Dann 1 Stunde gehen lassen. Butter, Zucker und Vanillezucker in einer Schüssel mit einem Handrührgerät schaumig rühren. Ei und Eigelb nacheinander zufügen und einrühren, bis eine gebundene Masse entsteht. Das Mehl unterheben, dann Hefemischung, Essig und restliche Milch einarbeiten und alles zu einem glatten Teig verkneten.

2. Den Teig mit einem feuchten Küchentuch abdecken und an einem warmen Ort etwa 2 Stunden gehen lassen, bis sich sein Volumen verdoppelt hat.

3. Den Teig auf einer bemehlten Arbeitsfläche in 18–20 Stücke teilen und jedes Stück zu einer Kugel formen. Die Kugeln auf der Arbeitsfläche erneut etwa 30 Minuten gehen lassen, bis sie eine dünne Haut bekommen.

4. Reichlich Sonnenblumenöl in einem großen Topf oder in der Fritteuse auf 180–190 °C erhitzen. Die richtige Temperatur ist erreicht, wenn sich an einem ins Öl gehaltenen Holzspieß Blasen bilden. Die Berliner nach und nach in das Öl geben und von jeder Seite etwa 1 ½ Minuten goldbraun ausbacken. Noch einmal umdrehen und die Oberseite weitere 30 Sekunden bräunen. Die Berliner während des Backens möglichst nicht bewegen, um die klassische weiße Linie in der Mitte zu erhalten. Mit einem Schaumlöffel aus dem Öl heben und auf Küchenpapier abtropfen und abkühlen lassen.

5. Die Konfitüre in einen Spritzbeutel mit kleiner Tülle füllen und in die Mitte jedes Berliners spritzen. Mit Puderzucker bestreuen und servieren.

Birnen-Sultaninen-Strudel

FÜR 6 Personen

ZUBEREITUNGSZEIT: 35 Minuten

BACKZEIT: 20–25 Minuten

ZUTATEN

*80 g Butter, zerlassen,
plus etwas mehr zum Einfetten*

3 feste reife Birnen, geschält und gewürfelt

*fein abgeriebene Schale
und Saft von ½ Zitrone*

75 g Demerara-Zucker

1 TL gemahlener Piment

50 g Sultaninen

50 g abgezogene, gemahlene Mandeln

6 fertige Filo-Teigblätter (ca. 250 g)

Puderzucker, zum Bestreuen

Erstmals offiziell schriftlich erwähnt wurde ein Strudelrezept im Jahr 1698. Ein Wiener Bäckermeister namens Pueg hatte seine „Geheimrezeptur" niedergeschrieben, die heute in der österreichischen Nationalbibliothek ausgestellt wird. Der Begriff „Strudel" beschreibt letztlich nur die Methode, Früchte und Nüsse in einem Teig zu backen.

1. Den Backofen auf 200 °C vorheizen und ein Backblech einfetten.

2. Birnen, Zitronensaft und -schale, Demerara-Zucker, Piment, Sultaninen und die Hälfte der Mandeln in einer Schüssel vermengen.

3. Zwei Teigblätter etwas überlappend auf ein sauberes Tuch legen.

4. Die Teigblätter dünn mit Butter bestreichen und mit einem Drittel der restlichen Mandeln bestreuen. Zwei weitere Blätter überlappend darauflegen, buttern und mit Mandeln bestreuen. Den Vorgang noch einmal wiederholen.

5. Die Füllung entlang einer Längsseite verteilen, dabei einen 2,5 cm breiten Rand lassen.

6. Den Teig mithilfe des Tuchs aufrollen und die beiden Enden nach unten schlagen.

7. Den Strudel auf das vorbereitete Blech legen und mit Butter bestreichen. Im Ofen 20–25 Minuten goldbraun und knusprig backen.

8. Den Strudel mit Puderzucker bestreuen und warm oder kalt servieren.

1.

2.

3.

4.

5.

6.

7.

8.

ÖSTERREICHISCHE
Sachertorte

FÜR 12 Personen

ZUBEREITUNGSZEIT: 1½ Stunden

BACKZEIT: 1½ Stunden

ZUTATEN

*80 g Zartbitterschokolade,
in Stücke gebrochen*

2 EL Wasser

6 Eier, getrennt

1 Prise Salz

100 g Feinstzucker

*100 g Butter, plus etwas
mehr zum Einfetten*

*150 g gesiebtes Mehl, plus
etwas mehr zum Bestäuben*

20 Tropfen Vanillearoma

3 EL Aprikosenkonfitüre

Glasur

100 g Schlagsahne

30 g Butter

*150 g Zartbitterschokolade,
mind. 75 % Kakaoanteil*

75 g Puderzucker

2 EL Wasser

Der erst 16 Jahre alte Wiener Kochlehrling Franz Sacher erfand 1832 die Grundform der berühmten Sachertorte. Sein Chef in der Küche der Wiener Kaiser-Residenz war krank geworden, da musste Sacher einspringen und für hochrangige Gäste ein besonderes Dessert kreieren. Doch die Torte geriet in Vergessenheit, bis Sachers Sohn Eduard sie während seiner Lehre in der Wiener Konditorei Demel weiterentwickelte und populär machte.

1. Den Backofen auf 180 °C vorheizen. Eine Springform (24 cm Ø) einfetten und mit etwas Mehl bestäuben. Schokolade und Wasser in einer hitzebeständigen Schüssel über einem Wasserbad schmelzen. Eiweiß und Salz mit einem Schneebesen steif schlagen, dabei nach und nach die Hälfte des Zuckers einrieseln lassen.

2. Butter und restlichen Zucker in einer anderen großen Schüssel mit einem Handrührgerät cremig rühren. Nach und nach das Eigelb zufügen und gut einrühren. Dann Mehl, Vanillearoma und geschmolzene Schokolade unterrühren. Zum Schluss den Eischnee unterheben.

3. Den Teig in die Form geben, glatt streichen und im Ofen etwa 1½ Stunden backen. Der Kuchen ist fertig, wenn ein in die Mitte gestochenes Holzstäbchen sauber herauskommt. In der Springform abkühlen lassen, dann auf ein Kuchengitter legen. Den abgekühlten Kuchen horizontal mittig durchschneiden.

4. Die Konfitüre in einen kleinen Topf erhitzen, bis sie flüssig ist. Dann gleichmäßig auf dem unteren Teigboden verteilen und den anderen Boden daraufsetzen.

5. Für die Glasur die Sahne in einem Topf bei mittlerer Hitze aufkochen. Vom Herd nehmen und nach und nach Butter und Schokolade einrühren, bis alles geschmolzen ist. Puderzucker und Wasser in einem anderen Topf bei mittlerer Hitze unter Rühren erwärmen, bis der Zucker aufgelöst ist. Den Zuckersirup zur Schokoladenmischung geben und gut einrühren. Die Glasur kurz abkühlen lassen, dann über den Kuchen gießen und gleichmäßig mit einem Palettenmesser auf der Oberseite und an den Seiten verteilen. Die Sachertorte bis zum Servieren im Kühlschrank aufbewahren.

2.

2.

4.

AUS *Liebe* ZUM LEBEN

Wie bei den meisten traditionellen Rezepten in Europa lassen sich auch beim Lebkuchen die Ursprünge viele Jahrhunderte lang zurückverfolgen. Doch spielt in den Köpfen der Menschen weniger die historische Herkunft als vielmehr die Stimmung eine Rolle, die man mit den Lebkuchen verbindet.

D er unverwechselbare Duft der Mischung aus Mandeln, Nüssen, Koriander, Ingwer, Muskat und Kardamon löst bei den meisten Kindheitserinnerungen aus. Der Besuch auf einem Jahrmarkt, auf dem es wunderschön dekorierte Lebkuchenherzen gab. Oder die traumhaften Lebkuchenhäuser, die zu Weihnachten die Traumschlösser des Genusses waren. Welches Kind in Deutschland wollte nicht wissen, wie es wohl drinnen aussieht? Und wer hätte nicht allzu gerne ein kleines Stückchen des Daches oder einen der mit Zuckerguss bemalten Fensterläden probieren wollen? Nur ein winzig kleines Stückchen, was man bestimmt nicht sehen würde. Lebkuchen gehören – trotz ihrer exotischen Zutaten, die so gar nicht zu der sonstigen Backkultur in Deutschland passen – zu den wohl am meisten geheimnisumwitterten Backwaren überhaupt. Auch wenn die Rezepte in vielen Regionen Deutschlands unterschiedlich sind, so gilt die Stadt Nürnberg mit ihrem berühmten Weihnachtsmarkt als Hochburg der Lebkuchenherstellung. Zu den Qualitätskriterien eines typischen Nürnberger Lebkuchens gehört zum Beispiel, dass keinerlei Mehl und nur Ölsaaten verwendet werden. Damit nehmen die Nürnberger Bäcker eine Sonderstellung ein, denn der Mehlanteil in den meisten handelsüblichen Lebkuchen liegt bei bis zu 50 Prozent. Woher das Wort Lebkuchen kommt, ist genauso ungewiss wie seine historischen Wurzeln. Sicher ist nur, dass es mit dem Wort „Leben" nichts zu tun hat. Möglich ist entweder, dass die Silbe „Leb" vom lateinische Wort „libum" für Fladen- oder Opferbrot stammt oder aber vom altgermanischen Wort für „Laib", was ein kaum noch gebräuchlicher Begriff für die Form des Brotes ist. Gewürzte Honigkuchen gab es schon bei den Ägyptern, die in die Gräber ihrer Toten die Brote als Wegzehrung für ihre bevorstehende Reise mitgaben. Wie die Tradition der süßen Brote allerdings in den Norden Europas kam, ist nicht wirklich bekannt. Ähnliche Rezepte tauchten später in unterschiedlichen süddeutschen Klöstern auf. Dort gab es die sogenannten „Pfefferkuchen" als Nachtisch. Da für die Herstellung der Lebkuchen seltene Gewürze aus fernen Ländern benötigt wurden, liegt die Vermutung nahe, dass Mönche diese von ihren Reisen mitbrachten. Später wurden die Gewürze bei den Kaufleuten bestellt, weshalb sich die Lebkuchentradition auch nur entlang der bedeutenden Handelswege entwickelte. In Deutschland gehörte der Lebkuchen schon früh zu den begehrten Waren, was sich auch mit seiner langen Haltbarkeit erklären lässt. In Süddeutschland und Österreich wurden die Bäcker, die auf die Herstellung von flachen Obladen spezialisiert waren, als Zelter bezeichnet. Und die Lebzelter waren somit die Lebkuchenbäcker, und in den Steuerunterlagen der Stadt München wurde erstmals im Jahr 1370 ein Lebzelter aufgeführt.

Lebkuchenhäuser sind wahre Kunstwerke, die im Süden Deutschlands häufig als Schaufensterdekorationen verwendet werden. In privaten Haushalten sind sie wegen des großen Aufwandes eher selten.

1.

3.

4.

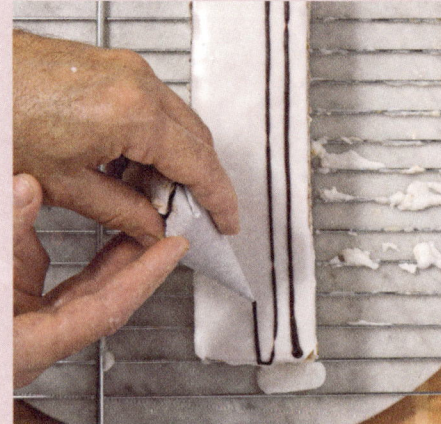

4.

1.

Esterházy-SCHNITTEN

FÜR 12 Personen

ZUBEREITUNGSZEIT: 50 Minuten

BACKZEIT: 10 Minuten

Esterházy-Schnitten sind eine Variation der gleichnamigen Torte. Konditoren in der ungarischen Hauptstadt Budapest haben sie zu Beginn des 20. Jahrhunderts entwickelt. Anschließend verbreitete sie sich rasch in der K.-u.-k.-Monarchie und in Deutschland. Benannt wurde sie nach Paul III. Anton Esterházy. Der ungarische Fürst war Außenminister des österreichungarischen Kaiserreiches.

ZUTATEN

Teig
Butter, zum Einfetten
Mehl, zum Bestäuben
6 Eiweiß
125 g Puderzucker
60 g Vanillezucker
1 Prise Zimt
150 g gemahlene Haselnüsse

Buttercreme
200 g Butter
3 Eigelb
1½ EL Zucker
40 g Mehl
250 ml Milch
1 Spritzer Rum oder Kirschwasser

Glasur
½ Eiweiß
200 g Puderzucker
Saft von ½ Zitrone
2 EL Kakaopulver
1 TL Wasser

1. Den Backofen auf 200 °C vorheizen. Ein Backblech einfetten und mit etwas Mehl bestäuben. Das Eiweiß in einer sauberen, fettfreien Schüssel mit dem Handrührgerät halb steif schlagen, nach und nach Puderzucker, Vanillezucker und Zimt einrühren und weiterrühren, bis der Eischnee steif ist. Die Haselnüsse unterheben und den Baiserteig gleichmäßig auf dem Blech verteilen. Im Ofen 10 Minuten backen, herausnehmen und sofort in 4 etwa 7 cm lange Scheiben schneiden. Auf einem Kuchengitter abkühlen lassen.

2. Für die Buttercreme die Butter in einer großen Schüssel cremig rühren. Eigelb, Zucker und Mehl in einem mittelgroßen Topf erwärmen und verrühren, bis die Masse glatt ist. Milch und Rum einrühren und die Creme bei mittlerer Hitze unter ständigem Rühren aufkochen. Vom Herd nehmen, abdecken und abkühlen lassen, dann unter die Butter rühren.

3. Eine Scheibe des gebackenen Baiserteigs mit Buttercreme bestreichen und eine weiter Scheibe darauflegen. Diesen Vorgang wiederholen, bis alle Baiserscheiben und die Creme aufgebraucht sind; mit einer Baiserschicht abschließen.

4. Für die Glasur Eiweiß, Puderzucker und Zitronensaft in einer Schüssel verrühren. Auf der obersten Baiserschicht verstreichen. Kakaopulver und Wasser glatt rühren. Die Kakaomasse in einen Spritzbeutel mit feiner Tülle füllen und in Linien auf die Glasur spritzen. Ein Holzstäbchen durch die Glasur ziehen, damit ein Federmuster entsteht. In gleich große Schnitten schneiden und kühl servieren.

Linzer Torte

FÜR 10–12 Personen

ZUBEREITUNGSZEIT: 45 Minuten,
plus 48 Stunden Ruhezeit
und 1 Woche Reifezeit

BACKZEIT: 30–40 Minuten

ZUTATEN

150 g Butter, plus etwas
mehr zum Einfetten
2 Eier
1 El Kirschwasser
150 g Mehl, plus etwas
mehr zum Bestäuben
150 g Feinstzucker
1 Prise Salz
1 Prise Zimt
¼ TL gemahlene Gewürznelken
150 g grob gemahlene Mandeln
2 TL Kakaopulver
250 g Kirschkonfitüre

Das Rezept für die Linzer Torte gilt als das älteste Tortenrezept der Welt. Erstmals beschrieben wird das nach der Stadt Linz in Oberösterreich benannte Gebäck in dem 1653 erschienenen Kochbuch der Gräfin Anna Margarita Sagramosa aus Verona. Populär gemacht hat sie der 1822 aus Franken in Deutschland nach Linz eingewanderte Zuckerbäcker Johann Konrad Vogel. Er stelle sie in großen Mengen her und versendete sie sogar.

1. Die Butter in einem kleinen Topf zum Schmelzen bringen. Die Eier in einer kleinen Schüssel mit dem Kirschwasser verrühren.

2. Mehl, Zucker, Salz, Zimt und Nelken in einer separaten Schüssel vermengen, dann die geschmolzene Butter zufügen und alles verrühren. Mandeln und Kakaopulver einrühren. Nach und nach die Ei-Mischung einarbeiten, bis ein glatter Teig entsteht. Den Teig abgedeckt 48 Stunden im Kühlschrank ruhen lassen.

3. Den Backofen auf 160 °C vorheizen und eine Tortenbodenform (26 cm Ø) einfetten. Den Teig auf eine leicht bemehlten Arbeitsfläche geben. Drei Viertel des Teigs 1 cm dick und kreisrund ausrollen, in die vorbereitete Form geben und den Rand 2,5 cm hochziehen. Die Konfitüre gleichmäßig auf dem Teigboden verteilen.

4. Den restlichen Teig ausrollen und mit einem Teigrädchen in 1 cm breite Streifen schneiden. Die Teigstreifen als Gitternetz über den Konfitürebelag legen. Im Ofen auf mittlerer Schiene 30–40 Minuten backen.

5. Aus dem Ofen nehmen und vollständig abkühlen lassen. Dann in Alufolie wickeln und mindestens eine Woche ruhen lassen: Linzer Torte wird niemals frisch aus dem Ofen serviert und schmeckt besser, je länger sie ruht.

3.

3.

4.

Früchtebrot

ERGIBT 1 Laib

ZUBEREITUNGSZEIT: 20 Minuten,
plus 2 Stunden, 20 Minuten Ruhezeit

BACKZEIT: 70 Minuten

ZUTATEN

500 g Mehl (Type 550),
plus etwas mehr zum Bestäuben
1 Prise Salz
2 TL Lebkuchengewürz
120 g Butter, gewürfelt
1 Tütchen Trockenbackhefe
120 g brauner Feinstzucker
120 g Korinthen
120 g Sultaninen
25 g Orangeat, gehackt
25 g Zitronat, gehackt
fein abgeriebene Schale von 1 Orange
1 Ei, verquirlt
150 ml lauwarme Milch
Pflanzenöl, zum Einfetten

Früchtebrote sind vor allem in der Adventszeit sehr beliebt. In einigen Regionen Süddeutschlands und Österreichs wurde das Brot traditionell nach der Christmesse an alle Familienmitglieder verteilt. Dazu wurden getrocknete Birnen und Butter gereicht

1. Mehl, Salz und Lebkuchengewürz in eine große Schüssel sieben. Die Butter mit den Händen hineinreiben, bis eine feinkrümelige Masse entstanden ist. Hefe, Zucker, Trockenfrüchte, Orangeat, Zitronat und Orangenschale untermischen. Ei und Milch zugeben und alles zu einem weichen Teig verarbeiten.

2. Den Teig auf einer leicht bemehlten Arbeitsfläche kurz durchkneten. Eine Schüssel mit Mehl bestäuben. Den Teig zu einer Kugel formen und in die Schüssel geben. Abgedeckt an einem warmen Ort 2 Stunden gehen lassen.

3. Eine Kastenform (1 l Inhalt) einfetten. Den Teig auf einer leicht bemehlten Arbeitsfläche nochmals kurz durchkneten, dann in die Form geben. Abgedeckt an einem warmen Ort weitere 20 Minuten gehen lassen. Inzwischen den Backofen auf 180 °C vorheizen. Das Früchtebrot darin 70 Minuten backen, bis es gut aufgegangen und goldbraun ist. Das Brot in der Form erkalten lassen.

1.

2.

3.

1.

2.

4.

Zwiebelkuchen

FÜR 10–12 Personen

ZUBEREITUNGSZEIT: 35 Minuten,
plus 1¼ Stunden Ruhezeit

BACKZEIT: 50 Minuten

ZUTATEN

Teig

*350 g Mehl, plus etwas
mehr zum Bestäuben*

125 ml lauwarme Milch

21 g frische Hefe

1 TL Zucker

*2 EL Butter, zerlassen,
plus etwas mehr zum Einfetten*

Belag

4 milde Zwiebeln, in Streifen geschnitten

1 EL Butter

70 g geräucherter Speck, gewürfelt

Salz und Pfeffer

3 Eier

350 g Crème double

Der herzhafte Zwiebelkuchen ist in Deutschland das klassische Essen zum neuen Wein, auch Federweißer genannt. In den Weinbaugebieten und auf Weinfesten genießen die Teilnehmer ihn gern warm. Im Gegensatz zum elsässischen Flammkuchen werden die Zwiebeln für diesen Kuchen vorher gedünstet.

1. Für den Teig 100 g Mehl in eine Schüssel geben und in die Mitte eine Vertiefung drücken. Die Milch hineingießen und die Hefe hineinbröckeln. Mit dem Zucker bestreuen und 15 Minuten gehen lassen.

2. Restliches Mehl und Butter zugeben und alles zu einem geschmeidigen Teig verkneten. Mit einem feuchten Küchentuch abdecken und erneut 1 Stunde gehen lassen, bis sich das Teigvolumen verdoppelt hat. Auf einer leicht bemehlten Arbeitsfläche zu einem 32 cm großen Kreis ausrollen.

3. Den Ofen auf 160 °C vorheizen. Eine Springform (28 cm Ø) einfetten, den Teig hineingeben und den Rand hochziehen.

4. Für den Belag die Butter in einer Pfanne erhitzen und den Speck darin etwa 1–2 Minuten braten. Die Zwiebelstreifen zufügen und weitere 5–6 Minuten braten, bis sie glasig sind. Mit Salz und Pfeffer abschmecken, vom Herd nehmen und abkühlen lassen. Den Belag gleichmäßig auf dem Teigboden verteilen.

5. Eier und Crème double verrühren, mit Salz und Pfeffer würzen und über den Belag gießen. Den Zwiebelkuchen im Ofen 50 Minuten goldbraun backen. Wenn die Oberfläche zu schnell bräunt, mit Alufolie abdecken. Heiß oder kalt servieren.

1.

2.

4.

FRÜHLINGSZWIEBEL-
Käse-Quiche

FÜR 8 Personen

ZUBEREITUNGSZEIT: 35 Minuten,
plus 1 Stunde Ruhezeit

BACKZEIT: 45 Minuten

ZUTATEN

Teig
200 g Mehl
1 Prise Salz
125 g weiche Butter
120 ml Wasser

Belag
1 EL Öl, plus etwas mehr zum Einölen
3–4 Frühlingszwiebeln, fein gehackt
3 Eier
150 g Emmentaler, gerieben
150 g gekochter Schinken, gewürfelt
200 g Crème double
1 Prise frisch geriebene Muskatnuss
Salz und Pfeffer

Die Frühlingszwiebel ist eine spezielle Art der (großen) Speisezwiebel. Sie wird schon im Frühjahr – quasi „zu früh" – geerntet: Ihr unterstes Ende beginnt sich gerade erst zu einer Zwiebel zu verdicken. Mit ihrem knackig-frischen Geschmack verfeinert sie etliche Speisen, wie diesen herzhaften Kuchen. Das Aroma der Frühlingszwiebel ist im Gegensatz zur gemeinen Speisezwiebel sehr mild, ihre Stängel besitzen einen feinen Lauchgeschmack – hier nach Schweizer Art mit Käse kombiniert.

1. Für den Teig Mehl, Salz und Butter in eine Schüssel geben und verkneten. Nach und nach das Wasser unter Rühren zugeben und alles zu einem festen Teig verarbeiten. In Frischhaltefolie einschlagen und 1 Stunde im Kühlschrank ruhen lassen.

2. Den Backofen auf 180 °C vorheizen. Eine rechteckige, geriffelte Auflaufform (25 cm × 30 cm) einölen. Das Öl in einer Pfanne erhitzen und die Frühlingszwiebeln darin bei mittlerer Hitze etwa 5 Minuten glasig dünsten. Vom Herd nehmen und abkühlen lassen.

3. Die Eier in einer Schüssel schaumig rühren, Käse und Schinken zufügen und gut vermischen. Dann Crème double und Frühlingszwiebeln unterrühren. Mit Muskatnuss, Salz und Pfeffer würzen.

4. Die vorbereitete Form mit dem Teig auskleiden, den Rand hochziehen und den Boden mehrmals mit einer Gabel einstechen. Den Belag gleichmäßig auf dem Boden verteilen und die Quiche im Ofen auf unterer Schiene 45 Minuten backen, bis sie goldbraun und der Belag fest ist. Heiß oder kalt servieren.

Backen *im* SKANDINAVISCHEN STIL

Kuchen, Brot und Gebäck sind aus dem skandinavischen Alltag nicht wegzudenken. Dies liegt zweifellos auch an den äußeren klimatischen Bedingungen, die dafür sorgen, dass herzhafte und nahrhafte Speisen eine wesentliche Rolle spielen. Ein
kleiner Snack zwischendurch heitert gerade in der dunklen
Jahreszeit die Stimmung auf und sorgt zudem für die nötigen
Widerstandskräfte. Knäckebrot mit viel Butter und Kuchen mit
den obligatorischen Blaubeeren sind im ganzen Norden in den
sogenannten „Weißen Nächten" besonders beliebt. In der Zeit
um den 24. Juni, in denen es nachts kaum dunkel wird, feiert
man die Rückkehr des Sommers. Früher glaubte man, dass der
Morgentau jener Nacht kranke Menschen heilen konnte. Daher
sammelte man den Tau in einer Flasche und verwendete das
Wasser zum Brotbacken, weil damit das Brot besonders groß
und lecker würde.

Die skandinavische Lebensweise ist idyllisch, aber – angesichts der oft rauhen Wetterverhältnisse – auch ein Grund dafür, dass man sehr viel Wert auf ein gemütliches Zuhause legt. Traditionelles Backen gehört auf jeden Fall dazu und ist immer ein willkommener Anlass, die Familie an einem Tisch zu versammeln.

Prinzessinnen-Torte

FÜR 12 Personen

ZUBEREITUNGSZEIT: 30 Minuten

BACKZEIT: 40 Minuten

ZUTATEN

Teig
Butter, zum Einfetten
Semmelbrösel, zum Bestreuen
4 Eier
225 g Zucker
60 g Mehl
80 g Kartoffelmehl
1 TL Backpulver

Füllung
240 g Crème double
4 Eigelb
3 EL Kartoffelmehl
oder 2 EL Speisestärke
2 EL Zucker
2 TL Vanillearoma
480 g geschlagene Sahne

Belag
300 g Marzipanrohmasse
grüne Lebensmittelfarbe
gelbe Lebensmittelfarbe
Puderzucker, zum Bestäuben
rosafarbene Marzipanrose und grüne Marzipanblätter, zum Dekorieren

Die Torte stammt von Jenny Åkerström. Sie war Hauswirtschaftslehrerin der drei schwedischen Prinzessinnen Margaretha, Martha und Astrid und veröffentlichte ihnen zu Ehren 1929 ein Kochbuch. Das Rezept für die später beliebte Prinzessinnen-Torte stand aber erst in der Ausgabe von 1948 in dem Buch: unter dem Namen „Grüner Kuchen". Unklar ist, warum das Marzipan grün gefärbt wird. Auffallend ist die Torte allemal.

1. Den Backofen auf 190 °C vorheizen. Eine Springform (24 cm Ø) einfetten und mit Semmelbröseln ausstreuen. Eier und Zucker in einer Schüssel mit einem Handrührgerät schaumig rühren.

2. Mehl, Kartoffelmehl und Backpulver vermischen und unter die Eimischung rühren, bis ein gebundener Teig entsteht. Den Teig in die Form füllen, glatt streichen und im Ofen auf unterster Schiene 40 Minuten backen, bis er goldbraun ist. Der Kuchen ist gar, wenn ein in die Mitte gestochenes Holzstäbchen sauber herauskommt. Zum Abkühlen auf ein Kuchengitter setzen.

3. Für die Füllung Crème double, Eigelb, Mehl und Zucker in einen kleinen Topf vermischen, erhitzen und bei geringer Hitze unter ständigem Rühren köcheln, bis alles andickt. Vom Herd nehmen und das Vanillearoma einrühren.

4. Für den Belag das Marzipan kneten, bis es weich ist. Dann nach und nach grüne und gelbe Lebensmittelfarbe zugeben und einkneten, bis das Marzipan eine hellgrüne Farbe hat. Mit den Händen flach drücken, zwischen zwei Lagen Backpapier oder auf eine mit Puderzucker bestäubte Arbeitsfläche legen und 2 mm dick und zu einem 30 cm großen Kreis ausrollen.

5. Den abgekühlten Kuchen horizontal in 3 Schichten schneiden, wobei die oberste Schicht ein wenig dünner sein sollte als die anderen. Die Hälfte der Füllung auf der untersten Schicht verteilen. Die zweite Schicht auflegen und die restliche Füllung darauf verteilen. Darauf die Schlagsahne streichen, dann die letzte Schicht des Kuchens auflegen und mit den Händen vorsichtig eine Kuppel formen. Darauf achten, dass nicht zu viel Sahne herausgedrückt wird.

6. Das ausgerollte Marzipan über die Torte legen und vorsichtig ziehen und formen, bis die ganze Torte ummantelt ist. Das überschüssige Marzipan am Boden des Kuchens mit einem sehr scharfen Messer abschneiden. Die Oberseite mit Puderzucker bestäuben und mit Marzipanrosen und -blättern dekorieren. Bis zum Servieren kühlen.

2.

3.

4.

4.

1.

2.

4.

Semla
Hefebrötchen

Das Semla ist ein Hefebrötchen, mit Marzipanmasse und Sahne gefüllt. In Skandinavien ist es ein traditionelles Gebäck zum Faschingsdienstag – dem Tag vor Beginn der Fastenzeit. Die deshalb „fetter Dienstag" genannten Semla wurden ursprünglich in einem tiefen Teller mit heißer Milch serviert – zum Teil bieten Cafés sie heute wieder so an.

1. Milch und Kardamom in einem Topf erhitzen, bis die Milch lauwarm ist. Vom Herd nehmen, die Hefe hineinbröckeln und rühren, bis sie aufgelöst ist. Ei, Butter, Zucker und Salz in einer Schüssel cremig rühren. Das Mehl in eine große Schüssel geben. Ei-Butter- und Hefemischung zufügen und alles zu einem glatten Teig verarbeiten. Mit einem feuchten Küchentuch abdecken und etwa 1 Stunde gehen lassen, bis sich das Teigvolumen verdoppelt hat.

2. Den Backofen auf 200 °C vorheizen. Ein Backblech mit etwas Mehl bestäuben. Den Teig in 14–16 gleich große Stücke teilen, diese zu Kugeln formen und auf das vorbereitete Blech legen. Abgedeckt erneut 10 Minuten gehen lassen.

3. Eigelb und etwas Milch mit dem Schneebesen aufschlagen und die Oberfläche der Brötchen damit bestreichen. Dann auf mittlerer Schiene im Ofen 6–7 Minuten backen, herausnehmen und abkühlen lassen.

4. Das obere Drittel der Brötchen als Kappe abschneiden und beiseitestellen. Für die Füllung die Brötchen mit den Fingern leicht aushöhlen und die Krumen in einer Schüssel mit Marzipan und Milch zu einer weichen Masse verarbeiten. Jeweils etwa 3 Teelöffel der Füllung in die Brötchen füllen, die geschlagene Sahne darüber verteilen und das obere Drittel der Brötchen wieder aufsetzen. Mit Puderzucker bestreuen und servieren.

ERGIBT 14–16 Stück

ZUBEREITUNGSZEIT: 35 Minuten, plus 70 Minuten Ruhezeit

BACKZEIT: 6–10 Minuten

ZUTATEN

Teig
300 ml Milch, plus etwas mehr zum Bestreichen
1 EL Kardamom
50 g frische Hefe
1 Ei
150 g weiche Butter
140 g Zucker
½ TL Salz
600 g Mehl, plus etwas mehr zum Bestäuben
1 Eigelb
Puderzucker, zum Bestreuen

Füllung
400 g Marzipanrohmasse
2 EL Milch
400 g geschlagene Sahne

Äppelkaka

SCHWEDISCHER APFELKUCHEN

FÜR 10–12 Personen

ZUBEREITUNGSZEIT: 20 Minuten

BACKZEIT: 50 Minuten

ZUTATEN

230 g weiche Butter, plus etwas mehr zum Einfetten

3 EL zerkrümelte Butterkekse

275 g Zucker

4 Eier

175 g Mehl

1 TL Backpulver

4–6 Äpfel, geschält, entkernt und in Spalten geschnitten

2 TL Zimt, gemischt mit 3 EL Zucker

140 g gehackte Mandeln

Wenn es nach einem langen Sommer wieder kühl wird und das Kernobst reif ist, muss dieser saftige schwedische Apfelkuchen auf den Tisch. Frische Äpfel, Zimt und Mandeln geben ihm den unvergleichlichen Geschmack, der gern noch von Schlagsahne oder Vanillesauce gekrönt wird.

1. Den Backofen auf 175 °C vorheizen. Eine Springform (26 cm Ø) mit Butter einfetten und mit den Kekskrümeln ausstreuen. Butter und Zucker mit dem Handrührgerät schaumig rühren, dann nach und nach die Eier einrühren. Mehl und Backpulver vermischen, in die Butter-Eier-Mischung geben und alles zu einem glatten Teig verarbeiten.

2. Den Teig in die Springform geben, mit den Apfelspalten belegen und mit dem Zimtzucker bestreuen.

3. Die Mandeln über den Kuchen streuen und diesen im Ofen etwa 50 Minuten backen. Er ist gar, wenn ein in die Mitte gestochenes Holzstäbchen sauber herauskommt. Aus dem Ofen nehmen, in Stücke schneiden und warm oder kalt servieren.

Mandelsticks

Mandelsticks bieten einen reizvollen Knusperspaß, vor allem für Kinder: Schon ein kleiner Biss genügt, um das nussig-süße Aroma zu genießen. Der Aufwand ist zwar etwas höher als für normale Snacks – aber es lohnt sich.

1. Den Backofen auf 180 °C vorheizen. Ein Backblech (30 cm × 40 cm) mit Backpapier auslegen. Butter und Zucker in einer Schüssel schaumig rühren. 2 Eier und Bittermandelaroma zufügen und einrühren. Mehl und Salz in eine andere Schüssel sieben, dann die Butter-Eimischung zugeben und alles zu einem geschmeidigen Teig verkneten.

2. Den Teig auf einer leicht bemehlten Arbeitsfläche 2 cm dick ausrollen. Mit einem scharfen Messer 25–30 Stäbchen von je 2 cm × 5 cm schneiden.

3. Die restlichen Eier in einer flachen Schüssel verquirlen. Die Mandeln in eine andere Schüssel geben. Die Teigstreifen zuerst in das verquirlte Ei tauchen und dann in den Mandeln wälzen und panieren. Mit etwas Zucker bestreuen und auf das vorbereitete Blech legen.

4. Die Mandelsticks im Ofen 8–10 Minuten backen, herausnehmen und auf einem Kuchengitter abkühlen lassen. Sie halten sich in einem luftdichten Behälter bis zu 1 Woche.

ERGIBT 25–30 Stück

ZUBEREITUNGSZEIT: 20–25 Minuten

BACKZEIT: 8–10 Minuten

ZUTATEN

225 g weiche Butter

100 g Feinstzucker, plus etwas mehr zum Bestreuen

4 Eier

5 Tropfen Bittermandelaroma

375 g Mehl, plus etwas mehr zum Bestäuben

¼ TL Salz

190 g gehackte Mandeln

2.

ZEIT
für einen
SEMLA

Ohne Semla wäre Stockholm nicht die Hauptstadt der skandinavischen Backtradition. Die kleine Pause zwischendurch – mit einem Semla und einer Tasse Kaffee – ist so populär, dass sie für eine Worterfindung verantwortlich ist.

Vor dem legendären „Semmelmannen" haben die Menschen in Stockholm größten Respekt. Niemand weiß, wie er heißt, wie er aussieht und wann es ihn durch die Straßen treibt. Sicher ist nur, dass der „Semmelmannen" sich jeden Tag einen Bäcker vorknöpft, ein legendäres schwedisches Semla-Brötchen kauft, es verzehrt und danach gnadenlos in den Tageszeitungen und im Internet in einem eigenen Blog bewertet. Wer gut abschneidet, dessen Bäckerei hat in den Tagen danach über einen Mangel an Arbeit nicht zu klagen. Denn das mit einer Mandelcreme und Sahne gefüllte Hefebrötchen, das im Schwedischen Semla heißt, gehört zu den wenigen kulinarischen Kulturgütern des skandinavischen Landes. Traditionell wird die Kalorienbombe eigentlich zwischen Faschingsdienstag und Ostern angeboten. Doch Semla ist so beliebt, dass bereits unmittelbar nach Weihnachten die Schaufenster so sehr mit ihnen dekoriert sind, dass man meinen könnte, es gebe in Schweden keine andere Spezialität. Für den „Semmelmannen" war es daher nur logisch, diese Leckerei einem fachkundigen Test zu unterziehen. Was einen besonders gelungenen Semla wirklich ausmacht, beschreibt der Kritiker so: „Die verwendeten Zutaten müssen perfekt sein, die Mandelpaste schmackhaft, aber nicht aufdringlich, und die Sahne sollte aussehen, als sei sie in einer Backform entstanden. Alles muss gut komponiert sein, und die Proportionen müssen stimmen." Wenn die Voraussetzungen gegeben sind, steht auch einem gemütlichen Fika nichts entgegen, bei der auch der Semla die Hauptrolle spielt. Sie kennen Fika nicht? Fika kann man am späten Vormittag, am frühen oder auch späten Nachmittag machen oder abhalten. Für Fika sollte man jedenfalls immer Zeit haben, auch wenn es ein Begriff ist, den es offiziell eigentlich nicht gibt. Für „Fika" gibt es keine Übersetzung, dafür aber eine sehr genaue Definition, die das berühmteste aller schwedischen Möbelhäuser in seinem Backbuch mit dem Titel „Fika" einmal so formulierte: „Es ist die Pause mit Kaffee und Gebäck, ein Eckpfeiler der schwedischen Esskultur. Ein Moment der Entspannung im Kreise der Freunde, Familie und Kollegen." Fika geht zu jeder Zeit, überall und in jedem Zusammenhang. Nun gehört Fika nicht unbedingt in allen skandinavischen Ländern zu den üblichen Landessitten. Tatsache ist aber, dass die Auszeit „auf eine Tasse Kaffee" überall zu den lieb gewonnenen Gewohnheiten gehört, ganz gleich, ob in Dänemark, Schweden, Norwegen oder Finnland. Die kleine Pause zwischendurch erhöht eindeutig die Arbeitsproduktivität – im Büro, in der Schule oder zu Hause!

3.

4.

5.

Tosca-KUCHEN

FÜR 8 Personen

ZUBEREITUNGSZEIT: 20 Minuten

BACKZEIT: 35–40 Minuten

ZUTATEN

Teig
*120 g Butter, zerlassen,
plus etwas mehr zum Einfetten*
*150 g Mehl, plus etwas
mehr zum Bestäuben*
1 TL Backpulver
½ TL Salz
5 Tropfen Vanillearoma
5 EL Milch
3 Eier
150 g Feinstzucker

Belag
60 g Butter
125 g Feinstzucker
5 EL Schlagsahne
2 EL Mehl
85 g Mandelblättchen
1 Tropfen Bittermandelaroma
5 Tropfen Vanillearoma

Der Tosca-Kuchen ist in Skandinavien populär – vermutlich benannt nach der im Jahr 1900 uraufgeführten Oper von Giacomo Puccini. Dort geht es um Liebe und Leid von ganz normalen Menschen. Der kinderleicht herzustellende Kuchen wird gern Besuchern gereicht: Er wird in den Ofen geschoben, wenn die Gäste durch die Einfahrt kommen, die dann schon den Duft des lockeren Kuchen mit seiner karamellisierten Mandelschicht schnuppern können.

1. Den Backofen auf 180 °C vorheizen. Eine Springform (24 cm Ø) einfetten und mit Mehl bestäuben. Den Boden mit Backpapier auslegen und dieses ebenfalls einfetten.

2. Mehl, Backpulver und Salz in einer Schüssel vermischen und beiseitestellen. In einer anderen Schüssel Butter, Vanillearoma und Milch verrühren und an einen warmen Ort stellen, sodass die Buttermilch flüssig bleibt.

3. Eier und Zucker in einer Rührschüssel mit einem Handrührgerät steif schlagen. Nach und nach abwechselnd Mehl- und Butter-Milch-Mischung zugeben und einrühren, bis ein glatter Teig entsteht. In die Form füllen und im Ofen 20–25 Minuten backen, bis die Oberfläche leicht gebräunt ist.

4. Für den Belag Butter, Zucker, Sahne und Mehl in einem Topf verrühren und bei mittlerer Hitze unter Rühren köcheln, bis alles gebunden ist. Die Mandeln zugeben und 1 weitere Minute köcheln lassen. Vom Herd nehmen und Bittermandelaroma und Vanillearoma einrühren.

5. Den Kuchen aus dem Ofen nehmen. Die Temperatur auf 200 °C erhöhen. Den Belag gleichmäßig auf dem Kuchen verteilen. Dann weitere 15 Minuten im Ofen goldbraun backen. Abkühlen lassen, in Stücke schneiden und servieren.

Kladdkaka

SCHOKOLADENTÖRTCHEN

ERGIBT 9 Stück

ZUBEREITUNGSZEIT: 15 Minuten

BACKZEIT: 15–20 Minuten

ZUTATEN

125 g Butter, zerlassen,
plus etwas mehr zum Einfetten
2 Eier
275 g Zucker
50 g Mehl
1 Prise Salz
4 EL Kakaopulver
Cranberrys, zum Dekorieren
Puderzucker, zum Bestäuben
geschlagene Sahne (nach Belieben)

(Fast) jede schwedische Familie hat ihr eigenes Kladdkaka-Rezept. So beliebt ist dort der saftige und süße Schokoladenkuchen mit viel Zucker und wenig Mehl. Er ist ähnlich wie ein Brownie, aber zumindest in der Mitte noch weicher und dichter. Dazu passen Sahne oder auch Vanilleeis.

1. Den Backofen auf 180 °C vorheizen. 9 Förmchen einer 12er-Muffinform leicht einfetten. Eier und Zucker in einer großen Schüssel schaumig aufschlagen, dann nach und nach Mehl und Salz einrühren, bis ein gebundener Teig entsteht.

2. Kakaopulver und Butter in einer zweiten Schüssel glatt rühren und in den Teig einarbeiten.

3. Den Teig in die Förmchen geben und im Ofen 15–20 Minuten backen. Die Kladdkaka sind dann gar, wenn ein in die Mitte gestochenes Holzstäbchen sauber herauskommt. Aus dem Ofen nehmen und abkühlen lassen.

4. Die Kladdkaka mit Cranberrys dekorieren, mit Puderzucker bestäuben und nach Belieben mit Schlagsahne servieren.

1.

2.

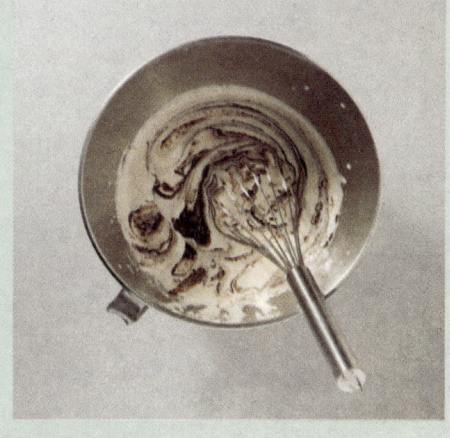

3.

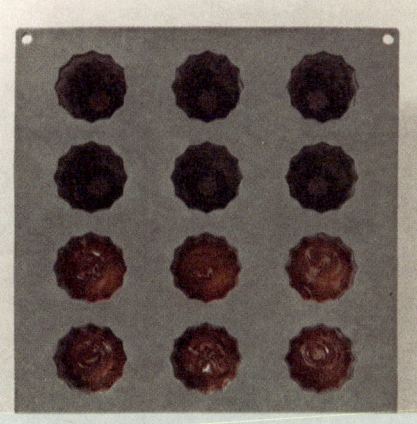

1.

2.

4.

Mazariner

MANDELTÖRTCHEN

ERGIBT 12 Stück

ZUBEREITUNGSZEIT: 30 Minuten,
plus 2 Stunden Ruhezeit

BACKZEIT: 10–15 Minuten

ZUTATEN

Teig
*150 g Mehl, plus etwas
mehr zum Bestäuben*
½ TL Backpulver
85 g Feinstzucker
110 g Butter, plus etwas mehr zum Einfetten
1 Ei
1 TL Wodka

Füllung
100 g Butter
2 Eier
100 g Feinstzucker
150 g Mandelblättchen
5 Tropfen Bittermandelaroma

Glasur
150 g Puderzucker
2 EL Milch oder Wasser
*Mandelblättchen und halbierte
Belegkirschen, zum Dekorieren*

Diese Törtchen sind nach dem italienisch-französischen Kardinal und Politiker Jules Mazarin (1602–1661) benannt. Der Mann war ein Gourmet und förderte den Austausch von Rezepten in Europa. Die schwedischen Mazariner haben sich vermutlich schon vor Jahrzehnten aus anderen europäischen Mandeltörtchen entwickelt und gelten unter Kennern als besonders gelungen.

1. Für den Teig Mehl, Backpulver, Zucker, Butter, Ei und Wodka in eine große Schüssel geben und vermengen, bis ein weicher Teig entsteht. Falls nötig, etwas Wasser einarbeiten, um die richtige Konsistenz zu erreichen. Den Teig mit Frischhaltefolie abdecken und 2 Stunden im Kühlschrank ruhen lassen.

2. Den Backofen auf 180 °C vorheizen. Eine 12er-Muffinform einfetten. Den Teig auf einer leicht bemehlten Arbeitsfläche 5 mm dick ausrollen. Mit einer runden Ausstechform 12 Teigkreise ausstechen, die so groß sind, dass man die Vertiefungen der Form damit auskleiden kann. Die Teigkreise in die Förmchen drücken.

3. Für die Füllung die Butter in einem kleinen Topf zerlassen. Eier und Zucker in einer Schüssel verrühren, Mandeln und Bittermandelaroma zugeben und einrühren. Dann die zerlassene Butter zugeben und weiterrühren, bis eine gebundene Creme entsteht.

4. Die Füllung in die Förmchen füllen und die Mazariner im Backofen 10–15 Minuten goldbraun backen. Herausnehmen und abkühlen lassen.

5. Für die Glasur Puderzucker und Wasser in einer Schüssel glatt rühren. Die abgekühlten Mazariner großzügig mit der Glasur bestreichen und diese fest werden lassen. Mit Mandelblättchen und Belegkirschen dekorieren und servieren.

SCHWEDISCHER KAROTTENKUCHEN

Morotskaka

FÜR 8–10 Personen

ZUBEREITUNGSZEIT: 20–25 Minuten

BACKZEIT: 40–45 Minuten

ZUTATEN

*175 g Sonnenblumenöl,
plus etwas mehr zum Einfetten*
175 g heller Muskovado-Zucker
3 Eier, verquirlt
175 g Karotten, gerieben
85 g Sultaninen
55 g grob gehackte Walnusskerne
abgeriebene Schale von 1 Orange
175 g Mehl
2 ½ TL Backnatron
1 TL Zimt
½ TL frisch geriebene Muskatnuss

Glasur
200 g Frischkäse
100 g Puderzucker, gesiebt
2 TL Orangensaft
Orangenzesten, zum Dekorieren

Die Karotte oder Möhre ist – nach der Zuckerrübe – das Gemüse mit dem höchsten Zuckergehalt. Die in klimatisch gemäßigten Regionen hervorragend wachsenden Pflanzen wurden deshalb gerne verwendet, wenn andere Süßungsmittel knapp oder teuer waren. Darüber hinaus sind Karotten gesund. Und mit ihnen lassen sich weiche und saftigen Kuchen herstellen.

1. Den Backofen auf 180 °C vorheizen. Eine quadratische Backform (24 cm × 24 cm) einfetten und mit Backpapier auskleiden.

2. Öl, Zucker und Eier in einer großen Schüssel glatt rühren. Karotten, Sultaninen, Walnüsse und Orangenschale unterheben.

3. Mehl, Natron, Zimt und Muskatnuss darübersieben und sorgfältig unter die Eimasse rühren.

4. Den Teig in die vorbereitete Form füllen und die Oberfläche glatt streichen. Den Kuchen im Ofen 40–45 Minuten backen, bis er aufgegangen und fest ist.

5. Den Kuchen 5 Minuten in der Form abkühlen lassen, dann herauslösen und auf einem Kuchengitter vollständig erkalten lassen.

6. Für die Glasur Frischkäse, Puderzucker und Orangensaft glatt rühren und auf der Oberfläche des Kuchens verstreichen.

7. Den Kuchen in Quadrate schneiden, mit Orangenzesten dekorieren und servieren.

2.

3.

5.

6.

2.

4.

5.

Troika-
Kuchen

FÜR 10–12 Personen

ZUBEREITUNGSZEIT: 35 Minuten,
plus Kühlzeit

BACKZEIT: 35–40 Minuten

ZUTATEN

Teig
125 g Butter, zerlassen,
plus etwas mehr zum Einfetten
280 g Mehl
140 g Kakaopulver
260 g Feinstzucker
1 ½ TL Backpulver
2 ½ TL Backnatron
½ TL Salz
4 Eier
5 Tropfen Vanillearoma
5 EL Buttermilch

Füllung und Überzug
200 g Himbeerkonfitüre
200 g Schlagsahne
2 EL Feinstzucker
5 Tropfen Vanillearoma
250 g Marzipanrohmasse
Puderzucker, zum Bestäuben
rote Lebensmittelfarbe

Dieses norwegische Rezept steht für einen gehaltvollen Schokoladenkuchen mit Himbeerkonfitüre, Sahne und Marzipan. Der Name „Troika" hat russische Wurzeln und bezieht sich auf die „drei Lagen".

1. Den Backofen auf 180 °C vorheizen. Ein quadratisches Backblech oder eine Backform (30 cm × 30 cm) mit leicht eingefettetem Backpapier auslegen.

2. Mehl, Kakaopulver, Zucker, Backpulver, Natron und Salz mit dem Schneebesen in einer großen Schüssel verrühren. Eier, Vanillearoma, Buttermilch und Butter zugeben und gut einrühren.

3. Den Teig gleichmäßig auf dem Blech verteilen und glatt streichen. Den Kuchen im Ofen 35–40 Minuten backen, bis ein in die Mitte gestochenes Holzstäbchen sauber herauskommt. Auf ein Kuchengitter stürzen, das Backpapier abziehen und vollständig auskühlen lassen.

4. Den Kuchen mit einem großen Messer horizontal mittig durchschneiden. Die untere Hälfte auf eine Arbeitsfläche legen und mit der Himbeerkonfitüre bestreichen. Die Sahne mit Zucker und Vanillearoma steif schlagen. Ein Viertel der Sahne beiseitestellen und die restliche gleichmäßig auf der Konfitürenschicht verstreichen. Die obere Kuchenhälfte darüberlegen und den Kuchen bis zur Fertigstellung in den Kühlschrank stellen.

5. Für den Überzug das Marzipan auf einer mit Puderzucker bestäubten Arbeitsfläche weich kneten und ein paar Tropfen der Lebensmittelfarbe einarbeiten, bis es eine leicht rosa Farbe bekommt. Das Marzipan dünn in der Größe des Kuchens ausrollen. Den Kuchen aus dem Kühlschrank nehmen und mit der restlichen Sahne bestreichen. Die Marzipanschicht darauflegen und sanft andrücken. Mit einem scharfen Messer die Kanten glatt schneiden. Den Troika-Kuchen in Quadrate schneiden und kühl servieren.

Skoleboller

HEFEBRÖTCHEN

ERGIBT 12 Stück

ZUBEREITUNGSZEIT: 45 Minuten,
plus 70 Minuten Ruhezeit

BACKZEIT: 10–15 Minuten

ZUTATEN

Teig
*70 g Butter, zerlassen,
plus etwas mehr zum Einfetten*
300 ml lauwarme Milch
2 TL Trockenbackhefe
½ TL Salz
1 TL gemahlener Kardamom
50 g Feinstzucker
500 g Mehl

Füllung
250 ml Milch
2 EL Mehl
2 EL Vanillezucker
2 Eigelb, verquirlt

Glasur
100 g Puderzucker
2 EL Zitronensaft
35 g Kokosraspel, zum Bestreuen

Das Rezept für die norwegischen Skoleboller stammt aus den 1950er-Jahren. Damals wollte man für Schulkinder ein einfaches Gebäck kreieren, das sie aus der Hand essen konnten. Der flache Hefeteigfladen wird mit Vanillecreme gefüllt und nach dem Backen mit einer Zuckerglasur bestrichen. Für die besondere Geschmacksnote sorgt das Gewürz Kardamom.

1. Butter, Milch und Hefe in einer großen Schüssel vermischen. Salz, Kardamom, Zucker und Mehl zufügen und alles verkneten, bis ein glatter Teig entsteht. Mit einem feuchten Küchentuch abdecken und mindestens 1 Stunde gehen lassen, bis sich das Teigvolumen verdoppelt hat.

2. Den Teig in 12 gleich große Stücke teilen, diese zu Kugeln formen und auf das vorbereitete Blech legen. Abgedeckt erneut 10 Minuten gehen lassen. Den Backofen auf 220 °C vorheizen. Ein großes Backblech einfetten.

3. Für die Füllung Milch, Mehl, Vanillezucker und Eigelb in eine Schüssel geben und verrühren. Die Mischung in einen Topf geben und unter ständigem Rühren aufkochen und weiterrühren, bis die Creme andickt. In eine Schüssel geben und abkühlen lassen.

4. Die Teigkugeln etwas flach drücken und mit dem Daumen jeweils in die Mitte eine Vertiefung drücken. Die Füllung mit einem Löffel in die Mulde füllen. Die Brötchen im Ofen 10–15 Minuten goldbraun backen. Herausnehmen und auf einem Kuchengitter abkühlen lassen.

5. Für die Glasur Puderzucker und Zitronensaft in einer kleinen Schüssel glatt rühren. Die Skoleboller mit dem Zuckerguss bestreichen, mit den Kokosraspeln bestreuen und servieren.

1.

3.

3.

3.

4.

5.

Sarah-Bernhardt-
Makronen

Eine exzentrische Frau gab diesem extravaganten Konfekt ihren Namen: Sarah Bernhardt (1844–1923) war eine französische Schauspielerin, vom Publikum heiß verehrt. Sie war eine der frühen Weltstars. Auf ihren Tourneen gastierte sie auch in Dänemark, was ihr die Dänen mit diesem Rezept dankten.

1. Für die Cremefüllung (Ganache) Crème double, Honig, Salz und Vanillearoma in einem Topf unter Rühren aufkochen. Vom Herd nehmen, die Schokolade zufügen und mit einem Holzlöffel rühren, bis sie geschmolzen ist. Mit Frischhaltefolie abdecken und 8 Stunden oder über Nacht kühlen und durchziehen lassen.

2. Den Backofen auf 160 °C vorheizen. Zwei Backbleche und ein Holzbrett mit Backpapier auslegen.

3. Für die Makronen Marzipan, Zucker, Bittermandelaroma und Salz in einer Schüssel vermischen. Nach und nach unter Rühren das Eiweiß zufügen, bis einer gebundener Teig entsteht.

4. Den Teig in einen Spritzbeutel mit glatter 1-cm-Tülle füllen und 30–35 runde Plätzchen (etwa 2 cm Ø) auf die vorbereiteten Backbleche spritzen. Die Makronen im Ofen 12 Minuten backen, herausnehmen und abkühlen lassen.

5. Die Makronen auf das Brett legen. Einen Spritzbeutel mit der Ganache füllen und auf jede Makrone einen kleinen Hügel aufspritzen. Die Makronen etwa 30 Minuten im Kühlschrank ruhen lassen.

6. Für die Glasur die Schokolade in einer hitzebeständigen Schüssel über einem Wasserbad schmelzen. Vom Wasserbad nehmen, das Öl einrühren und etwas abkühlen lassen.

7. Die Makronen aus dem Kühlschrank nehmen und einzeln in die Glasur eintauchen. Auf einem Kuchengitter abkühlen lassen und nach Belieben mit weißer Kuvertüre dekorieren. Das Konfekt im Kühlschrank aufbewahren und vor dem Servieren auf Zimmertemperatur erwärmen lassen.

ERGIBT 30–35 Stück

ZUBEREITUNGSZEIT: 1 Stunde, plus 8 ½ Stunden Kühlzeit

BACKZEIT: 12 Minuten

ZUTATEN

Ganache
480 g Crème double
3 EL flüssiger Honig
1 Prise Salz
5 Tropfen Vanillearoma
450 g Zartbitterschokolade, in Stücke gebrochen

Makronen
240 g Marzipanrohmasse
90 g Feinstzucker
5 Tropfen Bittermandelaroma
½ TL Salz
2 Eiweiß

Glasur
180 g Zartbitterschokolade, mind. 75 % Kakaoanteil
2 EL Pflanzenöl
weiße Kuvertüre, zum Dekorieren (nach Belieben)

Kanelbullar

ZIMTSCHNECKEN

ERGIBT 12 Stück

ZUBEREITUNGSZEIT: 20 Minuten,
plus 70 Minuten Ruhezeit

BACKZEIT: 20–30 Minuten

ZUTATEN

Teig

*225 g Mehl (Type 550),
plus etwas mehr zum Bestäuben*

½ TL Salz

7 g Trockenbackhefe

*25 g Butter, in Stücken,
plus etwas mehr zum Einfetten*

1 Ei, leicht verquirlt

125 ml lauwarme Milch

Füllung

50 g weiche Butter

2 TL Zimt

50 g Rohrzucker

50 g Korinthen

2 EL Ahornsirup, zum Glasieren

Die aus Schweden stammenden Zimtschnecken sind in ganz Skandinavien weit verbreitet. Entstanden sind sie vermutlich zwischen den Weltkriegen, als immer mehr Backzutaten verfügbar waren. Die Kanelbullar gehören in Schweden zu jedem Kaffeekränzchen. Einer Konvention zufolge muss der Kaffeegast als Erstes eine relativ sättigende Schnecke essen, bevor er sich bei den Torten bedienen darf.

1. Für den Teig Mehl und Salz in eine Schüssel sieben und die Hefe einrühren. Die Butter zufügen und die Zutaten mit den Händen zu feinkrümeligen Streuseln verreiben. Ei und Milch zugeben und alles zu einem Teig verarbeiten.

2. Den Teig zu einer Kugel formen, in eine eingefettete Schüssel geben, abdecken und etwa 40 Minuten an einem warmen Ort gehen lassen, bis er das doppelte Volumen hat. Dann auf einer bemehlten Arbeitsfläche 1 Minute leicht durchkneten, dann zu einem 30 cm × 23 cm großen Rechteck ausrollen.

3. Für die Füllung Butter, Zimt und Zucker leicht und luftig aufschlagen. Die Mischung auf den Teig streichen, dabei einen 2,5 cm breiten Rand lassen. Die Korinthen gleichmäßig auf der Buttermischung verteilen. Den Teig von einer Längsseite her einrollen und die Naht fest andrücken.

4. Die Teigrolle in 12 Scheiben schneiden und die Scheiben mit der Schnittfläche auf das Backblech legen. Abdecken und erneut 30 Minuten ruhen lassen. In der Zwischenzeit den Backofen auf 190 °C vorheizen.

5. Die Schnecken 20–30 Minuten im Ofen backen, bis sie aufgegangen sind. Herausnehmen, noch warm mit dem Ahornsirup bestreichen und vor dem Servieren leicht abkühlen lassen.

1.

3.

4.

1.

2.

2.

Roggenbrot

ERGIBT 1 Laib

ZUBEREITUNGSZEIT: 25 Minuten,
plus 1–1½ Stunden Ruhezeit

BACKZEIT: 30–35 Minuten

ZUTATEN

250 g Roggenmehl (Type 1150),
plus etwas mehr zum Bestäuben
250 g Mehl (Type 550)
1½ TL Salz
1 EL Kreuzkümmelsamen
1 Tütchen Trockenbackhefe
25 g Butter, zerlassen
2 EL Honig, erwärmt
300 ml lauwarmes Wasser
Sonnenblumenöl, zum Einfetten

Roggen ist in Nordeuropa das klassische Brotgetreide. Damit gebackenes Brot ist hier seit Jahrhunderten ein Grundnahrungsmittel für mehrere Mahlzeiten täglich. Im Vergleich zu Weizenbrot ist es dunkler, kräftiger im Geschmack, länger haltbar und deutlich gesünder. Das vorliegende Roggen-Weizen-Mischbrot wird mit Kümmel gewürzt – ebenfalls typisch für diese dunklen Brote.

1. Beide Mehlsorten, Salz, Kümmel und Hefe in einer großen Schüssel mischen und eine Vertiefung in die Mitte drücken. Butter, Honig und Wasser mischen und hineingießen. Durch schneidende Bewegungen mit einem Messer mit den trockenen Zutaten zu einem weichen, klebrigen Teig verarbeiten. Ein Backblech leicht mit Öl einfetten.

2. Den Teig auf einer leicht bemehlten Arbeitsfläche etwa 10 Minuten kräftig durchkneten, bis er glatt und elastisch ist. Zu einem Oval formen und auf das vorbereitete Backblech setzen. Den Laib auf der Oberseite gitterförmig einritzen, dünn mit Mehl bestäuben und abgedeckt an einem warmen Ort 1–1½ Stunden gehen lassen, bis sich das Teigvolumen verdoppelt hat.

3. Inzwischen den Backofen auf 190 °C vorheizen. Das Brot im vorgeheizten Ofen 30–35 Minuten backen, bis sich eine schöne, goldbraune Kruste gebildet hat. Das Brot ist durchgebacken, wenn es sich beim Klopfen gegen die Unterseite hohl anhört. Auf einem Kuchengitter erkalten lassen.

Süße Leckereien aus OSTEUROPA und RUSSLAND

Schwarze Brote, ausgebackene Teige – in Osteuropa dominieren deftige Gerichte. Eine allgegenwärtige Spezialität sind Piroggen, Ravioli-ähnliche Teigtaschen, die sich sowohl in Polen als auch in Russland großer Beliebtheit erfreuen. Wahlweise werden sie mit süßer oder herzhafter Füllung angeboten und als Hauptspeise wie auch als Nachtisch serviert. Ebenfalls sehr beliebt sind Pfannkuchen. So gehören Palatschinken sowohl in Ungarn als auch in Russland zu den absoluten Rennern auf dem Tisch. Ebenfalls weit verbreitet sind Blinis, kleine, häufig mit Buchweizenmehl gebackene Eierkuchen, die mit Schmand oder Kaviar gegessen werden. Zu vorchristlichen Zeiten waren sie Symbol für die Sonne, reiche Ernte und eine glückliche Familie.

Das Verschenken von „Brot und Salz" ist
in vielen zentral- und osteuropäischen
Ländern eine Tradition, mit der man
zugezogenen Mitbürgern „Reichtum und
Fruchtbarkeit" wünscht. Im 19. Jahrhundert übertrugen Auswanderer diese Sitte
auf ihre jeweilige neue Heimat.

Babka
Schokohefekuchen

FÜR 8 Personen

ZUBEREITUNGSZEIT: 30 Minuten,
plus 2 ½ Stunden Ruhezeit

BACKZEIT: 45–50 Minuten

ZUTATEN

Teig
6 Eigelb

175 g weiche Butter,
plus etwas mehr zum Einfetten

5 Tropfen Vanillearoma

100 g Feinstzucker

½ TL Salz

275 ml Milch

5 TL Trockenbackhefe

475 g Mehl, plus etwas
mehr zum Bestäuben

Füllung
225 g Zartbitterschokolade
(mind. 75 % Kakaoanteil), grob gehackt

1 EL Kakaopulver

½ TL Zimt

100 g Feinstzucker

100 g gehackte Walnüsse

Dieser süße Kuchenlaib wird traditionell in den christlichen Regionen Osteuropas zu Ostern gebacken. Viele von dort stammende Juden haben das Rezept auch in nordamerikanische Städte weitergetragen. Das polnische und weißrussische Wort „Babka" bedeutet Großmutter – möglicherweise bezieht sich das wellenförmige Gebäck auf deren Falten.

1. Das Eigelb mit einem Schneebesen schaumig schlagen, dann nach und nach Butter, Vanillearoma, Zucker und Salz einrühren. Die Milch in einem kleinen Topff erhitzen, bis sie lauwarm ist, und die Hefe einrühren, bis sie vollständig aufgelöst ist.

2. Das Mehl in eine große Schüssel sieben. Ei- und Milch-Hefe-Mischung nacheinander einrühren. Weiterrühren, bis ein glatter, elastischer Teig entsteht. In eine Schüssel geben, mit Frischhaltefolie abdecken und 1 ½ Stunden im Kühlschrank ruhen lassen.

3. Für die Füllung Schokolade, Kakaopulver und Zimt in einer Küchenmaschine krümelig zerkleinern. Die Schokoladenmasse mit dem Zucker verrühren.

4. Eine Kastenform (25 cm Länge) einfetten. Den Teig auf einer leicht bemehlten Arbeitsfläche zu einem 40 cm × 25 cm großen Rechteck ausrollen. Die Schokomasse gleichmäßig über dem Teig verteilen und mit den Walnüssen bestreuen. Den Teig von beiden Seiten einklappen und an den Enden zusammendrücken. In die vorbereitete Form geben und abgedeckt erneut 1 Stunde gehen lassen.

5. Den Backofen auf 180 °C vorheizen. Den Kuchen im Ofen auf mittlerer Schiene 40–45 Minuten goldbraun backen. Herausnehmen, 10 Minuten abkühlen lassen, dann aus der Form auf ein Kuchengitter stürzen und vollständig auskühlen lassen.

2.

4.

4.

1.

5.

6.

Süße Piroggen

ERGIBT 25–30 Stück

ZUBEREITUNGSZEIT: 35 Minuten,
plus 5 Minuten Ruhezeit

GARZEIT: 30–40 Minuten

Piroggen sind in Polen eine Art Nationalgericht. Sie stammen aus der ländlichen Küche, wurden aber später von allen Teilen der Gesellschaft übernommen. Die Taschen werden mit der Füllung erst gekocht und dann in Öl ausgebacken. Es gibt sie herzhaft oder süß – und in einer Vielzahl von Formen.

1. Den Leinsamen in einem Mörser zerstoßen, in einer kleinen Schüssel mit dem Wasser verrühren und durchziehen lassen, bis er andickt. Mehl und Salz in eine große Schüssel sieben. Eine Vertiefung in die Mitte drücken und Öl und Leinsamenmischung hineingeben. Vom Rand her das Mehl einarbeiten und alles gut vermischen. Den Teig auf einer bemehlten Arbeitsfläche kneten, bis er glatt ist.

2. Den Teig in eine Schüssel geben, mit einem Küchentuch abdecken und etwa 5 Minuten ruhen lassen.

3. Für die Füllung die getrockneten Pflaumen in kleine Stücke hacken. In einen Topf geben, Wasser, Zucker und Zitronensaft zufügen und alles gut vermischen. Die Zimtstange zufügen und alles bei mittlerer Hitze etwa 20 Minuten unter häufigem Rühren kochen, bis die Flüssigkeit fast vollständig eingekocht ist. Die Zimtstange entfernen und die Masse in einer kleinen Schüssel abkühlen lassen.

4. Für die Karamellsauce Zucker, Sahne, Milch, Butter und Salz in einem Topf vermischen. Unter leichtem Rühren bei mittlerer Hitze aufkochen und 5–7 Minuten köcheln, bis die Sauce eindickt. Das Vanillearoma zufügen und 1 weitere Minute kochen. Vom Herd nehmen und abkühlen lassen.

5. Den Teig auf einer leicht bemehlten Arbeitsfläche 3 mm dick ausrollen. Mit einer runden Ausstechform (8 cm Ø) 25–30 Teigkreise ausstechen. Die Teigreste, falls notwendig, erneut ausrollen und ausstechen. Auf jedes runde Teigstück je 1–2 Esslöffel der Füllung geben und zusammenklappen. Die Ränder mit einer Gabel zusammendrücken. Die Piroggen portionsweise 2–3 Minuten in reichlich kochendem Wasser gar ziehen lassen, bis sie an der Oberfläche schwimmen. Herausnehmen und auf Küchenpapier trocknen.

6. Reichlich Öl zum Ausbacken in einem hohen Topf erhitzen. Die richtige Temperatur ist erreicht, wenn sich an einem ins Öl gehaltenen Holzspieß Blasen bilden. Die Piroggen portionsweise hineingeben und 2–3 Minuten goldbraun backen. Auf Küchenpapier abtropfen lassen und mit der Karamellsauce servieren.

ZUTATEN

Teig
1 EL Leinsamen
2 EL Wasser
265 g Mehl, plus etwas mehr zum Bestäuben
½ TL Salz
2 EL Öl

Füllung
325 g getrocknete Pflaumen
250 ml Wasser
50 g Zucker
1 EL Zitronensaft
1 Zimtstange
Pflanzenöl, zum Ausbacken

Karamellsauce
200 g brauner Zucker
60 g Schlagsahne
4 EL Milch
55 g Butter
1 Prise Salz
15 Tropfen Vanillearoma

RUSSISCHER
Wodkakuchen

FÜR 8 Personen

ZUBEREITUNGSZEIT: 15 Minuten

BACKZEIT: 1 Stunde

ZUTATEN

*60 g Butter, plus etwas
mehr zum Einfetten*

*275 g Mehl, plus etwas
mehr zum Bestäuben*

2 TL Backpulver

½ TL Salz

50 g Speisestärke

25 g Kakaopulver

200 g Feinstzucker

4 Eier

5 Tropfen Vanillearoma

175 ml Milch

125 ml Pflanzenöl

3 EL Wodka

3 EL Kaffeelikör

Glasur

2 EL Kaffeelikör

*25 g Puderzucker, plus
etwas mehr zum Bestreuen*

Himbeeren, zum Dekorieren

Ein mit Kaffee zubereiteter Kuchen ist für Kaffeefans etwas ganz Besonderes. Das aromatische Getränk mit seiner „tiefen Seele" verlangt geradezu nach einem kräftigen Gegengewicht. Im „Russischen Kaffee" und in diesem Rührteigkuchen ist es der leicht liebliche und milde Wodka. Er wird in Polen und Russland seit dem 14. Jahrhundert traditionell aus Roggen gebrannt und ist in ganz Osteuropa sehr beliebt.

1. Den Backofen auf 180 °C vorheizen. Eine Gugelhupf- oder Kranzform einfetten und mit Mehl bestäuben.

2. Mehr, Backpulver, Salz, Speisestärke und Kakaopulver in einer Rührschüssel vermischen. In einer zweiten Schüssel Butter und Zucker schaumig rühren, dann die Eier nach und nach unterrühren, bis eine Creme entsteht. Vanillearoma, Milch, Öl, Wodka und Likör unter die Butter-Ei-Creme rühren und die Mischung in die Mehlmischung einarbeiten, bis ein glatter Teig entsteht.

3. Den Teig in die Form füllen und den Kuchen im Ofen 1 Stunde backen. 5 Minuten in der Form abkühlen lassen, dann auf ein Kuchengitter stürzen und vollständig auskühlen lassen.

4. Für die Glasur Likör und Puderzucker glatt rühren und über den Kuchen gießen, sodass Oberfläche und Seiten bedeckt sind. Den Wodkakuchen mit Puderzucker bestreut und mit Himbeeren dekoriert servieren.

2.

3.

4.

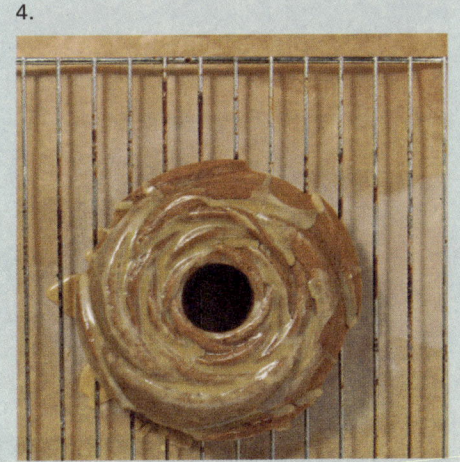

Tradition trifft VIELFALT

Die multikulturelle Gesellschaft Israels spiegelt sich besonders bei den Backwaren wider: Unter anderem deutsche, französische, arabische und osteuropäische Einflüsse treffen aufeinander und sorgen für eine große geschmackliche Vielfalt. Wer würde bei den kleinen Rugelach-Hörnchen nicht zuerst an französische Croissants denken? Insgesamt gilt Jerusalem als Hochburg der Backkunst. Da viele Einwanderer nach Israel jedoch nicht mehr mit den in ihrer Heimat gewohnten Lebensmitteln und Früchten kochen und backen konnten, mussten viele Rezepte den lokalen Produkten angepasst werden.

*Viele verschiedene Einflüsse in einem
kleinen Land – dies hat in den letzten
50 Jahren dazu geführt, dass sich in Israel
eine mediterrane Backkultur entwickelt hat,
in der sich auch die Herkunft der Menschen
widerspiegelt.*

JÜDISCHER
HONIGKUCHEN

FÜR 8–10 Personen

ZUBEREITUNGSZEIT: 25 Minuten,
plus 40 Minuten Abkühlzeit

BACKZEIT: 45–55 Minuten

ZUTATEN

*125 ml Pflanzenöl, plus etwas
mehr zum Einfetten*
*275 g Mehl, plus etwas
mehr zum Bestäuben*
2 TL Zimt
½ TL gemahlener Ingwer
½ TL gemahlener Piment
1 TL Backpulver
½ TL Backnatron
2 Eier
150 g brauner Zucker
250 g flüssiger Honig
125 ml dunkler Rum
100 g gehackte Walnüsse

Dieser Honigkuchen ist der traditionelle jüdische Neujahrskuchen. Er ist in verschiedenen Varianten im gesamten Nahen Osten verbreitet. Damit soll ein süßes neues Jahr beginnen. Honig gibt es in der uns bekannten Form seit römischer Zeit. Damals galt er als medizinisch wertvoll und wurde für Feiertage und besondere Gelegenheiten aufbewahrt.

1. Den Backofen auf 180 °C vorheizen. Eine Gugelhupf- oder Kranzform einölen und mit Mehl bestäuben. 1 Esslöffel Mehl beiseitestellen, das restliche Mehl mit Zimt, Ingwer, Piment, Backpulver und Natron in eine Rührschüssel sieben.

2. Eier und Zucker in einer zweiten Schüssel schaumig rühren. Dann Honig, Öl und Rum einrühren. Die Mehl-Gewürz-Mischung zugeben und einarbeiten, bis ein glatter Teig entsteht.

3. Die Walnüsse im restlichen Mehl wenden und in den Teig geben. Den Teig in die Form füllen und im Ofen 45–55 Minuten backen. Der Kuchen ist gar, wenn ein in die Mitte gestochenes Holzstäbchen sauber herauskommt. Den Honigkuchen 10 Minuten in der Form abkühlen lassen, dann auf ein Kuchengitter stürzen und weitere 30 Minuten auskühlen lassen.

2.

Hamantaschen

Das Gebäck ist ein fester Bestandteil der jüdischen Kultur, wird traditionell zum Purimfest gegessen und erinnert an eine Errettung des jüdischen Volkes. Denn Haman, höchster persischer Beamter, wollte alle Juden im Land umbringen. Es gelang ihm aber nicht, er wurde hingerichtet. Das auch „Hamans Ohren" genannte Gebäck spielt darauf an, dass er bei der Hinrichtung seine Ohren verlor.

1. Zwei große Backbleche mit Backpapier auslegen. Butter und Zucker in einer Schüssel mit einem Handrührgerät schaumig rühren. Orangenschale und -saft sowie Vanillearoma zufügen, dann unter Rühren nach und nach 2 Eier einarbeiten.

2. Mehl, Backpulver und Salz in eine andere Schüssel sieben. Die Buttermasse mit dem Handrührgerät auf niedriger Stufe nach und nach in die Mehlmischung einrühren, bis ein glatter Teig entsteht. Den Teig in Frischhaltefolie einschlagen und mindestens 1 Stunde im Kühlschrank ruhen lassen.

3. Den Teig auf einer bemehlten Arbeitsfläche 3 mm dick ausrollen. Mit einer geriffelten runden Ausstechform (7 cm Ø) 40 Teigkreise ausstechen. Die Teigreste, falls notwendig, erneut ausrollen und ausstechen. Die Teigkreise auf die Backbleche legen und 30 Minuten im Kühlschrank fest werden lassen. Den Backofen auf 180 °C vorheizen.

4. Für die Mohnfüllung die Mohnsaaten in einem Mörser zermahlen und in einen mittelgroßen Topf geben. Milch und Honig zugeben und alles bei geringer Hitze unter gelegentlichem Rühren etwa 20 Minuten erhitzen, bis die Masse andickt. Vom Herd nehmen und abkühlen lassen.

5. Die gekühlten Teigstücke aus dem Kühlschrank nehmen. Entweder 2 Teelöffel der Mohnfüllung oder der Konfitüre in die Mitte jedes Teigstücks geben. Das restliche Ei mit 1 Teelöffel Wasser verquirlen. Die Kanten der Teigteilchen mit der Eimischung bestreichen und die Seiten einklappen und andrücken, sodass dreieckige Taschen entstehen.

6. Die Taschen im Ofen auf mittlerer Schiene 12–15 Minuten goldbraun backen. Dann 5 Minuten auf dem Backblech abkühlen lassen, vorsichtig auf ein Kuchengitter legen und vollständig auskühlen lassen. Die Hamantaschen halten sich in einem luftdichten Behälter bis zu 1 Woche.

ERGIBT 40 Stück

ZUBEREITUNGSZEIT: 40 Minuten, plus 1 Stunde Ruhezeit und 30 Minuten Kühlzeit

BACKZEIT: 35–40 Minuten

ZUTATEN

Teig
240 g weiche Butter
325 g Feinstzucker
2 TL Orangenschale
2 EL frisch gepresster Orangensaft
5 Tropfen Vanillearoma (oder ausgeschabtes Mark von 1 Vanillestange)
3 Eier
550 g Mehl, plus etwas mehr zum Bestäuben
4 TL Backpulver
½ TL Salz

Füllungen
140 g Mohnsaaten
125 ml Milch
85 g flüssiger Honig
150 g kalte Aprikosenkonfitüre

Rugelach

ERGIBT 48 Stück

ZUBEREITUNGSZEIT: 45 Minuten,
plus 8 Stunden Ruhezeit

BACKZEIT: 20–25 Minuten

ZUTATEN

Teig

240 g Butter, plus etwas
mehr zum Einfetten

240 g Frischkäse

260 g Mehl, plus etwas
mehr zum Bestäuben

½ TL Salz

Milch, zum Bestreichen

Füllung

100 g Zucker

1 TL Zimt

250 g Himbeerkonfitüre

150 g fein gehackte Walnüsse

Die halbmondförmigen Rugelach ist aschkenasischen Ursprungs: Der jiddische Name und ein verwandtes Gebäck in Polen verweisen auf die Herkunft in Osteuropa. Es gehört zur ganzjährigen jüdischen Küche, wird jedoch gern zum Fest des Lichts im November/Dezember gebacken. Die Herstellung ist einfach und macht Spaß – und für die Füllung sind zahlreiche Variationen möglich.

1. Butter und Frischkäse in einer Schüssel mit einem Handrührgerät cremig rühren. Mehl und Salz vermischen und langsam in die Mischung einrühren, bis ein glatter, aber klebriger Teig entsteht. In Frischhaltefolie einschlagen und 8 Stunden oder über Nacht im Kühlschrank ruhen lassen.

2. Den Backofen auf 180 °C vorheizen und zwei bis drei Backbleche leicht einfetten. Den Teig in 6 Stücke teilen und 5 Stücke zurück in den Kühlschrank stellen.

3. Den Teig auf einer leicht bemehlten Arbeitsfläche mit einer bemehlten Teigrolle zu einem 3 mm dicken Kreis (20 cm Ø) ausrollen. Den Rand des Teigkreises mit einem Teigrädchen begradigen.

4. Für die Füllung 80 g Zucker und Zimt in einer kleinen Schüssel vermischen. Mit einem Palettenmesser etwas Konfitüre auf dem Teigkreis verstreichen, dann Walnüsse und Zimtzucker darüberstreuen. Den Teigkreis in 8 Tortenstückchen schneiden.

5. Jedes Tortenstückchen vom breiten Ende her aufrollen und die Röllchen halbmondförmig formen. Die Halbmonde in genügend Abstand voneinander auf eines der Backbleche legen.

6. Diese Arbeitsschritte mit den restlichen 5 Teigstücken wiederholen.

7. Die Halbmonde mit etwas Milch bestreichen und mit dem restlichen Zucker bestreuen. Die Rugelach im Ofen 20–25 Minuten goldbraun backen. Aus dem Ofen nehmen und auf einem Kuchengitter abkühlen lassen. Die Rugelach können in einem luftdichten Behälter bis zu 3 Tage aufbewahrt werden.

3.

3.

4.

Kostbares
aus
Asien

Kuchen aus Reis sind in Asien weit verbreitet und werden oft zu speziellen Anlässen gegessen, aber die asiatische Backkultur darf nicht nur auf Reiskuchen reduziert werden. Den japanischen „mochi" entsprechen in China die „nian gao" zum chinesischen Neujahrsfest. Es gibt sie als süße oder herzhafte Kuchen, teilweise werden sie mit Sahne und Zimt angereichert. Einfachere Reiskuchen heißen in China „zong zi". Sie werden aus Klebreis und Soda zubereitet, in Bambusblätter eingewickelt, zugebunden und mit Honig oder Zucker serviert. Wer jetzt aber denkt, dass Asien keine Gebäckvielfalt zu bieten hat, irrt gewaltig. In weiten Teilen Asiens kommt normales Weizenmehl zum Einsatz, wie auf den nächsten Seiten zu sehen ist.

Weizenmehl wird inzwischen in vielen asiatischen Ländern verwendet, was für eine euroasiatische Backkultur gesorgt hat.

Mango-Reis-Tarte

FÜR 6 Personen

ZUBEREITUNGSZEIT: 1 Stunde,
plus 4 Stunden Ruhezeit

BACKZEIT: 22 Minuten

ZUTATEN

Teig

*200 g Mehl, plus etwas
mehr zum Bestäuben*

75 g Zucker

5 Tropfen Vanillearoma

2 Eigelb

*100 g Butter, gewürfelt, plus
etwas mehr zum Einfetten*

2 EL Wasser

Füllung

350 ml Wasser

200 g Jasminreis

140 g Zucker

75 ml Wasser

100 ml Kokosmilch

1 TL Salz

*2 reife Mangos, geschält und
in dünne Scheiben geschnitten*

Der zum Teil mehr als 40 Meter hohe Mangobaum ist im tropischen Regenwald zu Hause. Seine Früchte werden bis zu zwei Kilogramm schwer. Das Obst hat eine einzigartige aromatische Süße, weshalb es die Hindus den Göttern seit Jahrtausenden als Geschenk anbieten. In Thailand ist die Mango mit süßem Reis und Kokos zubereitet ein beliebtes Dessert. Hier gibt es die Süßspeise als tropisch inspirierte Obsttorte.

1. Für den Teig Mehl und Zucker in eine große Schüssel sieben und Vanillearoma und Eigelb zufügen. Butter und Wasser nach und nach zugeben und alles mit den Händen zu einem glatten Teig verkneten. In Frischhaltefolie einschlagen und im Kühlschrank 1 Stunde ruhen lassen.

2. Den Backofen auf 180 °C vorheizen. Eine Tarteform mit herausnehmbarem Boden (26 cm Ø) einfetten. Den Teig auf einer leicht bemehlten zu einem 32 cm großen Kreis ausrollen und die Form damit auskleiden. Den Boden mit Backpapier bedecken, mit Hülsenfrüchten beschweren und im Ofen 12 Minuten blindbacken. Herausnehmen, Backpapier sowie Hülsenfrüchte entfernen und dann erneut 10 Minuten im Ofen backen. Aus dem Ofen nehmen und abkühlen lassen.

3. Unterdessen für die Füllung den Reis im Wasser 10–12 Minuten kochen, bis er weich ist. In einem Sieb abtropfen lassen und warm halten. Zucker und Wasser in einem Topf unter Rühren erhitzen, bis ein Sirup entsteht. Den Sirup auf ein kleines Backblech gießen und Kokosmilch und Salz einrühren. Nun den warmen Reis in die Sirup-Kokosmilch-Mischung geben und alles vermengen. Die Reismischung etwa 3 Stunden auf dem Blech durchziehen lassen, bis die Kokosmilch vollständig aufgesogen ist.

4. Die Reismischung auf den Tarteboden geben und gleichmäßig verteilen. Die Mangos fächerförmig und überlappend darauf verteilen und die Tarte bis zum Servieren in den Kühlschrank stellen.

2.

3.

4.

2.

2.

3.

Glücks-

KEKSE

ERGIBT 20 Stück

ZUBEREITUNGSZEIT: 10 Minuten

BACKZEIT: 10–15 Minuten

ZUTATEN

2 Eiweiß
2–3 Tropfen Vanillearoma
2–3 Tropfen Bittermandelaroma
3 EL Pflanzenöl
125 g Mehl
1½ TL Speisestärke
1 Prise Salz
125 g Feinstzucker
3 TL Wasser

Die knusprig-süßen Glückskekse enthalten traditionell einen Papierstreifen mit einem Sinnspruch. Japanische Betreiber in der Gastronomie verschenkten sie vor dem Ersten Weltkrieg an der amerikanischen Westküste an die Gäste. Viele Chinarestaurants übernahmen diesen Brauch. Der Ursprung aber liegt in Japan: Dort wurde derartiges Gebäck schon im 19. Jahrhundert erwähnt.

1. Auf kleine Papierstreifen Sprüche und Wünsche schreiben. Den Backofen auf 180 °C vorheizen und ein Backblech mit Backpapier auslegen.

2. Für die Kekse alle Zutaten in eine große Rührschüssel geben und mit einem Holzlöffel verrühren, bis ein glatter Teig entsteht. Mit dem Holzlöffel 20 Portionen vom Teig abstechen und in reichlich Abstand voneinander als Plätzchen auf das Blech geben. Die Kekse im vorgeheizten Backofen 10–15 Minuten backen.

3. Nach dem Herausnehmen muss es ganz schnell gehen. Die vorbereiteten Papierstreifen in die Mitte platzieren, den Keks über den Stil eines Holzlöffels legen und die Enden nach unten drücken. Dann die zusammengefalteten Teigkreise auf den Rand einer Schüssel setzen – auf diese Weise entsteht der typische Knick des Glückskekses. Am Schüsselrand auskühlen lassen, vorsichtig ablösen und servieren oder zum Verschenken verpacken.

EINE ANDERE WELT

des *Backens*

Asien gilt im Allgemeinen bei vielen eher als weißer Fleck auf der Weltkarte der Backrezepte. Die
Vielzahl der existierenden Rezepten überrascht
daher, auch wenn viele von ihnen überwiegend
in den letzten 100 Jahren entstanden sind.

Das relativ neutral schmeckende Naan-Brot eignet sich hervorragend als Beilage zu scharfen und stark gewürzten Gerichten. Überraschend ist die Tatsache, dass sich in der Türkei ein vergleichbares Rezept entwickelt hat, das ähnlich verwendet wird.

Zwar erscheinen Mondkuchen und Glückskekse schon in chinesischen Aufzeichnungen aus dem 13. und 14. Jahrhundert, aber in der von Reisgerichten geprägten Esskultur Ostasiens spielen Kuchen und Brote aus Getreide eine eher untergeordnete Rolle. Daher sind aus den zeremoniellen Gerichten Reiskuchen mit Früchten in allen möglichen Zusammensetzungen nicht wegzudenken. Deren Farbe und exakte Zusammensetzung werden dem Yin und Yang entsprechend abgestimmt, um ein Gleichgewicht zu erreichen. Die Zusammensetzung hängt auch von der Region und dem Fest ab. Die Vorstellung von Nachspeisen und Kuchen, die eher westlichen Vorstellungen entsprechen, entwickelte sich erst viel später. Stattdessen reichte man in vielen südostasiatischen Ländern als letzten Gang oft eine Suppe, weil man die Vorstellung hatte, damit die letzten Hohlräume im Magen auszufüllen. Brote aus Mehl indes sind von Nordchina bis nach Peking zwar bekannt, gehören aber auch hier eher zu den teuren Lebensmitteln. In Thailand, Laos und Vietnam werden Weizen-Brotteige auf sogenannten Dampföfen gebacken. Die flachen Fladen sind nach 20 Minuten gar und werden dort mit gehacktem Fleisch und gebackenem Gemüse belegt. Zu den beliebtesten Backwaren in China und auch in Japan gehört übrigens ein Import aus dem Westen. Französische Croissants sind der Inbegriff für ein luxuriöses Essen.

Ganz anders im restlichen Asien: Hier bestimmt vor allem die Brotsorte Naan in Südasien (Indien, Pakistan, Bangladesch) und Zentralasien (Afghanistan, Usbekistan, Tadschikistan) sowie im vorderen Orient (Iran, Kurdistan) die Backkultur. Meist wird es als Beilage zu heißen Speisen gegessen. Naan hat eine flache, fladenartige Form, die man vor dem Backen etwas in die Länge zieht. Der innere Teil ist flach, während der äußere Rand etwas dicker bleibt. Es ähnelt einem Pizzaboden. Im Gegensatz zu anderen indischen Brotsorten stellt man Naan aus gesäuertem Teig her, etwa durch Hinzufügen von Joghurt, sowie mithilfe von Hefe oder ersatzweise mit Backpulver. Ursprünglich waren die Grundzutaten Hirse und Hefe, heute backt man Naan-Brote oft aus Weizenmehl. Traditionell werden Naan-Brote über offener Glut gebacken. Von dieser natürlichen Backweise, die besonders viel Sorgfalt erfordert, stammt auch der typische Geschmack. Übrigens – das Wort Naan hat sowohl persische als auch afghanische Wurzeln. In beiden Sprachen heißt es nichts anderes als „Brot".

Ingwer-Tarteletten

ERGIBT 8 Stück

ZUBEREITUNGSZEIT: 25 Minuten

BACKZEIT: 15 Minuten

ZUTATEN

Teig
200 g Ingwerkekse
50 g abgezogene Mandeln
100 g Butter

Füllung
300 g Crème double
100 g Frischkäse
4 EL frisch gepresster Orangensaft
1 TL fein abgeriebene Orangenschale
2 EL Puderzucker
Himbeeren, zum Dekorieren

Der aus den asiatischen Tropen stammende Ingwer dient als Küchengewürz, aber auch als Arznei. Sein Geruch ist angenehm aromatisch, der Geschmack scharf und würzig. Im Mittelalter ersetzte Ingwer deshalb oft den raren Pfeffer, verleiht aber auch süßen Versuchungen eine besondere Note. Damit gewürzte Törtchen sind auch im englischen Sprachraum weit verbreitet.

1. Den Backofen auf 160 °C vorheizen. Ingwerkekse und Mandeln in einer Küchenmaschine zerkleinern und in eine Schüssel geben.

2. Die Butter zugeben und alles zu einem krümeligen Teig verarbeiten. Den Teig in 8 Tarteletteförmchen (7,5 cm Ø) füllen und Böden und Ränder fest andrücken. Im Ofen 15 Minuten backen. In den Förmchen leicht abkühlen lassen, dann die Tarteletten vorsichtig herauslösen und auf einem Kuchengitter vollständig auskühlen lassen.

3. Für die Füllung Crème double, Frischkäse, Orangensaft und -schale sowie Puderzucker in eine große Schüssel geben und verrühren. Die Masse leicht schaumig aufschlagen. Die Füllung in die Tarteletten füllen, mit den Himbeeren dekorieren und servieren.

1.

2.

1.

3.

4.

Schokoladen-Samosas

ERGIBT 16 Stück

ZUBEREITUNGSZEIT: 1 Stunde,
plus 1 Stunde Kühlzeit
und Ruhezeit

GARZEIT: 10–15 Minuten

Samosas sind in Südasien, Arabien und Ostafrika seit Jahrhunderten beliebte Teigtaschen. Zu Dreiecken zusammengelegt, können sie mit ganz verschiedenen Zutaten gefüllt und frittiert werden. Typischerweise werden so bereits gekochte Essensreste veredelt – mit dem vorliegenden Rezept werden sie zu einer reizvollen Süßspeise.

1. Für die Füllung die Sahne in einem kleinen Topf bei mittlerer Hitze aufkochen. Die Schokoladenstücke zugeben und einrühren, bis sie aufgelöst sind. Die Creme 1 Stunde im Kühlschrank kalt stellen.

2. Für den Teig das Mehl in eine Schüssel sieben und mit dem Ghee verkneten. Wenn der Teig zu trocken ist, etwas kaltes Wasser zugeben. Mit einem feuchten Küchentuch abdecken und etwas ruhen lassen.

3. Den Teig auf einer Arbeitsfläche in 16 gleich große Stücke teilen und diese zu Quadraten ausrollen. Einen Teelöffel der Füllung in die Mitte der Quadrate geben. Den Teig über der Füllung zu einem Dreieck zusammenklappen. Die Ränder mit einer Gabel zusammendrücken.

4. In einem großen Topf reichlich Öl auf 180–190 °C erhitzen. Die richtige Temperatur ist erreicht, wenn sich an einem ins Öl gehaltenen Holzspieß Blasen bilden. Die Teigtaschen portionsweise in das Öl geben und bei mittlerer Hitze knusprig und goldbraun ausbacken; dabei einmal wenden. Nicht zu viele Teigstücke in den Topf geben und darauf achten, dass die Temperatur gleich bleibt. Die Samosas mit einem Schaumlöffel herausnehmen, auf Küchenpapier abtropfen und 5 Minuten abkühlen lassen. Noch warm servieren.

ZUTATEN

Füllung
240 g Schlagsahne
*250 g Zartbitterschokolade,
in Stücke gebrochen*

Teig
250 g Mehl
*100 g Ghee (geklärte Butter)
oder Pflanzenöl*
Öl, zum Ausbacken

Gulab Jamun

ROSENSIRUP-BÄLLCHEN

Gulab Jamun ist eine klassische indische Süßspeise, die gern als Dessert auf großen Feiern gereicht wird. Es sind Bällchen aus Milchteig, die frittiert und in aromatisiertem Sirup eingelegt werden. Der Name geht auf das persische Wort Gulab für Rose und vermutlich auf die Form der Jambul-Beeren zurück.

ERGIBT 12–14 Stück

ZUBEREITUNGSZEIT: 25 Minuten,
plus 2 Stunden Einweichzeit

GARZEIT: 5 Minuten

ZUTATEN

450 g Feinstzucker
1,5 l Wasser
1 TL gemahlener Kardamom
2 TL Rosenwasser
275 g Milchpulver
185 g Mehl
1½ TL Backpulver
250 g Schlagsahne
Öl, zum Einfetten und Ausbacken

1. Für den Sirup Zucker und Wasser in einem Topf unter Rühren erhitzen, bis der Zucker aufgelöst ist. Vom Herd nehmen, Kardamom und Rosenwasser einrühren und beiseitestellen.

2. Für den Teig Milchpulver, Mehl und Backpulver in einer Schüssel vermischen. Portionsweise die Sahne dazugeben und alles mit den Händen zu einem geschmeidigen, nicht mehr klebrigen Teig verarbeiten. Nur so viel Sahne verwenden, bis die gewünschte Konsistenz erreicht ist.

3. Den Teig mit leicht eingeölten Händen zu 12–14 walnussgroßen Bällchen formen. In einem großen Topf reichlich Öl auf 180–190 °C erhitzen. Die richtige Temperatur ist erreicht, wenn sich an einem ins Öl gehaltenen Holzspieß Blasen bilden. Die Bällchen portionsweise hineingeben und unter Rühren frittieren, bis sie von allen Seiten gebräunt sind.

4. Mit einem Schaumlöffel aus dem Öl nehmen und in den Sirup legen. Vor dem Servieren mindestens 2 Stunden im Sirup ziehen lassen.

1.

2.

3.

1.

2.

3.

Hokkaido-Milchbrot

FÜR 6–8 Personen

ZUBEREITUNGSZEIT: 25 Minuten,
plus 2 Stunden, 20 Minuten Ruhezeit

BACKZEIT: 45 Minuten

ZUTATEN

Öl, zum Einölen
300 g Mehl (Type 550)
30 g Mehl (Type 405),
plus etwas mehr zu Bestäuben
5 g Trockenbackhefe
3 EL Milchpulver
50 g Feinstzucker
1 TL Salz
½ Ei, verquirlt
170 ml Milch
80 g Schlagsahne

Milch und Milchpulver von der japanischen Insel Hokkaido, die ursprünglich dafür verwendet wurden, gaben diesem Brot den Namen. Es ist in Japan, Korea und anderen ostasiatischen Ländern ein Grundnahrungsmittel. Doch es ist mehr als ein einfaches weiches und süßliches Weißbrot. Der spezielle Biss und die Fluffigkeit sind legendär.

1. Eine große Schüssel leicht einölen. Alle Zutaten in eine zweite Rührschüssel geben und mit dem Knethaken eines Handrührgeräts zu einem glatten Teig verkneten – die richtige Konsistenz ist erreicht, wenn ein walnussgroßes Stück Teig so dünn ausgerollt werden kann, dass Licht durchscheint.

2. Den Teig in die vorbereitete Schüssel geben, mit geölter Frischhaltefolie abdecken und 1 Stunde gehen lassen, bis sich sein Volumen verdoppelt hat. Den Teig auf einer leicht bemehlten Arbeitsfläche erneut durchkneten. Dann in 3 gleich große Stücke teilen, diese zu Kugeln formen und weitere 20 Minuten ruhen lassen. Den Backofen auf 180 °C vorheizen.

3. Jede Teigkugel flach drücken und dick aufrollen. Die Rollen in eine Kastenform (20 cm Länge) nebeneinanderlegen und erneut gehen lassen, bis der Teig die Form fast vollständig ausfüllt. Das Brot im Ofen 45 Minuten backen, herausnehmen, auf ein Kuchengitter stürzen und auskühlen lassen. In Scheiben schneiden und servieren.

Mondkuchen

ERGIBT 15–20 Stück

ZUBEREITUNGSZEIT: 20–30
Minuten, plus 8 Stunden Ruhezeit

BACKZEIT: 30 Minuten

ZUTATEN

*650 g Mehl, plus etwas
mehr zum Bestäuben*
60 g Milchpulver
1 EL Backpulver
1 TL Salz
4 Eier
250 g Feinstzucker
5 Tropfen Vanillearoma
2 EL Wasser

Füllung

200 g Aprikosenkonfitüre
100 g getrocknete Datteln, fein gehackt
55 g Kokosraspel
70 g Rosinen

Im Altertum brachten die chinesischen Kaiser im Herbst dem Mond Opfer. Das sich daraus entwickelnde Mittherbstfest wird in China bis heute gefeiert. Und die Mondkuchen gehören als Delikatesse auf jeden Fall dazu. Das Gebäck wurde einst auch genutzt, um verschlüsselte Informationen zu verbreiten. So bildeten die Muster auf mehreren Kuchenstücken als großes Puzzle eine Nachricht ab.

1. Mehl, Milchpulver, Backpulver und Salz in einer Schüssel vermischen. 3 Eier, Zucker und Vanillearoma in einer anderen Schüssel mit einem Handrührgerät etwa 5 Minuten schaumig rühren. Die Mehlmischung einarbeiten und weiterrühren, bis ein glatter Teig entsteht. Den Teig in Frischhaltefolie einschlagen und 8 Stunden oder über Nacht im Kühlschrank ruhen lassen.

2. Für die Füllung Konfitüre, Datteln, Kokosraspel und Rosinen in einer Schüssel vermengen.

3. Den Backofen auf 190 °C vorheizen und 2 Backbleche mit Backpapier auslegen.

4. Den Teig in 15–20 gleich große Stücke teilen und jedes Teigstück kreisrund (etwa 10 cm Ø) formen. Jeweils 1 Esslöffel der Füllung in die Mitte jedes Stücks geben. Dann die Ränder über der Füllung zusammendrücken, sodass ein Kloß entsteht.

5. Eine Mondkuchenpresse oder eine runde geriffelte Ausstechform (5 cm Ø) mit etwas Mehl bestäuben. Die gefüllten Teigklöße nacheinander in der Mondkuchenpresse zusammendrücken, dann herausnehmen; alternativ in der Ausstechform rund formen.

6. Das restliche Ei und Wasser mit einem Schneebesen leicht verquirlen und auf die Mondkuchen damit bestreichen. Die Mondkuchen auf die vorbereiteten Backbleche legen und im Ofen 30 Minuten backen, bis sie goldbraun sind.

4.

5.

MONDSCHEIN-

Romanze

Es ist eigentlich ganz einfach: Der Monat August wurde in China früher als der zweite Herbstmonat erachtet. Und das Mondfest fällt jedes Jahr auf den 15. Tag des achten Monats nach dem Mondkalender.

Die Herstellungsweise von Mondkuchen variiert regional sehr stark. Grundsätzlich werden Mondkuchen jedoch aufwendig dekoriert und liebevoll in Boxen verpackt. Letzteres ist sogar am Wichtigsten.

Sie wissen immer noch nicht, wann es stattfindet? Ist nicht weiter schlimm, denn diese Formel heißt im Prinzip nichts anderes, als dass das Mondfest zwischen Mitte und Ende September den chinesischen Alltag auf den Kopf stellt. Wer den Termin nicht ausrechnen kann, muss einfach nur abwarten, dass die Städte mit unzähligen bunten Papierlaternen in jeder denkbaren Form und Größe geschmückt werden. Sie hängen einfach überall – vor jedem Wohnhaus, in jeder Straße, in jedem Geschäft. Kleine Geschenke werden gekauft und – vor allem – die 10 Zentimeter großen Mondkuchen in allen möglichen Dekorationen und Verpackungen. Ohne Zweifel ist ein Mondfest ohne Mondkuchen auch kein Mondfest.

Woher die Sitte kommt, darüber gibt es verschiedene Theorien. Eine von ihnen besagt, dass Mondkuchen früher dazu benutzt wurden, geheime Botschaften von Haus zu Haus zu überbringen, indem man kleine Zettel in der Füllung versteckte. Damit waren sie sozusagen ein Vorläufer der heutigen Glückskekse. Eine andere Theorie lautet, dass die Menschen jener Chang'e, der geheimnisvollen Frau im Mond (Mondgöttin), ihren Respekt ausdrücken wollten, indem sie exquisit angefertigte Desserts verschenkten. Wie auch immer, das Mondfest ist inhaltlich mit dem Erntedankfest vergleichbar und wird mit opulentem Essen gefeiert. Der Status des Kuchens ist mit der Gans oder dem Truthahn zu Weihnachten oder vielleicht auch der Schokolade zum Valentinstag zu vergleichen. Er ist einfach nicht wegzudenken und spielt bei dem Fest die alles entscheidende Hauptrolle. Angesichts der unübersichtlichen Auswahl an Geschmacksrichtungen und edlen Verpackungen ist der Mondkuchen in jedem Fall ein kultureller Höhepunkt. In der Regel sind sie mit Lotuspaste und einem gestockten Eidotter gefüllt. Üblich sind aber auch viele süße Varianten mit allen möglichen anderen Zutaten – der Fantasie sind hier allenfalls geschmackliche Grenzen gesetzt, die – vorsichtig ausgedrückt – für westliche Gaumen eher ungewohnt sind. Die Oberflächen der Kuchen sind mit Motiven dekoriert, die den Himmel symbolisieren. Nur rund müssen die Mondkuchen auf jeden Fall sein, weil dies für die Chinesen gleichbedeutend mit der Wiedervereinigung von Liebenden ist. Der Mond bringt alle Menschen emotional näher zusammen, da alle – ganz egal, wo sie sich auf der Welt befinden – sein silbernes Leuchten unter demselben Himmel betrachten.

1.

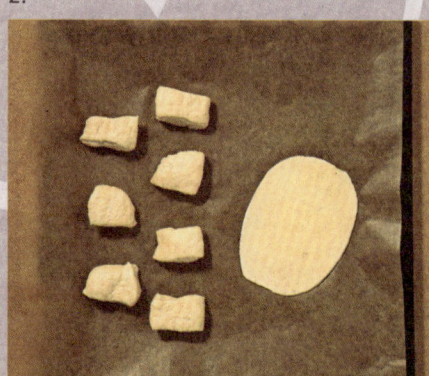

2.

3.

Naan
Fladenbrot

Der aus dem Persischen stammende Begriff Naan bedeutet (Fladen-)Brot: Das mit Sauerteig hergestellte Backwerk ist ein seit mindestens zwei Jahrhunderten für West- und Südasien typisches Brot. Traditionell wird es im Steinofen gebacken. Es ist rund, weich und wirft leichte Blasen. Es wird auf jeden Fall heiß serviert – dann mit Butter bestrichen oder in eine Sauce getaucht.

1. Mehl und Salz in eine Rührschüssel sieben. Nach und nach den Joghurt zugeben und mit den Händen in die Mehlmischung einarbeiten. Dann portionsweise das Wasser zufügen und alles zu einem weichen, leicht klebrigen Teig verkneten. Den Teig mit einem Küchentuch abdecken und bei Zimmertemperatur 1 Stunde gehen lassen.

2. Ein Backblech mit Backpapier auslegen. Den Teig in 8 gleich große Stücke teilen und diese zu etwa 20 cm langen ovalen Fladen formen und flach drücken.

3. Den Backofengrill auf höchster Stufe vorheizen. Butter und Knoblauch in einer Pfanne bei geringer Hitze erwärmen. Den Koriander einrühren, die Knoblauchbutter beiseitestellen und warm halten.

4. Das Brot auf der obersten Schiene unter dem Backofengrill backen, bis es aufgeht und die Oberfläche leicht gebräunt ist. Herausnehmen, mit der Buttermischung bestreichen und sofort servieren.

ERGIBT 8 Stück

ZUBEREITUNGSZEIT: 25 Minuten, plus 1 Stunde Ruhezeit

BACKZEIT: 8–10 Minuten

ZUTATEN

250 g Mehl
2 ½ TL Salz
3 EL Joghurt
100 ml lauwarmes Wasser
40 g Butter
1 Knoblauchzehe, zerdrückt
2 EL fein gehackter frischer Koriander

Backen IN Down Under

Die Geschichte der britischen Kolonisation begann mit der Gründung von New South Wales 1788. Die Schafzucht wurde zur wichtigsten Grundlage für die Ernährung der Siedler, die häufig zu allen Mahlzeiten des Tages Lammfleisch aßen. Die Grundnahrungsmittel der Farmarbeiter waren Hammel, Tee und Damper, eine Art Brot aus Mehl, Salz und Wasser, das direkt in der glühenden Asche des offenen Feuers gebacken wurde. Der Schriftsteller Robert Dundas Murray schrieb 1843 in seinem Buch *A Summer at Port Philipp*: „Du isst heute Hammel und Damper – Hammel und Damper wird es morgen geben, und bis zum Ende des Jahres ist dein Dinner immer Hammel, gekocht, gegrillt oder gedünstet." Aus England übernommen wurde der Afternoon Tea, zu dem klassische Scones gereicht werden. Typisch australisch ist, dass dazu Kürbismus gereicht wird

Es verwundert kaum, dass in einem einst
von den Briten regierten Land Spezialitäten wie Biscuits, Scones und Früchtekuchen
zum gängigen Backrepertoire gehören.

Hokey-Pokey

KEKSE

ERGIBT 15–20 Stück

ZUBEREITUNGSZEIT: 25 Minuten, plus Abkühlzeit

BACKZEIT: 15–20 Minuten

Das Rezept für den knusprigen Karamellkeks stammt aus dem guten alten Edmonds-Kochbuch aus Neuseeland. Das Gebäck ist einfach herzustellen, riecht köstlich während des Backens und ist rasch fertig. Der Begriff Hokey Pokey stammt von der gleichnamigen Vanille-Karamell-Eiscreme. Im 19. Jahrhundert wurde er in Großbritannien und den USA allgemein für das von italienischen Straßenhändlern verkaufte Eis verwendet.

1. Den Backofen auf 180 °C vorheizen. Ein großes Backblech mit Backpapier auslegen. Butter, Zucker, Sirup und Milch in einem Topf bei schwacher Hitze erwärmen und verrühren, bis alle Zutaten aufgelöst und gebunden sind. Vom Herd nehmen und abkühlen lassen, bis die Masse lauwarm ist.

2. Mehl und Natron in einer Schüssel vermischen und in die lauwarme Butter-Milch-Mischung einrühren, bis ein glatter Teig entsteht.

3. Mit einem Esslöffel 20–25 gleich große Stücke vom Teig abstechen und diese zu Kugeln formen. Die Kugeln auf das Backblech legen und zu kreisrunden Plätzchen (7,5 cm Ø) flach drücken.

4. Die Kekse im vorgeheizten Backofen 15–20 Minuten goldbraun backen. Dann 1–2 Minuten auf dem Blech abkühlen lassen, auf ein Kuchengitter legen und vollständig auskühlen lassen.

5. Die abgekühlten Kekse zur Hälfte in die geschmolzene Schokolade tauchen und die Schokoladenseite mit den gehackten Nüssen bestreuen. Auf Backpapier legen und fest werden lassen.

ZUTATEN

125 g Butter
100 g Zucker
1 TL heller Zuckerrübensirup
1 EL Milch
180 g Mehl, plus etwas mehr zum Bestäuben
1 TL Backnatron
200 g weiße Schokolade, geschmolzen
55 g fein gehackte Walnüsse

1.

2.

3.

Anzac-
KEKSE

ERGIBT 18–20 Stück

ZUBEREITUNGSZEIT: 20 Minuten

BACKZEIT: 12–15 Minuten

ZUTATEN

90 g Haferflocken
150 g Mehl
165 g feiner brauner Zucker
90 g Kokosraspel
125 g Butter
2 EL Zuckerrübensirup
¾ TL Backnatron
3 EL Wasser
halbierte, weiche Karamellbonbons und Schokoladentröpfchen, zum Dekorieren

Der grobe Haferflocken-Keks ist ein fester Bestandteil der australischen Armee-Tradition: Sein Name geht auf das Australian and New Zealand Armee Corps (ANZAC) zurück. Im Ersten Weltkrieg verschickten die Frauen und Mütter die Kekse an die in Europa kämpfenden Soldaten. Der harte, nahrhafte Keks ist lange haltbar.

1. Den Backofen auf 150 °C vorheizen. Ein Backblech mit Backpapier auslegen. Haferflocken, Mehl, Zucker und Kokosraspel in einer großen Schüssel vermischen.

2. Butter und Zuckerrübensirup in einem Topf bei geringer Hitze unter Rühren zerlassen. Das Natron mit dem Wasser glatt rühren und in die Buttermischung einarbeiten. Vom Herd nehmen, in eine Schüssel geben und die Mehl-Haferflocken-Mischung einrühren. Weiterrühren, bis ein geschmeidiger, fester Teig entsteht.

3. Mit einem Esslöffel gleich große Portionen vom Teig abstechen und auf das Backblech legen. Mit dem Löffel zu runden Keksen (etwa 5 cm Ø) flach drücken.

4. Die Kekse im Ofen 12–15 Minuten goldbraun backen. 1–2 Minuten auf dem Backblech abkühlen lassen, dann auf ein Kuchengitter legen und vollständig auskühlen lassen.

5. Zum Dekorieren Karamellbonbons und Schokoladentröpfchen auf jeden Keks legen. Die Kekse halten sich in einem luftdichten Behälter bis zu 1 Woche.

2.

2.

Lamington
SANDKUCHEN

ERGIBT 8–10 Stück

ZUBEREITUNGSZEIT: 40 Minuten,
plus 8 Stunden Kühlzeit

BACKZEIT: 30–40 Minuten

ZUTATEN

Teig

*130 g Butter, plus etwas
mehr zum Einfetten*

*280 g Mehl, plus etwas
mehr zum Bestäuben*

3 TL Backpulver

½ TL Salz

160 g Zucker

5 Tropfen Vanillearoma

2 Eier

125 ml Milch

Glasur

200 g Puderzucker

30 g Kakaopulver

125 ml Milch

25 g Butter

280 g Kokosraspel

Wer in seiner Kindheit keine Lamingtons bekommen hat, ist sehr wahrscheinlich auch nicht in Australien aufgewachsen. Erstmals servieren ließ sie der schottische Lord Lamington in seiner Zeit als Gouverneur von Queensland von 1896 bis 1901.

1. Den Backofen auf 180 °C vorheizen. Eine rechteckige Backform (20 cm × 30 cm) leicht einfetten und mit Mehl bestäuben. Mehl, Backpulver und Salz in einer großen Schüssel vermischen.

2. Butter, Zucker und Vanillearoma in einer zweiten Schüssel schaumig rühren. Nach und nach Eier, Mehlmischung und Milch einrühren und alles zu einem glatten Teig verarbeiten.

3. Den Teig in die Form füllen und im Ofen 30–40 Minuten backen. Der Kuchen ist gar, wenn ein in die Mitte gestochenes Holzstäbchen sauber herauskommt.

4. Den Kuchen 5 Minuten in der Form abkühlen lassen, dann auf ein Kuchengitter stürzen und in 8–10 Rechtecke schneiden. Die Kuchenstücke 8 Stunden oder über Nacht in den Kühlschrank stellen.

5. Für die Glasur Puderzucker und Kakaopulver vermischen. Die Milch in einem Topf erhitzen und die Butter darin zerlassen. Die warme Flüssigkeit unter die Zucker-Kakao-Mischung rühren, bis eine glatte Creme entsteht.

6. Die Kuchenstücke mit einer Gabel in die Glasur tauchen und von allen Seiten glasieren. Auf ein mit Backpapier ausgelegtes Kuchengitter legen und kurz trocknen lassen. Die Kokosraspel in einen tiefen Teller geben und die Kuchenstücke darin wenden. Die Lamingtons halten sich in einem luftdichten Behälter bis zu 1 Woche.

2.

2.

6.

Boston-
ROSINENKUCHEN

Mit diesem Rezept wird traditionell zu viel gekochter und nur leicht gewürzter Kartoffelbrei verwertet. In der modernen Variante mit Rosinen versetzt, bekommt der in Australien und Neuseeland verbreitete Kuchen eine dicke Schicht mit Zuckerguss und Kokosraspel.

1. Den Backofen auf 180 °C vorheizen. Eine Springform (20 cm Ø) leicht einfetten. Die gekochten Kartoffeln mit einem Kartoffelstampfer zerdrücken und gegebenenfalls durch ein Sieb passieren. Kartoffeln und Zucker in einer großen Schüssel vermischen. Die Rosinen zugeben und einrühren.

2. Mehl, Backpulver und Zimt in eine Schüssel sieben. Nach und nach Kartoffelmischung und Milch zugeben und einrühren, bis ein geschmeidiger Teig entsteht.

3. Den Teig in die Form füllen und mit einem Palettenmesser glatt streichen. Im Ofen 40–50 Minuten backen, herausnehmen und in der Form abkühlen lassen.

4. Für die Glasur Puderzucker, Zitronensaft, Butter und Kokosraspel verrühren. Die Mischung durch ein Sieb passieren und als dicken Belag auf dem Kuchen verteilen. Den Kuchen vorsichtig aus der Form lösen, in Stücke schneiden und servieren.

FÜR 8 Personen

ZUBEREITUNGSZEIT: 20 Minuten

BACKZEIT: 40–50 Minuten

ZUTATEN

Teig
Butter, zum Einfetten
115 g gekochte Kartoffeln, abgekühlt
220 g Zucker
150 g Rosinen
250 g Mehl
3 TL Backpulver
1 TL Zimt
250 ml Milch

Glasur
185 g Puderzucker
2 TL Zitronensaft
30 g Butter, zerlassen
3 TL Kokosraspel

1.

3.

Kaffee-
HEFESCHNECKEN

ERGIBT 12–15 Stück

ZUBEREITUNGSZEIT: 40 Minuten,
plus 1 Stunde Ruhezeit

BACKZEIT: 20 Minuten

ZUTATEN

Teig

*425 ml Milch, plus etwas
mehr zum Bestreichen*

125 ml Pflanzenöl

100 g Zucker

2 ¼ TL Trockenbackhefe

*470 g Mehl, plus etwas
mehr zum Bestäuben*

1 TL Backpulver

1 TL Backnatron

½ TL Salz

90 g Butter

100 g brauner Zucker

70 g Sultaninen

Zimt, zum Bestreuen

Glasur

100 g Puderzucker, gesiebt

5 Tropfen Vanillearoma

*2–3 EL Milch, plus etwas
mehr bei Bedarf*

2–3 TL Espresso

1 Prise Salz

Diese Schnecken aus Hefeteig sind den englischen Chelsea Buns ähnlich, haben allerdings eine Kaffeeglasur. Damit sind sie nicht allzu süß. In Australien werden sie gern zum (verspäteten Wochenend-)Frühstück bei einer Tasse Kaffee verspeist.

1. Milch, Öl und Zucker in einem großen Topf verrühren und bei mittlerer Hitze unter Rühren erwärmen (nicht kochen!), bis der Zucker aufgelöst ist. Vom Herd nehmen und abkühlen lassen, bis die Mischung lauwarm ist. Dann die Hefe unter Rühren darin auflösen. Das Mehl zugeben und gut einarbeiten. Den Teig mit Frischhaltefolie abdecken und 1 Stunde bei Raumtemperatur gehen lassen.

2. Den Backofen auf 180 °C vorheizen und ein Backblech mit Backpapier auslegen. Backpulver, Natron und Salz in den Teig geben und gut einkneten.

3. Den Teig auf einer leicht bemehlten Arbeitsfläche zu einem 70 cm × 30 cm großen Rechteck ausrollen. Butter, braunen Zucker, Rosinen und Zimt gleichmäßig auf dem Teig verteilen. Dann zu einer Rolle aufrollen und die Enden mit ein wenig Milch einstreichen, um sie zu verschließen. Die Rolle mit einem scharfen Messer in 12–15 etwa 2 cm dicke Scheiben schneiden.

4. Die Scheiben mit genügend Abstand voneinander auf das Backblech legen, damit sie noch Platz zum Aufgehen haben. Die Schnecken im Ofen auf mittlerer Schiene 20 Minuten backen.

5. Unterdessen für die Glasur alle Zutaten in einer Schüssel verrühren, bis ein noch flüssiger Sirup entsteht. Bei Bedarf noch etwas zusätzliche Milch einrühren. Die Schnecken aus dem Ofen nehmen, noch warm mit der Glasur bestreichen und sofort servieren.

1.

3.

4.

Pfirsich-Melba-Baiserrolle

Der Küchenchef des Savoy-Hotels in London, Auguste Escoffier, kreierte 1892 zur Premiere der Oper *Lohengrin* in Covent Garden ein neues Dessert: ein Pfirsich und zwei Kugeln Vanilleeis, überzogen mit einem Himbeerschleier – diese Kreation stellte die Pose des Schwans aus dem 1. Akt dar. Der australischen Opernsängerin Nellie Melba gefiel es. Fortan wurde es Peach Melba genannt – hier als Füllung einer Baiserrolle.

1. Den Backofen auf 150 °C vorheizen. Ein Backblech (35 cm × 25 cm) einfetten und mit Backpapier auslegen.

2. Für das Fruchtpüree Himbeeren und Puderzucker mit einem Pürierstab fein pürieren, durch ein Sieb passieren und beiseitestellen.

3. Für das Baiser die Speisestärke in eine Schüssel sieben und mit dem Zucker vermischen. In einer zweiten, fettfreien Schüssel das Eiweiß steif schlagen, dann den Essig einrühren. Die Stärke-Zucker-Mischung nach und nach in den Eischnee rühren, bis er sehr fest und glänzend ist.

4. Die Masse gleichmäßig auf dem Blech verstreichen; dabei am Rand 1 cm frei lassen. Den Boden im Ofen 20 Minuten backen, dann die Hitze auf 110 °C reduzieren und den Baiserboden weitere 25–30 Minuten backen, bis er aufgegangen ist. 15 Minuten in der Form abkühlen lassen, dann auf Backpapier stürzen und vorsichtig das eingeölte Backpapier abziehen.

5. Für die Füllung Pfirsichwürfel und Himbeeren mit 2 Esslöffeln des Fruchtpürees mischen. In einer zweiten Schüssel Crème fraîche und Crème double cremig rühren und auf dem Baiserboden verstreichen. Die Früchte gleichmäßig darauf verteilen; dabei an einer Schmalseite einen Rand von 3 cm frei lassen. Den Baiserboden von der gegenüberliegenden Schmalseite aus mithilfe des Backpapiers aufrollen. Die Rolle mit der Naht nach unten auf eine Kuchenplatte legen und mit dem restlichen Fruchtpüree beträufeln.

FÜR 8 Personen

ZUBEREITUNGSZEIT: 25 Minuten, plus 15 Minuten Abkühlzeit

BACKZEIT: 45–50 Minuten

ZUTATEN

Sonnenblumenöl, zum Einölen

Fruchtpüree
350 g frische Himbeeren
120 g Puderzucker

Baiser
2 TL Speisestärke
300 g Feinstzucker
5 Eiweiß (Größe L)
1 TL Apfelessig

Füllung
3 Pfirsiche, geschält, entsteint und klein gewürfelt
250 g frische Himbeeren
200 g Crème fraîche
150 g Crème double

1.

2.

3.

Damper

Mohnbrot

Das Damper ist ein klassisches Weizenbrot der australischen Viehtreiber: In der Wildnis wochenlang auf sich gestellt, haben sie es mit wenigen, gut haltbaren Zutaten in der Glut des Lagerfeuers gebacken. Da die Temperatur der Glut variierte, klopften die Männer an das dicke Brot: Es musste hohl klingen, dann war es fertig. Der Geschmack lässt sich mit Parmesan, Oliven oder getrockneten Früchten variieren.

1. Den Backofen auf 200 °C vorheizen. Ein Backblech mit Backpapier auslegen. Mehl und Salz in eine große Schüssel sieben. Die Butter mit den Händen in das Mehl einarbeiten, bis Krümel entstehen.

2. Den Teig auf eine leicht bemehlte Arbeitsfläche geben und mit einem Messer mehrmals durchschneiden. Das Wasser zugeben und den Teig kneten, bis er geschmeidig ist.

3. Den Teig zu einem runden Brotlaib (18 cm Ø) formen und auf das Backblech legen. Den Brotlaib mit einem scharfen, bemehlten Messer achtmal einschneiden. Die Mohnsaat darüber streuen und das Brot im Ofen 30 Minuten backen. Es ist durchgebacken, wenn es sich beim Klopfen gegen die Unterseite hohl anhört. Auf einem Kuchengitter 5 Minuten abkühlen lassen. Warm oder bei Zimmertemperatur servieren.

FÜR 8 Personen

ZUBEREITUNGSZEIT: 20 Minuten

BACKZEIT: 30 Minuten

ZUTATEN

450 g Mehl, plus etwas mehr zum Bestäuben

1 Prise Salz

80 g Butter

185 ml Wasser, plus etwas mehr bei Bedarf

200 g Mohnsaat

Luisen-*Kuchen*

FÜR 6–8 Personen

ZUBEREITUNGSZEIT: 30 Minuten,
plus 10 Minuten Abkühlzeit

BACKZEIT: 20–30 Minuten

ZUTATEN

130 g weiche Butter, plus etwa s mehr zum Einfetten
175 g Feinstzucker
3 Eigelb
10 Tropfen Vanillearoma (oder ausgeschabtes Mark von 1 Vanillestange)
250 g Mehl
2 TL Backpulver
225 g Himbeerkonfitüre

Baiser

3 Eiweiß
1 Prise Salz
60 g Puderzucker
85 g Kokosraspel
5 Tropfen Vanillearoma

Der „Louise Cake" ist ein seit langem beliebtes Dessert aus Neuseeland. Eine dicke Schicht von Mürbeteig wird mit Himbeerkonfitüre und Kokosbaiser gekrönt – und dann gebacken. Der reizvolle Dreiklang ist die ideale Ergänzung zu einer gemütlichen Tasse Tee.

1. Den Backofen auf 180 °C vorheizen. Eine Springform (20 cm Ø) leicht einfetten. Butter und Zucker in einer großen Schüssel schaumig rühren. Das Eigelb zugeben und einrühren. Vanillearoma, Mehl und Backpulver zugeben und alles zu einem geschmeidigen Teig verarbeiten.

2. Den Teig in die Form geben, mit den Fingern an den Boden der Form drücken und im Ofen 10–15 Minuten goldbraun backen.

3. Den Boden aus dem Ofen nehmen und die Konfitüre mit einem Teigschaber gleichmäßig darauf verstreichen.

4. Für das Baiser Eiweiß und Salz halb steif schlagen. Mit einem Holzlöffel vorsichtig Zucker und Kokosraspel unterheben. Dann das Vanillearoma zugeben und ebenfalls vorsichtig unterrühren. Die Baisermasse mit dem Teigschaber auf der Konfitürenschicht verstreichen.

5. Den Kuchen weitere 10–15 Minuten im Ofen backen, bis er leicht goldbraun ist. Darauf achten, dass das Baiser nicht zu dunkel wird. Aus dem Ofen nehmen und etwa 10 Minuten in der Form abkühlen lassen.

6. Den Ring der Springform lösen und den Louisenkuchen auf dem Springformboden vollständig auskühlen lassen. Dann auf eine Tortenplatte heben, in Stücke schneiden und servieren.

2.

3.

4.

REGISTER

REGISTER

In diesem aufwendig illustrierten Backbuch verrät der amerikanische Patissier Edward Gee seine Tipps und Tricks, mit denen die internationalen Rezepte auf jeden Fall gelingen – ganz gleich, ob kleine Kuchen oder große Torten, ob Kekse, Brownies oder Macarons, ob Brot oder Brötchen. Schon im Alter von nur acht Jahren überraschte der kleine Edward aus Florida seine Familie mit Selbstgebackenem. Eine Passion, die ihn nicht mehr loslassen sollte. Aber erst nach vielen Jahren, in denen er als Chef-Patissier großer amerikanischer Luxushotels arbeitete – sei es im Buena Vista Palace, The Swan oder The Dolphin bzw. im Waldorf-Astoria – konnte er seinen Traum verwirklichen und seine Lieblingsrezepte zu Papier bringen. Dieses Buch vereint die Fähigkeiten eines Konditorlehrers mit der Leidenschaft eines mitten im Berufsleben stehenden Patissiers. Edward Gee bringt seine Welt des Backens auf einen einfachen Nenner: „Dank der einfachen Schritt-für-Schritt-Beschreibungen kann ich das Gelingen der Rezepte garantieren."

DAS BACKBUCH ist das Ergebnis einer internationalen Kooperation zwischen dem weltweit verlegerisch tätigen Verlag Parragon und 99pages, einem jungen und innovativen Verlagshaus aus Hamburg. Herausgekommen ist ein gleichermaßen aufwendig fotografiertes wie gestaltetes Backbuch mit rund 180 Rezepten aus aller Welt, sei es aus den USA, aus Südamerika, aus Europa, Asien, Afrika und Australien. Eingeleitet wird jedes Kapitel mit fundierten Hintergrundinformationen zur jeweiligen Backtradition. Praktische Tipps und Tricks sorgen dafür, dass man seine individuellen Fähigkeiten verbessert. Gemeinsam ist allen Kuchen und Keksen, Broten und Brötchen die Tatsache, dass diese nicht nur hervorragend aussehen, sondern auch vorzüglich schmecken.
Produktionen und Bücher aus dem 99pages Verlag sorgen bei internationalen Wettbewerben immer wieder für Furore und wurden von den Kritikern begeistert aufgenommen. Auch Édouard Cointreau, Präsident des World Cookbook Awards, wird mit den Worten zitiert: „99pages ist eine der größten Überraschungen im internationalen Kochbuchmarkt."

99PAGES

BILDNACHWEIS

Verlag und Herausgeber danken den folgenden Personen und Agenturen für die Überlassung des Fotomaterials und die Abdruckgenehmigung: Seite 10: Woman grinding corn to make unleavened bread © Richard Hook/Getty Images; Seite 10: Barley/corn, on white background, cut out © 2010 Creative Crop (Digital Vision)/Getty Images; Seite 11: Detail of a Harvest Scene. From the tomb of Sennedjem. Mural painting, 19th Dynasty. Necropolis of Deir el-Medina on the West Bank at Luxor, Egypt © Leemage (Universal Images Group)/Getty Images; Seite 11: Woman with a shovel, 1497 © SSPL/Getty Images; Seite 13: German chemist Justus Liebig, created Baron von Liebig, (1803–1873). Original Artwork: Engraving by J B Hunt after a painting by Trantschold. © Hulton Archive/Getty Images; Seite 13: Advertisement for Royal Baking Powder by the Royal Baking Powder Company in New York, New York, 1888. © Jay Paull (Archive Photos)/Getty Images; Seite 14: Political map © Sylvain Sonnet (Photographer's Choice RF)/Getty Images; Seite 15: American Flag © Jose Luis Pelaez (The Image Bank)/Getty Images; Seite 15: USA, California, Route 66, Barstow, Route 66 Motel; © Alan Copson (AWL Images)/Getty Images; Seite 15: Autumn High Resolution Isolated Dry Maple Leaf © Miroslav Boskov (E+)/Getty Images; Seite 15: The Chrysler Building New York City © 2009 Matthew Mawson (Flickr Select)/Getty Images; Seite 40: Pink cup cake with cherry on the top on white background, cut out © Creative Crop (Digital Vision)/Getty Images; Seite 41: Large and small red white and blue cupcakes arranged as an American Flag ©Thatcher Keats (Photonica)/Getty Images; Seite 41: Hands icing cupcake on table © Line Klein (Cultura)/Getty Images; Seite 62: Bagel pieces © C Squared Studios (Photodisc)/Getty Images; Seite 63: Baker taking bagels out of oven in kitchen of bakery, portrait © Mitch Tobias (The Image Bank)/Getty Images; Seite 63: Neon sign advertising seafood specialties and bagels at delicatessen. © Dennis K. Johnson (Lonely Planet Images)/Getty Images; Seite 74: Political map © Sylvain Sonnet (Photographer's Choice RF)/Getty Images; Seite 75: Smashed donkey pinata on floor with candy © Jeffrey Coolidge (Stone)/Getty Images; Seite 75: Chichen Itza in Mexico. © Xavier Arnau (Vetta)/Getty Images; Seite 75: Girl wearing a sombrero in Puerto Penasco Mexico during spring. © 2011 Bill Dwyer (Flickr Select)/Getty Images; Seite 86: Day of the Dead statuettes © Inti St Clair (Blend Images)/Getty Images; Seite 87: Mexican crafts with skeletons in old town, Albuquerque, New Mexico, USA © Danita Delimont (Gallo Images)/Getty Images; Seite 87: Mexico, young woman wearing Day of the Dead skull mask © Livia Corona (Stone+)/Getty Images; Seite 108: Political map © Sylvain Sonnet (Photographer's Choice RF)/Getty Images; Seite 109: South African giraffes (Giraffa camelopardalis giraffa) running © Art Wolfe (Lifesize)/Getty Images; Seite 109: Happy maasai with small son outside the village. © Britta Kasholm-Tengve (the Agency Collection)/Getty Images; Seite 109: Sunrise in savannah, Massai Mara National Park. © 2011 Luis Sánchez Martín (Ismart Photography)/(Flickr)/Getty Images; Seite 116: Political map © Sylvain Sonnet (Photographer's Choice RF)/Getty Images; Seite 152: Presentation and tasting of a giant pie, in Denby dale, England. Frontpage of French newspaper Le Petit Journal Illustre, 1928. Private Collection. © Leemage (Universal Images Group)/Getty Images; Seite 153: Woman holding pie with oven mittens © Angela Wyant (Stone+)/Getty Images; Seite 166: Political map © Sylvain Sonnet (Photographer's Choice RF)/Getty Images; Seite 166: Sheep grazing on rural hillside © Henglein and Steets (Cultura)/Getty Images; Seite 170: Political map © Sylvain Sonnet (Photographer's Choice RF)/Getty Images; Seite 184: Macaroons © 2012 Neil Langan UK (Photolibrary)/Getty Images; Seite 185: Colorful French Macarons © Dan Moore (E+)/Getty Images; Seite 185: France, market, macaroons © Jacques LOIC (Photononstop)/Getty Images; Seite 212: Political map © Sylvain Sonnet (Photographer's Choice RF)/Getty Images; Seite 213: Black bull billboard © Shanna Baker (Photographer's Choice RF)/Getty Images; Seite 213: The view along the Lycian coast trail from Kayakoy to Oludeniz, Turkey © Ron Watts (First Light)/Getty Images; Seite 213: Didyma, an ancient Ionian sanctuary, in modern Didim, Turkey, containing the Temple of Apollo, the Didymaion. © Chris Cheadle (All Canada Photos)/Getty Images; Seite 226: Pablo Picasso At Lunch, Vallauris, 1952. © Robert DOISNEAU(2011Gamma-Rapho)/(Masters)/Getty Images; Seite 227: Salted pretzel stick © Foodcollection/Getty Images; Seite 250: Political map © Sylvain Sonnet (Photographer's Choice RF)/Getty Images; Seite 251: Alp digl Plaz, ascent to Alp Flix, Kanton of Grisons, Switzerland © Iris Kuerschner (LOOK)/Getty Images; Seite 251: Girl with map at Brandenburger Tor © Chris Tobin (Digital Vision)/Getty Images; Seite 251: German man in lederhosen drinking beer, Hofbrauhaus, Munich, Bavaria, Germany © Laurie Noble (The Image Bank)/Getty Images; Seite 260: Man breaking bread © Andrew Carmichael (Stone)/Getty Images; Seite 261: Man kneading bread dough © Howard George (Arthur Woodcroft)/(The Image Bank)/Getty Images; Seite 261: Bread and pastries in shop window. © Richard I'Anson (Lonely Planet Images)/Getty Images; Seite 284: Lebkuchenherz, heart-shaped cookies made from Lebkuchen, sold during Oktoberfest. © Dan Herrick (Lonely Planet Images)/Getty Images; Seite 284: Gingerbread house on white background, close-up © Dag Sundberg (Photographer's Choice)/Getty Images; Seite 296: Political map © Sylvain Sonnet (Photographer's Choice RF)/Getty Images; Seite 297: Fishermans Cabin (Rorbuer), Nusfjord, Lofoten Islands, Norway © Banana Pancake (Photolibrary)/Getty Images; Seite 297: A basket of blueberries, Sweden. © Huerta, Anna/Getty Images; Seite 297: A moose laying down Sweden. © Plattform/Getty Images; Seite 304: Storkyrkan (Cathedral) and Stortorget (Parliament). Stockholm. Sweden © Nils-Johan Norenlind (age fotostock)/Getty Images; Seite 305: Celebration of Fat/Shrove Tuesday with semlor. © 2010 Karin Andersson (Flickr Open)/Getty Images; Seite 305: Cup of cappuccino with spoon and sugar packet © Inti St. Clair (Inti St. Clair, Inc.)/(Photodisc)/Getty Images; Seite 324: Political map © Sylvain Sonnet (Photographer's Choice RF)/Getty Images; Seite 325: Loaf of homemade sourdough bread, small bowl on salt and knife. © 2012 Sarka Babicka (Flickr)/Getty Images; Seite 325: Wooden nesting dolls © Alan Kearney (Brand X Pictures)/Getty Images; Seite 325: Saint Basil's Cathedral and The Kremlin in Moscow © Dmitry Mordvintsev (E+)/Getty Images; Seite 332: Political map © Sylvain Sonnet (Photographer's Choice RF)/Getty Images; Seite 333: Israel, Judean Mountains, Old Jerusalem, Dome of the Rock © Bertrand Gardel (hemis.fr)/Getty Images; Seite 333: Jerusalem road sig © Joel Carillet (E+)/Getty Images; Seite 333: People prays and walk in front of the western wall, wailing wall or kotel. © 2011 Beatriz Pitarch (Flickr)/Getty Images; Seite 338: Political map © Sylvain Sonnet (Photographer's Choice RF)/Getty Images; Seite 339: Taj Mahal facade © David Henderson (OJO Images)/Getty Images; Seite 339: Shanghai Cityscape During the Daytime © 2009 Andrew Rowat (Stone)/Getty Images; Seite 339: Pagoda and Dragon Snow Mountain © Adam Crowleyd (Digital Vision)/Getty Images; Seite 344: Naan Bread © Ferran Traite Soler (E+)/Getty Images; Seite 345: Men making bread at bakery. © Dennis Walton (Lonely Planet Images)/Getty Images; Seite 345: naan and ginger mango chutney. © Jessica Boone (Photodisc)/Getty Images; Seite 356: Homemade Mooncake for Chinese mid-autumn festival. © MelindaChan (Flickr)/Getty Images; Seite 357: mooncake handmade © Vietnam (Dantoan)/(Flickr Open)/Getty Images; Seite 357: Early morning in a bakery making moon cakes for the Moon Festival on Hong Kong Island © Oliver Strewe (Lonely Planet Images)/Getty Images; Seite 360: Political map © Sylvain Sonnet (Photographer's Choice RF)/Getty Images; Seite 361: sydney opera house at sunrise © David Messent (Photolibrary)/Getty Images; Seite 361: Rotorua, North Island, New Zealand © LatitudeStock –TTL (Gallo Images)/Getty Images; Seite 361: ULURU ROCK IN AUSTRALIA © Marc Romanelli (Stone)/Getty Images; Seite 361: Kangaroo road sign, outback Australia © Josie Elias (Photodisc)/Getty Images; alle anderen Abbildungen im Besitz von Parragon und 99pages.